✿ 처음 시작하는 이들을 위한 ✿

☆ 처음 시작하는 이들을 위한 ☆

최소한의 주식시장 이해하기

미셸 케이건 지음 | 이은주 옮김

page2

들어가는 글

매일 수십억 달러가 거래되는 주식시장은 밖에서 보면 알쏭달쏭한 숫자와 뭔가 과장된 서사 분위기로 가득한 혼돈의 공간으로 보인다. 그러나 좀 더 자세히 들여다보면 성공과 실패, 살인과 자살, 이익과 손실로 갈리는 개별 사례 그림이 눈에 들어온다. 유구한 시장 역사 안에는 수십억 달러를 번 투자자도 있고, 전 재산을 날린 투자자도 있다.

주식시장은 무지막지한 탐욕과 사기, 계략, 내부자 거래를 발판으로 기업 부정이 판치는 장이었다. 그러나 또 한편으로는 꿈이 이뤄질 수 있는 곳, 작은 스타트업startup(특히 기술 부문 신생 벤처 기업-역주)이 우량주로 급부상할 수 있는 곳이기도 하다.

정확한 정보와 지식만 갖춘다면 누구든 주식시장에서 이익을 낼 수 있고, 파렴치한 사기꾼과 기만적인 주식 중개인에게 농락당하지 않는 법을 배울 수 있다.

차 례

주식시장

매일 승자와 패자가 나오는 곳

주식시장은 매일 승패가 갈리는 곳으로, 누구든 부자가 되거나 전 재산을 날릴 수 있는 곳이다. 큰 부자가 될 꿈을 키워주기도 하지만, 갑자기 돌변해서 그 꿈을 산산조각 내고 전 재산을 탈탈 털어먹을 수 있는 곳이기도 하다.

미국 동부 표준시EST로 개장 종이 울리는 오전 9시 30분부터 폐장 시간인 오후 4시까지 미국 주식시장은 멈추지 않고 계속 돌아간다. 그리고 불과 10년 전만 해도 흥분과 광란의 도가니였던 '서부 개척시대'를 방불케 할 정도로 소란스러웠던 장내가 지금은 매우 조용한 편이다. '윙' 하는 비교적 조용한 기계음을 내는 컴퓨터 화면이 시세 정보판을 대체하면서 주식 중개인이 외치는 고함과 바닥에 어지럽게 나뒹구는 시세 표시 테이프ticker tape는 이제 찾아볼 수 없다.

미국 주식시장의 탄생

독립과 함께 국가의 기틀을 잡아나가던 시절에 국부國父로 불리는 '건국의 아버지들'은 미국을 세상에 둘도 없는 최고 국가로 만드는 일에 매진했다. 조지 워싱턴George Washington 대통령은 1789년에 알렉산더 해밀턴Alexander Hamilton을 재무장관으로 임명했고, 해밀턴 재무장관 시절에 미국 주식시장이 탄생했다. 해밀턴은 1790년에 필라델피아에 미국 최초 증권거래소를 설립했고, 1792년에 뉴욕증권거래소New York Stock Exchange, NYSE가 그 뒤를 이었으며, 이곳에서 기업 주식으로는 처음으로 뉴욕은행Bank of New York 주식이 거래됐다.

일반적으로 미국 주식시장은 뉴욕증권거래소와 나스닥NASDAQ으로 구성된다. 런던이나 도쿄 같은 세계 주요 도시와 마찬가지로 보스턴과 시카고, 필라델피아, 덴버, 샌프란시스코 등지에도 증권거래소가 있다.

> **'월스트리트'의 유래**
>
> '월스트리트Wall Street'라는 명칭의 유래는 의외로 단순하다. 정말로 '월wall(담장, 울타리)'에서 나온 명칭이므로 어이없을 정도로 너무 정직한 명칭이다. 월스트리트가 있는 뉴욕 맨해튼은 원래 네덜란드 이민자들의 정착지였는데 이들이 1685년에 아메리카 원주민과 영국인의 공격을 피하고자 3미터가 넘는 높은 울타리를 친 데서 이 명칭이 유래했다.

미국은 지금도 자국의 주식시장이 세계 최대 시장이라고 주장하지만, 신흥시장의 성장세가 만만치 않다. 신흥시장에서의 상장기업 수는 어마어마하게 증가했다. 전 세계 거래소에 상장된 기업만 60만 곳이 넘고 일일 거래량은 수십억 주에 이른다. 각 주식시장의 작동 방식과 투자자 유치 방식을 제대로 알고 나면 이 살벌한 투자 세계에서 성공할 가능성이 커진다.

국내외 주식시장 간의 경쟁이 치열해지면서 주식 거래의 투명성이 높아지고 투자자의 시장 접근성도 훨씬 좋아졌다.

탐욕은 좋은 것

할리우드는 주식시장을 배경으로 한 이야기를 좋아하는데 보통 이곳에 등장하는 투자 은행가와 주식 중개인을 흉악한 시장 조작자로 그린다. 이 가운데 가장 회자되는 인물이 영화 〈월스트리트〉에 나오는 고든 게코 Gordon Gekko 다. 여기서 게코가 자신의 신조라면서 한 말이 아주 유명하다. "이보다 더 적합한 단어가 달리 생각나지 않아서 하는 말인데, '탐욕'은 좋은 것이고 옳은 것이지. 탐욕은 아주 효과적인 도구라고."

1990년대에 개인투자자가 월스트리트의 주요 참여자임이 확실해졌다. 미국의 주요 주식시장인 뉴욕증권거래소, 그리고 나스닥이 주도한 온라인 투자와 소액 투자자를 겨냥한 공격적 운용 방침 덕분에 주식

매매가 훨씬 쉬워졌고 비용도 저렴해졌다.

사람들이 월스트리트 혹은 '시장'이라고 할 때는 수많은 투자자가 주식을 사고파는 유통시장secondary trading market(2차 시장: 이미 발행된 유가증권을 거래하는 시장-역주)을 의미한다. 그러나 주식 거래의 시작점은 발행시장primary market(1차 시장: 주식이나 채권 등 유가증권을 신규로 발행하는 시장-역주)이다. 두 시장의 가장 큰 차이점은 시장 참여자가 누구인가이다. 우선 발행시장에서는 거액 투자자가 발행사로부터 직접 주식을 매수한다. 반면에 유통시장에서는 투자자끼리 주식을 사고판다.

발행시장

사기업 형태로 운영하던 기업이 자사의 성장 잠재력을 최대한 끌어내는 데 필요한 자금을 조달하려 할 때 기업주는 투자 은행가와 접촉할 수 있다. 유통시장에서 주식 거래를 용이하게 해주는 중개인과 달리 투자 은행가는 사적 소유 형태로 운영하는 기업을 공개 상장기업으로 전환하도록 유도한다.

발행시장에서는 실제로 주식을 발행해 처음으로 대중에게 판매함으로써 '유통' 상태로 들어간다. 기업이 대중에게 처음으로 자사 주식을 판매하는 행위를 기업공개Initial Public Offering, IPO(신규 상장, 공개 공모,

주식 상장 등 다양한 표현이 사용됨-역주)라고 한다. 그리고 기술적으로 이런 IPO 주식(상장주)은 대중에게 판매되지만, 엄밀히 말하면 일반 대중은 아니다. 상장주는 주로 주식 발행사가 조달하려는 자금을 어느 정도 보유한 대형 기관투자자에게 판매한다.

유통시장

일상적 거래가 이뤄지는 곳이 유통시장이고, 사람들이 말하는 주식시장은 거의 이 유통시장을 의미한다. 뉴욕증권거래소와 나스닥, 런던 증권거래소London Stock Exchange, LSE 등 전 세계 주요 증권거래소에서 주식 거래가 이뤄진다.

유통시장에서는 발행사 개입 없이 투자자 간에 거래가 이뤄진다. 예를 들어 코카콜라 주식을 살 때는 다른 투자자에게서 해당 주식을 매수한다. 코카콜라 컴퍼니Coca-Cola Company 자체는 이 거래에 관여하지 않는다.

토막 상식

기업이 유통시장에서 자사 주식을 매수하는 행위를 환매수stock buyback, 자사주 매입라고 한다.

주식투자를 하는 이유

주식은 위험한 투자 종목이라는 인식이 있었지만, 시간이 지나면서 다른 유가증권보다, 심지어 금보다 수익률이 더 좋았다. 200여 년 (1802~2002년) 동안 주식은 연평균 6.6%의 수익률을 올렸는데 채권 수익률은 3.6%, 금은 0.7%에 불과했다. 이는 미국만이 아닌 전 세계적인 현상으로, 장기적 실질 수익률로는 주식시장을 이길 수 없다.

단기적 수익률은 변동적일 수 있지만, 예측 불가능한 수준은 아니다. 그럼에도 대다수 사람은 다른 유가증권, 심지어 안전하다고 생각하는 종목의 상황도 주식과 별반 다르지 않다는 사실을 잘 모른다. 예를 들어 채권도 단기 수익률은 변동성이 크다.

투자자나 금융자산 관리사 모두 장기 수익률 측면에서는 주식을 가장 선호하지만, 주식이 매력적인 투자 종목인 이유는 이것 하나만이 아니다. 말 그대로 미국 주식시장에서만 상장기업이 수천 개나 되므로 선택지가 매우 다양하다. 따라서 포트폴리오 다각화에 큰 도움이 된다. 다양한 정보를 손쉽게 이용할 수 있어서 기술적, 역사적, 분석적 자료를 바로 찾을 수 있다. 따라서 큰 수고를 들이지 않고도 자신이 투자한 종목에 대한 정보를 손쉽게 추적할 수 있다.

또 현금화가 용이하다. 주식은 현금화가 가장 쉬운 자산이다. 필요할 때 바로 현금으로 바꿔쓸 수 있다는 의미다. 무엇보다 수익주income stock로 일컬어지는 대다수 주식 종목은 정기적으로 배당금을 지급한다. 따라서 투자자에게 안정적이고 신뢰할 만한 현금흐름을 제공한다. 실제로 주식 배당률 대부분이 채권 금리보다 높다.

하지만 주식시장은 예측 불가능한 가격 추이(마치 핀볼의 움직임처럼 가격이 불규칙적으로 움직임), 가격 급등(이전 고점을 경신하는 수준으로 가격이 치솟음), 파멸적 수준의 가격 폭락(가격이 급락함) 등과 같은 현상이 언제든 나타날 수 있다. 단기적으로 가격 변동 폭이 크게 나타나는 현상은 피할 수 없지만, 장기적으로 보면 그래도 주식은 가장 안전한 투자 수단이다.

정치와 주식시장

선거 기간 중, 특히 결과가 매우 불확실할 때는 시장이 전반적으로 하락세를 나타낸다. 그러다 일단 새 대통령이 선출되고 정권 인수가 완료된 후에는 예측 가능한 일정한 패턴을 따르는 경향이 있다.

대체로 대통령 임기 첫해에는 새로운 행정부가 자리를 잡는 기간이므로 어느 정도 시장 변동성이 나타난다. 임기 2년째에는 약간의 시장 이익을 기대할 수 있고, 임기 3년째에는 상당한 이익을 기대할 수 있다. 항상 그렇다고는 할 수 없지만 임기 3년째에 주식 가격은 평균

17% 정도 상승하는 경향이 있다. 재임 시 여전히 연간 평균 10% 이상 상승하며 수익률은 안정화하는 추세를 보인다. 그러다가 다시 선거 기간이 시작되면 가격 변동성이 커지면서 이익 폭이 줄어든다. 이따금 마이너스 수익률을 기록할 때도 있지만, 1833년 이후로 선거가 치러지는 해에는 평균 수익률이 6% 선을 오르락내리락한다.

토막 상식

버락 오바마Barack Obama와 빌 클린턴Bill Clinton 대통령 때는 임기 중 시장 가격이 50% 이상 상승했다.

대통령 임기 몇 년 차인가 하는 점만 주식시장에 영향을 미치는 것이 아니다. 누가, 특히 어느 정당 출신이 대통령이 되느냐도 시장에 지대한 영향을 미친다. 예를 들어 100년 넘게 민주당 출신이 대통령이 됐을 때가 주식시장 상황이 더 좋았다(www.nasdaq.com에 따르면). 민주당 집권 시절에는 주식시장의 주요 건전성 지표인 다우존스산업평균지수Dow Jones Industrial Average(다우지수)의 평균 수익률은 82.7%였다. 공화당 집권 시절에는 44.8%에 불과했다.

기업 부정과 주식시장

부패한 CEO와 기업의 금융사기 사건이 신문 1면을 장식하고, TV 드라마에도 단골 주제로 등장한다. 이렇게 부패한 인물이 저지르는 기업 부정은 주가와 전체 주식시장에 지속적으로 지대한 영향을 미칠 수 있다. 특히 그동안 온갖 특혜로 호의호식하며 배에 기름기가 잔뜩 낀 기업 임원이 수갑을 찬 채 끌려가는 장면을 뉴스로 본다고 생각해보라. 이런 흉측한 몰골이 해당 기업에 미치는 악영향은 말로 할 수 없을 정도다.

더구나 기업 부정은 일회성 사건으로 끝나지 않는다. 스탠퍼드대학의 연구 결과에 따르면 해당 사건과 그 여파가 몇 년 동안 뉴스와 웹사이트를 장식하는 가운데, 대중의 눈에 해당 기업은 더러운 부패 기업으로 남게 되면서 주가는 계속 하락한다. 이 연구에서는 2000년부터 2015년까지의 기간에 발생한 각종 부정 사건(노골적 거짓말 13건, 성 추문 8건, 재정 및 회계 문제 6건)을 대상으로 각 사건에 연루된 CEO 38명이 주가 등에 어떤 영향을 미쳤는지 조사했다. 문제를 일으킨 임원 가운데 사임 혹은 해고된 사례는 겨우 절반에 불과한 반면, 해당 기업의 주가는 전부 폭락했다.

이런 부정에 연루된 기업 중에는 회복 불가능한 수준으로 피해를 입은 곳이 있는가 하면, 또 어떤 기업은 혼란 속에서도 잘 살아남아 번영을 구가하기도 한다. 해당 문제가 기업 내부에서 비롯된 사건이든, 아니면 외부에서 기인한 사건이든 간에 부정의 유형(문제가 된 CEO의 행동에서 비롯되지 않은 부정도 있음), 그리고 이런 문제에 대한 기업의 대처 방식에 따라 영구적 피해로 남을지, 아니면 일시적 곤경으로 끝날지가 결정된다.

- 1982년에 발생한 '타이레놀 독극물 주입 사건'으로 사망자까지 나오면서 존슨앤드존슨Johnson & Johnson, JNJ의 주가는 17%나 하락했다. 회사 측은 공개 조사에 착수하면서 문제를 회피하지 않고 정면으로 대응하는 모습을 보였다(조사 결과 독극물은 생산 과정에서 주입된 것이 아니라는 사실이 드러남). 그 결과, 존슨앤드존슨의 이미지와 명성은 예전 수준을 회복했고, 사건 발생 후 4개월 만에 주가도 반등했다.

- 1989년 3월 28일에 유조선 엑손 발데즈Exxon Valdez 호가 알래스카 프린스 윌리엄 해협Prince William Sound에서 블라이 암초Bligh Reef에 걸려 좌초하면서 원유 수백만 갤런이 유출됐다. 이 엄청난 환경 대재앙에 대해 다들 해당 기업의 업무 태만을 탓했고, 분석가들은 엑손모빌ExxonMobil, XOM 주가가 대폭락할 것이라고 예측했다. 그러나 이 예측은 빗나갔다. 사실 처음에 징벌적 배상금으로 50억 달러가 부과되는 등 사상 최고 수준의 벌금이 부과된 이

후에도 주가는 4%밖에 하락하지 않았고, 이마저도 빠르게 반등했다. 이 원유 유출 사건은 트위터Twitter와 인스타그램Instagram이 등장하기 전에 발생했기 때문에 그 엄청난 사건 규모에 비해 상대적으로 반응이 미미했다. 따라서 사람들이 이 사건을 계속 떠올릴 이유가 없었다. 더구나 연방 대법원이 징벌적 손해 배상액을 5억 750만 달러로 대폭 줄여줬다. 이는 기업 재정에 큰 도움이 됐다.

- 2015년에 치폴레 멕시칸 그릴Chipotle Mexican Grill, CMG에서 대장균이 검출되면서 이 레스토랑 체인의 주가가 하락했다. 이후로 안전한 식품 처리 및 취급에 만전을 기하겠다는 약속과 노력이 있었음에도 2016년 상반기 내내 주가는 반등의 기미를 보이지 않았다. 식품 안전성 수준과 법적 부담금은 증가했는데 매출은 감소하면서 손실 규모가 늘어났다. 극복해야 할 걸림돌은 남아 있었고, 투자자는 여전히 경계의 시선을 보내는 상황에서 1년 전보다 주가가 27%(2016년 5월 기준) 하락하면서 주당 200달러 선에 머물렀다. 주가가 사건 이전의 고점 수준으로 반등할 수 있을까? 이는 이 기업이 어떻게 그리고 얼마나 빨리 소비자 신뢰를 회복하느냐에 달렸다.

- 2015년에 폭스바겐 배기가스 배출량 조작 사건으로 전 세계에서

1,000만 대가 넘는 자동차가 리콜 대상이 되면서 주가가 곤두박질쳤고, CEO 마틴 빈터콘Martin Winterkorn이 사임했다. 계속되는 리콜, 증가하는 소송, 폭스바겐 소유주에 대한 배상금 약속, 벌금과 과징금, 미국 내 폭스바겐 디젤 모델 판매 제한 등으로 폭스바겐은 10억 달러에 달하는 손실이 발생했다. 더불어 2016년 7월에 전년도 동기 대비 주가가 48%나 하락했다. 독일 증권거래소에서 거래되는 폭스바겐Volkswagen AG. VOW3 주가는 몇 개월 동안 가격 변동이 극심했다. 폭스바겐이 이 사건을 어떻게 처리하느냐에 따라 이후 주가 방향이 결정될 것이다.

장 마감 후

장이 마감됐다고 해서 거래 활동이 중단되지는 않는다. 시간 외 거래After-Hours Trading. AHT부터 뉴스 및 각종 발표에 이르기까지 전 세계 투자자는 실질적으로 24시간 내내 투자 행위를 할 수 있다.

시간 외 거래는 증권거래소에서 정규 거래 시간 외에 주식을 사고파는 것을 말한다. 과거에는 이 활동이 대규모 기관투자자와 갑부로 제한됐다. 그러나 지금은 전자 거래의 용이성 덕분에 거의 모든 사람이 시간 외 거래를 할 수 있다.

무조건 좋다고만 생각할지 몰라도 시간 외 거래를 만만하게 보면 안 된다. 반드시 주의해야 할 몇 가지 사항이 있다. 거래소 개장 시간 때보다 시간 외 거래를 하는 사람이 적기 때문에 시장 유동성이 그만큼 작다. 또 매수·매도호가 차이(특정 자산을 매매할 때 매수자가 살 의향이 있는 최고가와 매도자가 팔 의향이 있는 최저가 간의 차이)가 더 크게 나타나는 것이 보통이다. 그리고 가격 변동 폭도 더 크다. 긍정적인 측면으로 보자면 트레이더는 다음 날 개장까지 기다리지 않고 긴급 뉴스를 바로 반영해 자신에게 유리한 거래를 할 수 있다는 점이다.

핀라FINRA

핀라Financial Industry Regulatory Authority, FINRA(금융산업규제청)는 미국 증권 산업이 공정하고 투명하게 기능하게 함으로써 미국 투자자를 보호하는 매우 중요한 역할을 한다. 이 기구는 미국 내에서 영업 행위를 하는 모든 증권회사를 관리·감독하고 트레이더와 중개인, 투자자 간에 이뤄지는 모든 거래를 관장한다.

중요한 임무

2016년 현재 핀라는 증권회사 3,941곳과 이 증권회사 소속 중개인 64만여 명을 관리·감독한다.

핀라는 비교적 최근에 등장한 규제 및 감독 기구다. 2007년에 다른 두 규제 기관, 즉 뉴욕증권거래소 규제위원회NYSE regulatory committee와 전미증권업협회National Association of Securities Dealers, NASD가 결합해 탄생한 기구다. 핀라의 임무는 "미국 시장에서 벌어지는 부정행위를 발견하고 이를 예방"하는 것이다.

2016년에 핀라는 매일 최대 750억 건의 거래를 관리했다. 따라서 미국 금융시장 전체를 한눈에 들여다본다고 할 수 있다. 이 같은 포괄적 감시를 통해 잘못된 부분은 한 가지도 놓치지 않으려 노력한다. 실제로 핀라는 2015년 한 해 동안 헌신적 경계 및 감시 작업 덕분에 다음과 같은 일을 해냈다.

- 투자회사와 중개인 1,512건에 대한 징계 조치를 했다.
- 벌금 9,510만 달러를 부과했다.
- 금융사기 및 내부자 거래 의심 사례 800여 건을 SEC(미국증권거래위원회)에 회부했다.
- 사기 피해를 입은 투자자에게 배상금 9,660만 달러를 되돌려줬다.

　얼핏 핀라와 SEC가 하는 일이 같아 보이지만, 사실은 그렇지 않다. SEC는 개인투자자를 위한 공정성 확보에 주안점을 두는 반면, 핀라는 증권회사와 중개인에 대한 관리·감독을 통해 증권업계를 규제한다. 각 기관은 서로 다른 각도에서 시장 투명성을 확보하기 위해 노력한다. 그러나 궁극적으로 SEC는 핀라도 감독한다.

신용 사기 탐지기

너무 좋은 투자여서 사실인지, 사기인지 판단이 서지 않는가? 그러면 핀라 스캠 미터Scam Meter, http://apps.finra.org/meters/1/scammeter.aspx라는 사기 탐지기로 확인해보라. 스캠 미터는 투자자가 사기 투자를 피할 수 있게 도와주는 온라인 부정 탐색 도구다. 단 네 가지 질문에만 답하면 지금 하려는 투자가 괜찮은 선택지인지, 아니면 사기인지 확인할 수 있다.

처음 시작하는 이들을 위한 최소한의 주식시장 이해하기

002

뉴욕증권거래소
월스트리트의 심장부

200여 년 전에 월스트리트의 상인 24명이 버튼우드 협약Buttonwood Agreement에 서명했다. 이 협약은 거래 좌석seat(이후 '회원권'이 됨)의 가격을 포함해 상장주 매매에 관한 모든 규정을 담고 있다. 시간이 지나면서 수정과 변경을 거듭한 이 협약은 오늘날 증권 거래 규칙의 기본 틀이자, 뉴욕증권거래소NYSE의 토대가 된다.

　내부자들 사이에서 빅 보드Big board라고 불리는 NYSE는 월마트Wal-Mart Stores, 코카콜라, 맥도날드McDonald's 같은 수많은 주요 시장 참여자의 활동 본거지다. 빅 보드에는 소기업이 참여하지 않는다. NYSE 상장 요건을 보면 상장 후 유통 주식 수가 최소한 110만 주는 되어야 하고 시장가치는 1억 달러가 넘어야 한다. 또 최근 3개 회계연도 기준 세금 공제 전 소득이 최소한 1,000만 달러여야 하고, 최근 2년간 이익이 최소 200만 달러는 돼야 한다.

　10여 년 전만 해도 트레이더와 중개인이 NYSE '좌석'을 두고 치열한 경쟁을 벌였지만, 상장기업으로 전환되면서 모든 것이 변했다. 아직도 '좌석'이라고 부르는 사람이 많지만, 지금은 '회원권'이라고 한다. 이렇게 많이 바뀌었지만, 예전과 그대로인 부분도 있다. 우선 예전과 같이 엄격한 규정으로 1년짜리 거래 면허 취득 자격자 부분을 관리하고, 규제 당국은 규정 준수 여부와 윤리적 행동을 엄중 감시한다.

　NYSE는 시가총액 기준으로 세계 최대 증권거래소다. 시가총액은 한 기업의 사외 유통 주식의 시장가치를 의미하며, NYSE는 2016년에 상장기업 시가총액 총합이 19조 달러가 넘었다. NYSE가 전 세계 주식시장에서 차지하는 비중이 전체의 4분의 1이 넘는다. NYSE에서 하루에 거래되는 주식 수만 해도 4,500억 주가 넘는다.

공개 호가 시스템

　'공개 호가 시스템'은 거래소의 오랜 전통으로 영화나 TV 드라마에서 증권거래소를 그릴 때 자주 등장하는 장면이다. 트레이더들이 크게 팔을 휘저으며 원하는 가격을 목청껏 외치는 모습 말이다. 이는 NYSE에서 이뤄지는 경매시장 시스템(컴퓨터 등장 이전)을 현실적으로 보여준다. 주식을 팔려는 사람이 희망 매도가를 제시하고 사려는 사람이 희망 매수가를 제시해 양측의 조건을 맞춰가는 식으로 거래가 이뤄진다. 즉, 최고 매수호가와 최저 매도호가가 만나는 지점에서 거래가 체결된다. 거래장에 관해 상세히 알려면 특히 고객, 중개인, 장내 거래인floor trader(증권거래소에서 자기 계정으로 매매하는 회원), 스페셜리스트special-ist(위탁 매매와 자기 매매를 동시에 하는 전문 트레이더-역주) 등 각 시장 참여자가 구체적으로 무엇을 하는지 알아야 한다.

고객은 중개인을 통해 거래 요청을 한다. 중개인은 장내 거래인과 연결돼 있다. 장내 거래인은 중개인의 요청 사항에 가장 적합한 매수 혹은 매도호가를 제시한 스페셜리스트를 찾는다. 스페셜리스트는 특정 종목의 거래를 용이하게 함으로써 거래가 막힘없이 원활하게 이뤄지게 한다. 대다수 스페셜리스트는 하루에 5~10개 종목을 처리한다. 스페셜리스트는 매수 및 매도호가(혹은 시세)를 게시하고, 거래 흐름을 원활히 하려는 목적으로 몇몇 종목을 자체 보유하며, 실제로 거래를 체결한다. 또 일종의 중개인 같은 역할을 하면서 매수인과 매도인을 가능한 한 많이 연결해준다. 필요할 때는 자체 보유한 주식을 풀어 시장에 유동성을 공급하기도 한다.

그런데 요즘은 직접 대면해 목청껏 호가를 제시하며 시끄럽게 흥정하거나 종이로 된 주문표를 사용하는 모습은 거의 사라졌다. NYSE에서 거래는 전부 전자 방식으로 이뤄진다. 하지만 NYSE 거래 방식이 완전히 달라졌다고는 볼 수 없다. 시장 문화 속에 깊숙이 스며든 익숙한 거래 패턴이 여전히 남아 있다. 어쨌거나 요즘은 다음과 같은 방식으로 거래가 이뤄진다.

1. 고객이 전화나 인터넷으로 중개인에게 연락해 매수 혹은 매도하고 싶은 종목을 말한다.
2. 중개인이 장내 거래인에게 고객의 주문 사항을 전달한다.
3. 장내 거래인은 특정 종목을 보유한 스페셜리스트에게 주문 사항을 전달한다.
4. 주문 사항을 기록하고 거래를 체결한다.

시장 활동이 대규모로 이뤄지는데도 거래장 자체는 아주 평온해 보인다. 첨단 기술이 거래장의 모습과 성격을 영구적으로 변화시켰다. 호가를 내는 트레이더의 고함은 사라지고 '윙' 하며 컴퓨터 돌아가는 소리만 들린다. 시장통처럼 시끄럽고 혼잡했던 거래장이 이제는 조용한 도서관 열람실을 방불케 한다.

초창기: 휘트니 스캔들

NYSE는 신망이 높았던 거래소지만, 이곳에서도 스캔들(부정사건)은 있었다. 아마도 가장 충격적인 사건은 NYSE 사장 리처드 휘트니Richard Whitney가 횡령죄로 5년 이상 10년 이하의 형을 받고 싱싱 교도소에 수감된 일일 것이다.

휘트니는 1930년부터 1935년까지 NYSE 사장을 맡아 거래소를 운영했다. 그러나 안타깝게도 본인은 그다지 운이 좋거나 실력 있는 투자자는 아니었다. 직접 우량주부터 투기적 저가주에 이르기까지 닥치는 대로 손을 댔으나 대부분 손실만 냈다. 일례로 1931년에 빚이 200만 달러에 이르렀다. 궁지에 몰린 휘트니는 손실분을 메우려고 알고 있는 모든 사람에게 돈을 빌렸다. 그리고 빌린 돈으로 주식을 더 사들였다. 시장이 폭락하는 와중에도 매수에 열을 올렸으니 손실이 안 날 수 있겠는가!

더는 돈을 빌릴 곳이 없게 되자 휘트니는 공금에 손을 대기 시작했다. 고객과 뉴욕 요트 클럽(이곳 회계 담당자였음)의 돈을 가로챘고, 심지어 NYSE 퇴직연금에서도 100만 달러에 달하는 돈을 빼냈다.

NYSE 사장직에서 물러난 후 회계 감사 과정에서 휘트니의 범죄 사실이 드러났다. 그러나 이 지저분한 사건에도 순기능은 있었다. 이 스캔들을 계기로 신설 정부 기관인 SEC가 이런 범죄 행위에서 투자자를 보호하는 규정을 만들었다는 점이다.

NYSE의 역사

미국에서 가장 오래된 거래소인 NYSE는 뉴욕 금융지구에 소재한 3만 6,000제곱피트 규모의 건물에 입주해 있다.

NYSE는 전 세계에서 일어나는 거의 모든 일이 반영된다고 해도 과언은 아니다. 때문에 굵직굵직한 사건이 벌어질 때마다 가슴이 철렁할 정도로 급격한 가격 변동이 나타나곤 했다. 지난 30년 동안 경험했던 가장 큰 가격 변동 사례를 몇 가지 소개하자면 이렇다.

- 1987년 10월 19일에 다우지수가 22.61% 하락했다. 일일 하락 폭으로는 사상 최대 수준이었다.
- 1997년 10월 27일에 다우지수가 554포인트 폭락하면서 NYSE 사상 최초로 '서킷 브레이커circuit breaker(일시적 거래 정지)'를 발동했다. 이는 시장 폭락이 우려될 때 모든 거래 활동을 일시 중단하는 조치다.
- 2000년 3월 16일 하루 동안 다우지수가 499포인트 상승했다. 일일 최대 상승 폭이었다.
- 2001년 9월 11일에 발생한 테러 이후 NYSE는 4일간 장을 폐쇄했다. 다우지수는 685포인트 하락했으며, 이는 일일 최대 하락 폭이었다.

2007년에 NYSE는 유럽통합증권거래소 유로넥스트Euronext와 합병해 'NYSE 유로넥스트'로 재탄생했다. 이 거대 시장이 형성된 2007년 8월 15일에 50억 주 이상이 거래되면서 일일 거래량으로 최고치를 경신했다. 이날 하루 거래량은 무려 57억 9,979만 2,281주였다.

NYSE 유로넥스트는 이 정도에서 만족하지 않고 2008년에 미국증권거래소American Stock Exchange, AMEX를 인수했으며, 2009년 초에 완전한 통합 거래를 시작했다. 이런 대규모 통합 거래소 덕분에 스톡옵션, 상장지수펀드exchange traded fund, ETF, 기타 특수 증권 등을 포함해 거래 범주가 크게 확장됐다.

그러나 2013년에 모든 것이 바뀌었다. 미 금융시장을 200년 넘게 지배했던 NYSE를 대륙간거래소Intercontinental Exchange, ICE가 인수했다. 표면적으로 NYSE는 인수되기 이전과 똑같은 기능을 하는 듯 보이지만, 실질적으로는 또 다른 기업이 보유한 자산일 뿐이었다.

003

나스닥

1,000개의 기술 기업으로 시작한 거래소

나스닥은 전에 없던 새로운 방식으로 작동하는 첫 번째 거래소였다. 수 세대 동안 주식시장은 트레이더가 모여 직접 주식을 팔고 사는 곳이었다. 그러다 나스닥이 등장하면서 모든 것이 달라졌다. 당시에는 널리 알려져 있지 않았으나 과감하게 새로운 방식을 도입한 이 거래소가 기존 거래 방식을 변화시키고 거래의 속도와 정확성을 크게 향상할 것으로 본다.

무서운 성장세

나스닥은 미국에서 가장 크고(기업 수 기준) 성장 속도가 가장 빠른 증권거래소로 일일 주식 거래량이 가장 많다. 2016년 5월 26일 기준 일일 총거래량이 16억 주에 달했다.

1971년 2월에 설립할 당시만 해도 등록 기업 수가 250개에 불과했다. 나스닥은 세계 최초로 전자 방식으로 운영되는 주식시장을 모토로 개장하며 명성을 얻었다. 나스닥은 격동과 혼란의 1970년대를 거치면서 성장하기 시작했다. 그러면서 순식간에 나타났다가 또 순식간에 사라지는 컴퓨터 기반 스타트업이 기댈 희망의 '등대' 역할을 하게 됐다. 1980년대가 되자 컴퓨터의 위세와 영향력이 점점 강해졌고, 업계를 지배하던 최강 기업 두 곳이 신규 상장했다. 앞으로 어떤 일이 펼쳐질지 익히 짐작하게 하는 매우 역사적인 순간이었다. 그 두 곳은 다름 아닌 애플**Apple Inc.**(1980년 상장)과 마이크로소프트**Microsoft Corporation**(1986년 상장)였다. 두 기업의 상장이 모든 것을 바꿔 놓았고, 세계 최대 기업 자리를 다투는 상황이 됐다(두 기업은 한동안 세계 1위 자리를 지키는 상황이 연출되었다).

1996년에 마침내 나스닥 일일 거래량이 5억 주를 넘어섰다. 이제 NYSE는 평판 좋은 성공 기업의 유일한 본거지가 아닌 상황이 돼버린 셈이다. 나스닥도 이제 상장기업이 3,200개로 늘어나며 어엿한 주식시장으로 성장했고, 앞으로도 이 성장세는 계속될 것이다. 미국 전체 주식시장 중에서 나스닥(공식 명칭은 'NASDAQ OMX Group'임)이 대다수 IPO를 진행하며 더 많은 기업을 이 시장으로 끌어들이고 있다.

나스닥은 성장하는 신생 기업이 관심을 보일 만한 매력적인 시장이다. 가장 큰 이유는 상장 요건이 NYSE보다 덜 엄격하고 상장 비용 수준도 현저히 낮기 때문이다. 그러다 보니 나스닥 상장주에는 기술주와 생명공학주가 상당히 많다. 이들 기술 및 생명공학 기업은 전형적인 공격적 성장주로 분류되기 때문이다. 실제로 나스닥은 시가총액이 9조 5,000억 달러를 넘어서고 있으며, 그 대부분이 기술 업종이다. 나스닥 상장기업에 관해 알고 싶으면 나스닥 종합주가지수NASDAQ Composite를 살펴보면 된다. 이 나스닥 지수는 나스닥 상장기업 전부를 반영한 포괄적 주가지수이다(더 자세한 내용은 '나스닥 종합주가지수'를 다룬 장을 참고).

나스닥은 '딜러시장'이라고도 할 수 있다. 실제 거래장에서 스페셜리스트가 매매를 주도하는 기존 체계와 달리 딜러dealer(자기 계산 및 책임하에 거래하는 트레이더-역주)가 전화와 전산망을 통해 증권 거래를 한다는 의미다.

딜러시장

경매 방식을 취하는 NYSE 거래장과는 달리 나스닥은 '시장 조성자market maker'라고 하는 증권 딜러 600여 명이 거래를 주도한다. '시장 조성자'가 무슨 일을 하는지는 그 명칭에서 익히 짐작할 수 있다. 말 그대로 시장에 유동성을 공급해 증권 거래 시장을 조성하는 사람들이다. 투자자에게 유동적인 시장을 마련해주고자 자기자본까지 투입하여 주식을 수월하게 사고팔 수 있게 한다.

시장 조성자라는 명칭만 보면 개인 트레이더인가 싶지만, 시장 조성자 대다수가 대형 투자회사다(적어도 나스닥에서는 그렇다). 주문이 있을 때 거래가 수월하게 이뤄지도록 유동성을 충분히 공급할 수 있는 이유가 여기에 있다. 시장 조성자가 보유하는 종목 중에는 중복되는 종목이 많다. 여기서 치열한 경쟁이 이루어진다. 나스닥은 완전히 전산화된 시장이기 때문에 시장 조성자는 대면이나 전화를 통한 거래는 하지 않는다. 나스닥 거래는 전부 전자 방식으로 이뤄진다.

딜러의 거래

시장 조성자가 특정 종목에 대한 매수 혹은 매도호가를 공시하면 이 공시 가격으로 매수 혹은 매도할 물량이 1,000주 이상이어야 한다. 거래가 완료되면 시장 조성자는 그 '시장'을 닫고, 해당 종목에 대해 새로운 가격을 공시한다.

시장 조성자들은 서로 경쟁하는 관계다. 전 세계 매수인과 매도인이 접속하는 복잡한 나스닥 전산망에 각각 최적이라고 판단하는 매수 혹은 매도호가(혹은 시세)를 올려 거래를 체결하는 구조이기 때문이다. 실제로 시장 조성자는 호가를 명확히 제시해서 확실한 '양방향' 시장(핀라 용어로)을 조성해야 한다. 다시 말해, 시장 조성자는 자신이 공시한 매수 및 매도호가대로 거래해야 한다. '매수·매도호가 차이'는 두 시세 간의 수학적 차이로, 이곳이 바로 시장 조성자가 큰돈을 버는 지점이다. 즉, 시장 조성자는 이런 호가 차이에서 이익을 챙긴다. 투자자가 기울어진 운동장에서 뛰지 않게 하려면 시장 조성자는 고객 관점에서 최적의 매수 혹은 매도호가로 시장가 주문을 이행해야 한다.

나스닥 거래

나스닥 거래는 어떻게 이뤄지는지 살펴보자. 우선 시장 조성자가 매수 및 매도호가를 공시하는 작업에서 출발한다. 말하자면 넷플릭스Net-flix 주식의 매수호가를 85.20달러 그리고 매도호가를 85.25달러로 공시한다. 시장 조성자가 85.20달러에 주식을 매수하고, 85.25달러에 매도하겠다는 의미다. 여기서 매수호가와 매도호가 차이가 주당 5센트인데 이 차액이 바로 시장 조성자의 이익 창출원이다.

투자자 관점에서 보면 그림이 약간 달라진다. 이 경우 현재 시장가격으로 팔려는 투자자는 주당 85.20달러에도 매도하고, 사려는 투자자는 주당 85.25달러에도 매수하게 된다.

004

장외시장

상어가 우글거리는 희뿌연한 바다에 보물이
숨겨져 있을지도 모른다

장외시장Over-The-Counter market, OTC market에서는 '비상장주'로 알려진
증권이 주로 거래된다. '비상장' 주식은 NYSE나 나스닥 같은 전통적
증권거래소에서 거래되지 않는 종목을 말한다. 장외시장에서 사고파는
증권은 개별 브로커-딜러가 거래한다. 여기서 브로커-딜러는 서로 인
터넷이나 전화로 직접 거래하는 전문가를 말한다.

장외 주식을 매수하는 것은 주요 증권거래소에서 거래하는 주식을
매수하는 것과는 많이 다르다. 일단 장외시장은 매수인과 매도인이 모
여서 주식을 거래하는, 이른바 중앙 거래소가 없다. 그래서 장외시장에
서는 매도할 주식을 실제로 계속 보유해야 하는 시장 조성자를 통해서
만 주식을 매수할 수 있다.

장외 주식을 매수하려면 장외시장에서 활동할 의지가 있는 중개인

의 서비스를 받아야 한다. 장외에서 거래하지 않으려는 중개인도 있기 때문이다. 그다음에 중개인은 매수하려는 종목을 보유한 시장 조성자와 접촉해야 한다. 시장 조성자는 매도하려는 종목의 매도 희망가를 정해 공시한다. 장외 주식을 매도할 때도 이와 마찬가지 과정을 거친다. 중개인이 시장 조성자와 접촉해 매수호가를 알아본다. 매수 및 매도호가는 이른바 호가 게시판Over-the-Counter Bulletin Board, OTCBB에 올려 투자자가 계속 볼 수 있게 한다.

거래 절차 자체는 단순해 보이지만, 여기에는 위험 요소가 내포해 있다. 장외시장에서 거래되는 기업은 대체로 소기업이어서 공식 거래소에 상장되지 않는다. 또 이런 기업에 대해서는 신뢰할 만한 정보를 얻기도 매우 어렵다. 게다가 장외 주식은 유동성이 부족해서 팔고 싶을 때 바로 팔기 쉽지 않다.

호가 게시판

호가 게시판이하 OTCBB에는 까다로운 상장 요건 때문에 주요 거래소에 상장하지 못한 종목이 올라온다. OTCBB 등록 시 충족해야 할 요건은 하나밖에 없다. 즉, OTCBB에 올릴 기업은 SEC(미국 증권거래위원회)에 등록해야 하고, 각종 보고 요건을 준수해야 한다. SEC에 서류

제출 기한을 넘긴 기업은 거래소에서 바로 퇴출된다. 이렇게 퇴출된 기업은 규제를 받지 않는 전자 장외시장인 이른바 핑크 시트pink sheet(호가 기록표 색깔이 분홍색인 데서 유래한 명칭-역주)로 내려간다. 퇴출 사유가 치유되면 다시 OTCBB로 복귀할 수 있다.

나스닥과 관련은 있으나 나스닥은 아님

OTCBB는 나스닥이 소유해 관리하고 있지만, OTCBB 거래는 나스닥 거래가 아니다. 다시 말해, OTCBB에 올라온 주식은 나스닥에 상장된 주식이 아니므로 여기에 게시된 주식을 나스닥에 상장된 주식으로 오해하면 안 된다. 그런데 부도덕한 시장 조성자는 굳이 이 부분을 명확히 구분해주려고 하지 않는다. 아무래도 '나스닥'이라는 이름값을 이용하면 투자자가 매수하려는 종목에 대한 신뢰도가 좀 더 높아지기 때문에 이 점을 이용하려는 것이다.

나스닥이 소유해 관리하는 OTCBB는 완전히 전산화한 시장으로 장외 주식 전부에 대한 실시간 시세, 최신 호가 정보, 최근 거래량 등을 전자 방식으로 공시한다. 여기서 최신 정보는 마지막 거래를 기준으로 한다. 그 마지막 거래가 방금 전에 이뤄졌을 수도 있다. OTCBB에 등록된 증권은 종목 기호 뒤에 'OB'를 붙여서 장외에서만 거래되는 종목이라는 점을 명확히 한다. 기술적으로 장외 주식은 상장이라고 하지 않고, 그냥 호가를 올린다고 말한다. '상장'은 주요 증권거래소에서 거래되는 주식을 의미한다.

OTCBB에 공시된 주식을 매수하는 일은 주요 거래소에 상장된 주식을 매수할 때보다 위험 수준이 더 높다. 여기에는 두 가지 중요한 이유가 있다.

1. 장외시장은 작은 시장이라서 유동성이 매우 부족하다. 현실적으로 장외 주식은 매도하기 매우 어렵다는 의미다.
2. 낮은 유동성 때문에 OTCBB에 올라온 주식은 매수·매도호가 차이가 매우 크다. 호가 차이가 클수록 투자자의 이익 폭이 감소한다.

투자자 관점에서는 OTCBB 거래 주식을 매수하는 일은 다른 주식을 매수하는 일과 별반 다르지 않다. 중개인에게 연락해 매수하고 싶은 종목을 말하기만 하면 된다. 매수 주문을 접수한 중개인은 해당 종목의 매도호가를 올린 시장 조성자와 접촉한다. 만약 시장가 주문(시가로 즉시 주문 이행)을 낸다면 시장 조성자가 낸 매도호가가 매수가가 되면서 곧바로 거래가 체결된다. 그러나 장외는 거래량이 매우 적은, 이른바 '좁은 시장'이므로 여기서 거래할 때는 시장가보다는 최소한의 가격 보호 장치로서 지정가 주문(미리 정한 가격으로 주문을 이행하는 일종의 특별 주문)이 더 나을지 모른다.

핑크 시트

장외시장의 규제되지 않은 핑크 시트에 등록하려면 신청서(서식 211호)를 작성해서 OTC 규정준수국OTC Compliance Unit에 제출하면 된다. 신청서에서 요구하는 사항은 해당 기업의 현 재무 상태에 관한 몇 가지 정보뿐이다. 기업이 여기에서 거래하려는 이유가 몇 가지 있다.

- 기업 규모가 너무 작아서 더 공신력 있는 증권거래소에는 상장이 불가능하다.
- 규정을 준수하지 않아서 주요 거래소에서 퇴출되었다.
- 기업이 실재하지 않으며, 이 기업의 주식은 돈벌이용 사기 도구일 뿐이다.

일부 기업은 시장 조성자에게 회계 장부를 비롯해 세부적인 재무 상태 정보를 알려준다. 이렇게 하면 시장 조성자가 해당 기업의 정확한 주가를 좀 수월하게 확인할 수 있다. 그러나 이는 기업의 의무 사항이 아니기 때문에 실제로 이렇게 하는 기업은 별로 없다. 투자자에게 어떤 정보도 알릴 의무가 없으며, SEC에 재무 자료를 제출할 필요도 없다. 따라서 투자자는 신뢰할 만한 혹은 입증 가능한 그 어떤 정보도 입수하기 어렵다.

무엇보다 핑크 시트에서 거래되는 기업은 규모가 상당히 작고, 이 주식을 보유한 사람도 매우 적다. 이처럼 제한된 시장에서는 투자자가 주식 매도를 원할 때 쉽게 매도할 수 없다.

그렇다면 투자자가 핑크 시트 주식에 관심을 보이는 이유는 무엇일까? 한 가지 이유는 주가가 매우 저렴하기 때문이다. 주당 1달러도 안 되는 주식도 꽤 있다. 주당 가격이 아주 낮기 때문에 조금만 가격이 변동해도 상당한 이익이 발생할 수 있다. 예를 들어 A라는 소기업 주식을 주당 1달러에 100주를 매수하면 총투자 비용은 100달러다. 몇 주 후에 주당 5센트 상승한다면 100주 가격은 총 105달러가 된다. 투자 수익률이 5%인 셈이다. 더 비싼 주식, 말하자면 주당 10달러에 거래되는 주식이 주당 5센트가 상승한다면 무슨 의미가 있겠는가!

핑크 시트 주식에 관심을 보이는 진짜 이유는 그 가능성 때문이다. 미래의 성장 가능성에서 투자가치를 찾는 것이다. 차고에서 컴퓨터 하나로 창업한 사람이 훗날 세계 1위 기업주가 될 수 있는 요즘 같은 혁신 시대에는 보잘것없던 소기업이 초일류 기업이 되어 투자자를 돈방석에 올려놓는 일이 비일비재하다. 아무도 알아주지 않을 때 트위터Twitter나 아마존닷컴Amazon.com 같은 대박 기업을 미리 알아보고 헐값에 주식을 매수했는데 훗날 초대박이 났을 때의 그 짜릿함을 한번 생각해보라. 핑크 시트에 오른 종목은 주요 거래소에는 상장되지 않았지만, 초기 투자금이 워낙 소액이라서 큰 수익률을 기대할 수 있다.

최근에는 핑크 시트 거래 종목에 대해 등급제를 시행해서 투자자가 특정 종목에 투자할 때 위험 수준을 가늠하는 데 도움을 준다. 총 5개 등급으로 분류해 각 종목에 대한 주요 정보를 한눈에 확인할 수 있다.

1. **신뢰 등급**trusted tier에는 믿을 만한 기업이 포함돼 있다. 신뢰 등급에 속한 기업은 등록 지침을 준수하고, 재무 관련 정보를 투자자에게 제공하며, SEC에 보고 의무를 이행하기도 한다.

2. **투명 등급**transparent tier에는 OTCBB에 등록된 기업도 포함된

다. 이들 기업도 'OTC 자료 발표 및 뉴스 서비스OTC Disclosure and News Service' 혹은 SEC에 정기적으로 재무 상태를 보고해야 한다. 이를 통해 투자자는 해당 기업의 재무 상태를 확인할 수 있다.

3. **불안 등급**distressed tier에는 앞으로 현 상태를 유지할 수 없거나 파산을 선언한 기업이 포함된다.

4. **소멸 등급**dark/defunct tier에는 지난 6개월 동안 재무 관련 자료를 제출하지 않았거나(종목 앞에 붙은 'stop(거래 정지)' 기호로 확인함) 시장 조성자가 없고 OTCBB나 핑크 시트에 호가가 올라오지 않는 회색 시장gray market(암시장과 보통 시장의 중간-역주) 기업('!' 기호로 확인함)이 포함된다.

5. **유독 등급**toxic tier은 매우 수상쩍은 종목을 말하며, '해골 밑에 대퇴골 두 개가 교차하는' 그림으로 경고를 표시된다. 개중에는 실존하지 않는 기업도 있다.

핑크 시트 종목을 매수하고 싶으면 우선 이곳에서 거래하겠다는 중개인을 찾아야 한다. 대부분의 중개인은 이렇게 위험 수준이 높은 종목은 취급하고 싶어 하지 않기 때문이다. 핑크 시트에 오른 기업이라도 앞으로 사업을 키워나가려 애쓰는 곳이 대다수이고, 투자자에게 필요한 정보를 기꺼이 제공하려고 한다. 그러나 처음부터 모든 것이 사기인 기업도 있다. 그러므로 핑크 시트 종목을 거래할 때는 각별히 주의해야 한다.

해외 증권거래소

국경이 무의미해진 지구촌 세상

해외 주식시장에서 세 자릿수 수익률을 기록하는 장면을 보면 투자자들은 바로 그 시장으로 뛰어들어 고수익을 누리고 싶어 한다. 불과 15년 전만 해도 미국인이 해외 증권거래소에서 직접 거래한다는 말은 들어보지 못했다. 실제로 비교적 최근인 2006년만 해도 해외 주식 거래는 매우 어려웠다. 그런데 요즘 피델리티Fidelity를 포함해 특정 온라인 증권회사가 투자자에게 국제 거래를 신청할 수 있는 선택지를 제공하면서 온라인으로 다양한 해외 주식시장에 접근할 수 있게 됐다. 그래서 원하는 종목을 해외 증권거래소에서 직접 매수할 수도 있지만, 여전히 미국 거래소에서 매수하는 것만큼 쉽지는 않다.

해외 거래소를 이용하기 쉽지 않은 첫 번째 이유는 외국 증권거래소에서 주식을 매수하려면 먼저 달러부터 현지 통화로 바꿔야 하기 때문이다. 그런데 통화 환율 변동이 투자 이익에 상당한 영향을 미칠 수 있다. 또 한 가지 이유는 일부 외국 시장은 미국 시장만큼 거래량이 많지 않아서 주식을 팔려고 할 때 사려는 사람을 찾기가 훨씬 어렵다(주식을 사려 할 때도 마찬가지로 팔려는 사람을 바로 만나기 어렵다).

게다가 일부 증권회사는 해외 시장에서 직접 거래하기를 원하지 않는다. 그보다는 투자자에게 해외 ETF(상장지수펀드), 해외 뮤추얼펀드 혹은 미국예탁증서American Depositary Receipt, ADR의 형태로 미국 시장에서 거래되는 해외 주식 쪽을 권한다.

이에 대한 하나의 대안으로서 투자자가 관심을 둔 종목이 있으면 그 종목이 거래되는 국가에서 증권 계좌를 개설하는 방법이 있다. 예를 들어 런던증권거래소에 상장된 기업 주식을 직접 매수하려면 일단 계좌를 개설하고 영국 증권회사와 직접 접촉하면 된다. 그러나 해외 거래소에서 매수한 주식은 팔 때도 그 거래소에서 매도해야 한다는 점을 명심해야 한다. 해당 기업이 다른 증권거래소에 상장돼 있어도 마찬가지다. 반드시 매수한 거래소에서 매도해야 한다.

이처럼 여러 가지 걸림돌이 있는데도 투자자가 군이 해외로 눈을 돌리는 이유가 무엇일까? 해외 주식을 거래하는 데는 다양한 위험 요소(제한된 정보, 정치적 불안정성, 환율 변동 등)가 존재하기는 하지만, 위험이 큰 만큼 대박 기회도 있기 때문이다. 실제로 세계 최대 기업 몇 곳은 외국 기업이며, 브라질과 한국처럼 전도유망한 신흥 경제국가에도 세계적인 기업이 존재한다. 무엇보다 외국 경제가 미국 경제와는 다르게 움직이기도 한다. 예를 들어 미국 경제가 하락세를 탈 때 홍콩 경제는 상승 곡선을 그리기도 한다.

주요 외국 증권거래소를 소개하자면 다음과 같다.

- 영국 런던증권거래소London Stock Exchange, LSE
- 일본 도쿄증권거래소Tokyo Stock Exchange, TSE
- 중국 상하이증권거래소Shanghai Stock Exchange, SSE

- 홍콩 홍콩증권거래소Stock Exchange of Hong Kong, SEHK
- 네덜란드 유로넥스트Euronext NV, ENX
- 멕시코 멕시코증권거래소Mexican Stock Exchange, MEXBOL 혹은 Mexican Bolsa(BMV)

이들 외국 거래소들은 세계 최대 거래소에 속하고 시가총액 기준으로도 상당 지분을 차지하고 있지만, 전 세계에는 이외에도 수많은 증권거래소가 있다. 이들 세계 최대 거래소에 관해 좀 더 상세히 알아보자.

런던증권거래소LSE

세계에서 가장 오래된 증권거래소 가운데 하나인 런던증권거래소LSE는 17세기 커피하우스에 트레이더들이 모이면서 시작됐다. 1973년에 여러 지역 거래소를 합병해 그레이트 브리튼·아일랜드 증권거래소Stock Exchange of Great Britain and Ireland가 됐고, 그 후 런던증권거래소로 명칭을 변경했다.

기술적 진보를 통해 거래 전산화가 이뤄지지 전까지 오랫동안 거래소 회원들은 런던에 있는 거래장에서 매매 활동을 했다. 요즘은 런던증권거래소에서도 모든 거래가 컴퓨터로 이뤄지며 매일 100만 건 이상이 전산으로 처리된다. 런던증권거래소는 전 세계 100여 개국에서 운영되고 있으며 전 세계 투자자에게 영국 주식은 물론이고, 외국 주식에 대한 투자 기회를 제공하고 있다. 런던증권거래소는 전 세계 50여 개국에서 약 300개 기업의 주식을 거래한다.

공식 명칭이 '파이낸셜타임스 100 지수Financial Times Actuaries 100 Index'인 'FTSE 100('풋치'로 발음함) 지수'는 세계에서 가장 폭넓게 주식시장지수를 추적한다. 1984년에 산출하기 시작한 FTSE는 런던증권거래소에 상장된 100대 우량주를 추적하는데, 이 100대 기업이 런던증권거래소 시가총액의 약 80%를 차지한다.

토막 지식

특정 주식을 일컫는 명칭을 보면 짧은 단어 속에 많은 정보가 담겨 있다. 예를 들어 '우량주blue chip'는 평판 좋고 기초가 탄탄한 기업을 의미한다. 반면에 '투기적 저가주penny stock'는 잘 알려지지 않은 소기업으로 말 그대로 매우 저렴한 가격으로 거래되는 종목을 말한다.

런던증권거래소에 상장된 주요 기업으로는 글락소스미스클라인 GlaxoSmith-Kline, 유니레버Unilever, 바클레이즈Barclays 등이 있다.

도쿄증권거래소TSE

    도쿄증권거래소는 1878년에 귀금속과 국채 거래를 목적으로 처음 문을 열었다. 그리고 1920년대에 주식을 거래 목록에 포함했다. 제2차 세계대전 때 거래가 중단됐다가 1949년 5월에 재개장했고, 1989년(시장 대폭락 직전)에 시가총액이 4조 달러에 이르렀다. 현재 도쿄증권거래소에는 일본에서 가장 성공적인 기업 일부를 포함해 약 2,000개 기업이 상장돼 있다.

    '니케이'라고 칭하는 '니케이 225 지수Nikkei 225 Stock Average'를 주시하면 도쿄증권거래소를 쉽게 추적할 수 있다. 니케이 지수는 일본 주식시장의 상승 및 하락 상황을 추적하는 주가지수로, 일본에 본사를 둔 225개 우량주가 포함돼 있다. 니케이는 미국 시장 내 500대 기업의 주가 동향을 추적하는 미국 'S&P 500 지수'와 유사하다(S&P 500 지수에 대해서는 관련 장에서 더 상세히 다룬다). 일본 시장을 평가하는 또 다른 지수로 토픽스Tokyo Stock Price Index, TOPIX가 있다. 1968년에 산출하기 시작한 토픽스는 주로 대형주(시가총액이 100억 달러 이상인 종목)로 구성되며 도쿄증권거래소의 약 70%를 차지한다.

    다른 주요 증권거래소와는 달리 도쿄증권거래소는 오전과 오후로 나눠 하루에 두 번 거래 시간을 갖는다. 오전 시간은 '전장前場, zenba' 이라고 하며 오전 9시부터 11시 30분까지다. 오후 시간은 '후장後場,

goba'이라고 하며 오후 12시 30분부터 3시까지다. 도쿄증권거래소에 상장한 종목은 1,000주 단위로 거래하며 사실상 거의 모든 거래가 전자 방식으로 처리된다.

도쿄증권거래소는 그야말로 격동과 혼란의 역사를 겪었다. 1980년 당시 니케이는 6,535선에서 횡보 중이었다. 그러다 일본 주식 가격이 급등했다. 1989년 12월이 되자 니케이 지수가 3만 8,916으로 무려 5배나 폭등했다. 그러나 1990년대가 되면서 상황이 반전돼 니케이(토픽스와 함께)가 폭락했다. 2003년 3월에는 니케이가 8,000 밑으로 떨어졌고, 이후 10년간 롤러코스터 행보가 계속됐다. 2016년 상반기에는 1만 5,000에서 1만 7,000선에서 움직였다. 도쿄증권거래소는 이런 시장 변동성에 제동을 걸기 위해 주가 급락 시 일시적으로 거래를 정지한다. 이는 뉴욕증권거래소에서 활용하는 서킷 브레이커와 비슷하다.

도쿄증권거래소 상장기업에는 혼다Honda, 도요타Toyota, 깃코만Kik-koman 같은 거대 기업이 포함돼 있다.

상하이증권거래소SSE

1860년대에 최초 개장한 상하이증권거래소는 1949년에 공산당이 폐쇄했다. 그러다 1990년에 재개장하면서 중국 시장의 폭등과 폭락 등 급격한 가격 변동으로 대표되는 새로운 경제 시대를 예고했다.

전 세계 주요 거래소와는 달리 상하이증권거래소는 비영리 조직으로 운영된다. 상하이증권거래소 자체가 중국증권감독관리위원회China Securities Regulatory Commission, CSRC의 관리하에 있어서 정부가 과도한 감시를 할 여지가 크다. 상하이증권거래소에 상장된 기업 대다수가 보험회사와 은행을 포함한 국영 기업이다. 상하이증권거래소에 상장하려면 실제로 사업을 해야 하고 최소 3년간 영업 이익이 발생해야 한다.

중국 최대 증권거래소인 상하이증권거래소는 A형과 B형 두 가지 상장주가 있다. A형은 중국 통화(위안화)로만 시세(호가)를 표시해야 한다. 중국 본토에 본사를 둔 기업이라는 의미다. 최근까지 중국 본토인만 A형 주식을 매수할 수 있었다. 그러나 현재 적격 외국 기관투자자Qualified Foreign Institutional Investor, QFII로 지정된 외국인 투자자는 고

강도 규제를 받는 특별 시스템을 통해 A형 주식을 매수할 수 있다. B형 주식은 외국인과 내국인 투자자 모두 매매가 가능하고, 미국 달러화 같은 기타 통화로 호가를 표시한다. 상하이증권거래소에 상장된 모든 주식은 A형, B형으로 거래가 가능하다.

상하이증권거래소를 추적하는 주요 지수는 상하이증권거래소 종합주가지수다. 상장하는 국영 기업이 많아짐에 따라 이런 지수가 중국 경제 전반을 반영할 것으로 예상된다. 정부의 집중 개입에도 불구하고 2015년에 상하이증권거래소는 천장을 뚫을 듯한 고점과 바닥을 뚫는 저점을 오가며 극심한 가격 변동 추이를 나타냈다. 이런 극심한 가격 변동이 나타나는 한 가지 이유는 신용 거래(투자자가 돈을 빌려 주식을 매수함) 비중이 너무 컸기 때문이다. 당시 신용 거래 규모가 무려 수조 위안(중국 통화 단위)에 달했다. 또 다른 이유는 중국 정부의 강압적 자세에서 찾을 수 있다. 외국 기관투자자에게 자유로운 시장 접근을 허용하려 할 때조차 강도 높은 정부 개입의 손길을 거두지 않았다.

상하이증권거래소 상장기업으로는 중국국제항공Air China, 중국은행Bank of China, 페트로차이나PetroChina, 칭다오Tsingtao Brewery 등이 있다. 특정 외국인 투자자에게 중국 주식 매수를 허용하고는 있지만, 외국인 개인투자자가 중국 주식에 투자하기에는 홍콩증권거래소 쪽이 좀 더 수월하다.

홍콩증권거래소SEHK

1891년에 설립된 홍콩증권거래소는 오늘날 고도로 진화한 중국 금융 서비스 산업이 거래소를 이끌고 있다. 홍콩은 중국 본토와 긴밀한 무역 협력 관계를 유지하고 있다. 중국에 대한 수출 물량만 연간 3,000억 달러에 달하며, 이는 홍콩 총수출량의 60%에 달하는 수준이다. 홍콩증권거래소도 이런 경제 패턴을 그대로 따라간다. 이곳에서 거래되는 주식 가운데 절반 이상이 중국 기업 주식이다.

홍콩은 중국의 '특별 행정구'로 기능한다. 중국 중앙정부는 기본적으로 홍콩을 영국 치하에 있을 때와 똑같이 '소국'으로 취급하고 있다. 투자자로서는 이런 구분이 매우 중요하다. 제한적 민주주의 통치 체제하의 자본주의 국가에서 홍콩증권거래소는 그나마 자율적으로 운영되기 때문이다(중국 공산주의 정부 및 사회주의 경제와 대조적).

1990년대 말에 홍콩증권거래소는 중국 국유 기업의 H 주식(홍콩증권거래소에서 홍콩 달러로 거래되는 중국 주식을 의미함) 상장을 개시할 수 있었다. 실질적으로 홍콩 증시가 중국 최대 증권시장이다. 오늘날 중국 본토에 본사를 둔 600여 개 기업의 주식을 홍콩증권거래소에서 거래할 수 있다. 홍콩증권거래소와 연계된 가장 중요한 지수가 바로 항셴Hang Seng 지수다. 시가총액 가중 지수인 항셴 지수는 홍콩에서 거래되는 40대 기업으로 구성돼 있다.

홍콩증권거래소 상장기업으로는 동아시아은행Bank of East Asia, 중국 국제공항Air China, 홍콩 TVHong Kong Television Network 등이 있다.

국가 간 교차 거래

상하이와 홍콩 간 교차 거래를 좀 더 용이하게 하려는 목적으로 2014년 11월 에 상하이 증시와 홍콩 증시를 연계한 이른바 후강퉁 沪港通, Shanghai-Hong Kong Stock Connect을 단행했다('후강퉁'은 상하이를 뜻하는 '후沪'와 홍콩을 뜻하는 '강港'을 조합해서 만든 용어임-역주). 이를 통해 국제 투자자는 전보다 훨씬 용이하게 중국 주식시장에 접근할 수 있게 됐다.

유로넥스트ENX

네덜란드에 본사를 둔 유로넥스트는 국제 교차 거래소로서 최초의 범유럽 증권거래소다. 유로넥스트는 2000년에 파리, 브뤼셀, 암스테르담 거래소를 합병해 탄생했다. 그리고 2002년에 포르투갈 증권거래소가 합류했고, 뒤이어 런던에 소재한 증권거래소(런던증권거래소와는 다른 거래소)도 여기에 합류했다.

2007년 4월에 유로넥스트는 NYSE 그룹과 합병해 'NYSE 유로넥스트'가 됐다. 2008년이 되자 이 혼합 거래소에 약 4,000종목이 상장

됐고 시가총액은 30조 달러를 넘었다.

2013년에 대륙간거래소ICE가 NYSE 유로넥스트를 인수하면서 세계적인 두 증시가 다시 갈라졌다. 유로넥스트는 여전히 세계 최대 거래소 지위를 유지하고 있다. 2014년에 유로넥스트는 자체 IPO를 단행하면서 다시 한번 독립 기업이 됐다.

유로넥스트 거래 시스템을 통해 유럽 증권시장을 개방함으로써 각 기업은 여러 시장에서 거래되는 주식을 통합된 단일 거래소에서 상장할 수 있게 됐다. 예를 들어 유로넥스트 파리 거래소에 상장된 주식은 유로넥스트 암스테르담 거래소에도 상장할 수 있다. 그리고 거래를 더 원활하게 거래하고자 유로화를 기본 통화로 활용한다.

유로넥스트에서 거래되는 기업은 에어프랑스-KLMAir France-KLM, 코카콜라 유럽Coca-Cola European, 로레알L'Oreal 등이다.

멕시코증권거래소(멕시칸 볼사)

악명 높은 마약 카르텔(범죄 조직)과 부패가 만연한 정부 때문에 골머리를 앓는 멕시코에는 남미에서 두 번째로 큰 증권거래소인 멕시코증권거래소(현지에서는 'la Bolsa Mexicana de Valores'라고 함)가 있다. 멕시코시티에 본부를 둔 멕시코증권거래소는 멕시코 유일의 거래소다.

신흥시장으로서 멕시코 경제는 엄청난 성장을 했고, 앞으로도 상승세를 이어갈 것으로 예상한다. 2010년대 초 세계적인 경기 침체 국면에서도 속도가 느리기는 해도 멕시코 경제는 계속해서 성장했다. 멕시코는 세계 10대 산유국이고 원유 가격이 비교적 저가이며, 변동성이 크기는 해도 지속적으로 경제 성장을 이뤘고 앞으로도 그럴 가능성이 있는 국가다.

주식시장 성과와 관련해서 멕시코 시장을 평가하는 두 가지 도구가 있다. 하나는 멕시코증권거래소에 상장된 기업을 포괄하는 멕스볼 IPC 지수MEXBOL IPC Index이고, 또 하나는 시가총액 기준으로 20여 개 기업을 추적하는 인멕스 지수INMEX index다. 외국인 투자자가 멕시칸 볼사에 상장된 주식에 투자할 생각이라면 해당국의 국내총생산GDP까지 고려해야 한다. 멕시코는 농업이 GDP에서 차지하는 비중이 크기 때문에 업종에도 관심을 기울여야만 투자하려는 기업의 전반적 경제 건전성을 파악하는 데 도움이 된다.

그럼에도 멕시코 산업의 미래는 제조업에 있는 듯하다. 멕시코는 자유무역협정과 상대적으로 낮은 인건비 덕분에 제조업 부문이 급속히 성장했다.

멕시코증권거래소에서 거래되는 기업에는 월마트 멕시코Wal-Mart de Mexico, WMMVY와 세계 최대 코카콜라 제조사인 코카콜라 펨사Coca-Cola FEMSA, KOF 등 미국인에게도 친숙한 기업이 포함돼 있다.

국제적 사건이 미국 주식시장에 미치는 영향

나비 효과

벨기에 테러 공격, 시리아 내전, 그리스 재정 파탄, 중국 경기 침체 등 전 세계에서 일어나는 모든 사건이 미국 경제와 주식시장에 지대한 (그리고 경우에 따라 지속적인) 영향을 미친다. 이른바 나비 효과가 금융계에 어떤 식으로 작용하는지를 보여주는 대목이다. 참고로 나비 효과는 아주 작은 원인 요소가 엄청난, 그리고 때에 따라서는 예측 불가능한 결과를 초래하는 상황을 설명하는 이론이다.

수출과 국제 거래가 축소되면 주식시장도 영향을 받는다. 유가가 급등하거나 폭락하면 각 기업의 주가에 영향이 미친다. 통신 기술 발달과 국제 무역협정(NAFTA(나프타, 북미자유무역협정) 등) 덕분에 세계가 지구촌화하면서 국가 간 물리적 거리가 줄어들며 다른 국가에서 일어나는 사건이 미국 주식시장에 미치는 영향력이 전보다 훨씬 강해졌다.

이렇게 영향력이 커진 중요한 이유 가운데 하나는 다국적 기업multi-national corporation, MNC의 부상이다. 다국적 기업은 여러 국가에 지사를 두고 있기 때문에 국제적인 사건의 영향을 직접적으로 받을 수 있다. 예를 들어 일본에 제조 공장을 둔 미국 기업은 쓰나미(해일) 때 현지 사업체가 직격탄을 맞았을 수 있다. 현지 국가에 영향을 주는 사건은 무엇이든 그곳에 사업체를 둔 미국 기업에도 영향을 준다.

국제 거래 또한 미국 주가에 영향을 미친다. 미국 주식은 전 세계 시장에서 거래된다. 그리고 시차 때문에 실제로 미국 주식을 거래하는 시장은 항상 열려 있는 셈이다. 이런 이유로 미국 주식은 1년 365일 하루 24시간 내내 거래할 수 있다. 이런 환경이 당연히 미국 주식 가격에 영향을 미친다.

다국적 기업

다국적 기업은 말 그대로 여러 국가에서 사업체를 운영하는 기업이다. 일반적으로 거대 기업이 모국에 본사를 두고 다른 여러 국가에 공장과 지사를 두는 형태로, 사실 기업 구조가 매우 복잡하다.

국가마다 자국만의 법률과 규정 그리고 고유한 관습이 있기 때문에 2개국 이상에서 사업체를 운영하는 기업은 법률가와 관리인을 통해 현지 규정을 정확하고 적절하게 따르고 있는지 늘 확인해야 한다. 법률이란 언제든 변할 수 있으므로 다국적 기업은 사업체가 있는 현지에서 발생하는 사건을 예의 주시하면서 필요에 따라 현지 환경에 적절히 대응해야 한다.

> **미국 내 다국적 기업**
>
> 다른 국가에 사업체를 둔 미국 다국적 기업 외에 본사가 외국이면서 미국에 지사나 공장을 둔 외국 다국적 기업도 많다. 도요타, 네슬레Nestle, 글락소스미스클라인 등이 여기에 해당한다.

코카콜라, 월마트, 애플 등 수많은 미국 기업이 외국에 지사를 두고 있다. 본사는 미국인데 해외 각지에 지사를 두는 기업 구조라면 미국인 투자자는 미국 본사를 통해 해외 지사에 투자할 기회가 생긴다. 실제로 미국에 본사를 둔 몇몇 기업은 해외 지사의 영업 활동을 통한 수익이 전체의 절반을 넘을 정도다.

투자자 관점에서 이런 상황은 유리하기도 하고, 불리하기도 하다. 유리한 점이라면 더 큰 시장에 대한 접근성과 세금 혜택 등이다. 이 두 가지 모두 기업의 수익성에 상당한 영향을 미칠 수 있다. 가장 불리한 측면이라면 정치적 불안 요소를 들 수 있다. 현지에서 벌어지는 정치적·경제적 변화를 다 겪어내야 하므로 그 여파가 기업 수익에 오롯이 반영된다. 정치적 위험 요소로는 쿠데타 같은 정변에서부터 추가적 금융 제한, 부패 등에 이르기까지 온갖 정치적 쟁점을 포괄하며 그 어떤 요소든 기업의 수익에 영향을 미친다.

범세계 시장

해외에 지사나 공장을 두든 안 두든 상관없이 미국 기업은 전 세계 시장에 참여할 수 있다. 전 세계 사람들은 미국 기업이 제품을 수출하자마자 기다렸다는 듯이 그 신제품(그 사람들 기준으로는 신제품)을 산다. 파리나 도쿄에 가서도 디즈니 테마파크에 갈 수 있고, 또 오스트레일리아나 중국에서부터 칠레에 이르기까지 전 세계 70개국에서 스타벅스 그란데 스킴 라떼(탈지유 라떼)를 살 수 있는 이유다. 미국 기업이 신규 시장에 진출해 매출이 증가하면 주가도 상승할 수 있다.

그와 동시에 외국에서 일어나는 경기 후퇴, 침체, 불황 등이 미국 기업에 미치는 영향력이 점점 더 커지고 있다. 예를 들어 중국 통화가치 변화로 애플 주가가 하락했다. 중국은 애플 시장 중 두 번째로 크기 때문에 통화가치 변동이 초일류 기술 대기업인 애플의 사업과 주가에 미친 부정적인 영향이 어마어마했다.

중국이 미국 경제에 미치는 영향

중국은 세계 제2 경제 대국으로서 원자재와 기타 상품에 대한 수요가 어마어마해 다른 국가와 주식시장에 미치는 영향이 상당하다. 미국도 예외는 아니다.

예를 들어 중국인의 생활수준이 극적으로 향상되면서 서구 기업이 생산하는 제품에 대한 수요가 급등했다. 자동차와 영화에서부터 아이폰에 이르기까지 모든 상품 및 서비스에 대한 수요가 증가하면서 미국기업에 거대한 신규 시장이 생성된 셈이다. 이런 근원적인 변화가 세계 경제 환경에 영구적인 변화를 초래했다. 일단 생활방식에 이런 변화가 생기고 나면 지출 습관에도 지속적으로 영향이 미친다.

그러나 2015년에 시작된 경기 후퇴처럼 중국 같은 거대 국가의 경제가 흔들리면 나머지 국가도 경제 불안이 시작된다. 그리고 매월 80억 달러에 달하는 대중 수출 규모를 포함해 총무역량의 15%를 차지하는 중국은 미국의 주요 무역 상대국 중 하나이기 때문에 중국의 경제 부진은 미국 경제에도 그대로 반영된다. 따라서 앞으로 미국 경제도 부진의 늪에 빠질 수 있다. 중국 시장에 상품 및 서비스를 판매하는 기업은 매출이 급감하면서 사업 수익과 주가에 부정적인 영향을 미친다.

강세장(불마켓)과
약세장(베어마켓)
주식시장이 '동물원'인 이유가 있다

주식시장에 관한 소식이 거의 매일 신문 1면을 장식한다. 그리고 기사 제목에는 주식시장을 상징하는 단어인 '불(황소)'과 '베어(곰)' 둘 중 하나는 꼭 등장한다. 두 상징어 중 하나는 투자자를 흥분시키고 주가 반등을 주도한다. 다른 하나는 공포와 경계심으로 투자자를 움츠러들게 하고, 소심한 투자자들은 투자금을 전부 빼내게 한다. 월스트리트 용어로 불마켓은 시장 상승을 의미하고, 베어마켓은 시장 하락을 의미한다.

시장이 불마켓인지 베어마켓인지는 주가 동향에 따라 결정되지만, 결정 요인이 가격 하나만은 아니다. 불마켓과 베어마켓을 가르는 기타 요인은 다음과 같다.

• 투자(자) 심리

- 경기 호황과 불황
- 수요와 공급
- 국제적 요건

불마켓과 베어마켓은 '시간'이 결정한다. 단 며칠 혹은 몇 주간 지속하는 단기적 가격 급등이나 급락보다는 장기적 시장 분위기로 불마켓이냐, 베어마켓이냐가 판가름 난다.

장기적 시장

강세장이냐 약세장이냐는 문제와는 별개로 몇 년 동안 시장 주기가 지속하는 시장을 장기적 시장이라고 한다. 장기적 시장은 10~30년 동안 지속하며 주로 인구통계학적 변화(베이비 붐 세대의 부상 등), 중요한 기술적 변화(모바일 기기 등), 중요한 국제적 사건(전쟁 등) 등이 이런 장기적 시장 환경을 조성한다. 장기적 강세장에서는 투자자가 평균 이상의 이익을 챙긴다. 장기적 약세장에서는 투자 이익이 평균을 밑돈다.

장기적 강세장은 고점 경신, 과도한 투자 자신감, 시장 거품 등을 특징으로 한다. 장기적 약세장은 투자 심리 위축, 투자 감소 및 저축 증가, 저평가 주식, 저점 경신 등으로 대표된다.

1929년 시장 대폭락 이후 미국 주식시장은 장기적 강세장과 장기적 약세장을 모두 경험해왔다. 1929년부터 1949년까지 투자자는 경계심을 풀지 않고 계속 신중한 자세를 취했다. 장기적 약세장 동안 최소한의 투자 활동으로 최소한의 이익을 냈을 뿐이다. 그러다 갑자기 시장 분위기가 반전되면서 시장 활동이 증가했다.

1950년에 시장 추세가 전환됐다. 이때를 기점으로 미국 역사상 가장 긴 강세장이 시작됐고 이 추세는 1968년 말까지 이어졌다. 장장 18년 동안 단기적인 하락세가 간간이 발생하기는 했으나 전체적으로 평균 수익률이 11%를 넘었다.

이후 1968년부터 1982년까지는 장기적 약세장 주기였다. 베트남전, 인플레이션, 혼란스러운 국제 사회, 고금리, 스태그플레이션(저성장, 고실업률, 고인플레이션을 특징으로 함) 등이 이런 흐름을 주도했다. 이 와중에 주식에 투자한 사람들은 실망스러운 성과를 냈을 뿐이다.

그런데 1982년에 시장이 강세장으로 돌아섰다. 이번 강세장에서 다우지수가 연평균 17% 가까이 상승하면서 투자 심리가 활성화됐다. 금리는 하락했으나 기업 이익이 증가하면서 주가가 상승했다. 이렇게 과열된 시장은 2000년에 닷컴dot-com(인터넷 관련주) 거품이 꺼질 때까지 이어졌다.

2000년에 닷컴 거품이 꺼지면서 시장이 붕괴했다. 이를 기점으로 장기적 약세장에 돌입하면서 큰 손실이 발생했다. 주로 기술주로 구성된 나스닥 종합주가지수는 78%나 폭락했다. 약세장이던 8년 동안 연간 평균 -6.2% 투자 수익률을 기록하며 투자자를 몸서리치게 했다.

일부 분석가는 2009년에 강세장 주기로 들어갔다고 판단했고, 또 다른 분석가는 2013년까지도 강세장 분위기는 아니었다고 판단한다. 전체적으로 이 기간에는 꾸준한 성장세를 보였다. 몇 차례 신고점도 경신했으며 다우지수도 시장 평균을 넘어섰다.

강세장

강세장은 영원히 계속되지 않는다. 강세장 한복판에 있으면 그 분위기가 영원할 듯 보이지만, 영원한 것은 없다. 강세장일 때 투자자는 주가가 계속 상승할 것이라고 기대한다. 이런 분위기에서는 확실히 이익이 난다는 느낌이 들기 때문에 위험한 매수 행위도 서슴지 않는다.

제2차 세계대전 이후로 미국인은 주요 강세장을 세 차례 경험했다. 첫 번째 강세장은 1950년부터 1968년까지였고, 이때 시장은 11% 상승했다. 두 번째는 1982년부터 2000년까지 이어졌으며, 이 기간에 다우지수와 나스닥 지수는 계속해서 최고점을 경신했다. 실제로 초강세장이었던 1997년 11월부터 2000년 3월 사이에 나스닥은 무려 185%나 상승했고, 다우지수는 40% 상승했다.

다우지수 기록 경신

1982년에 다우존스산업평균(초우량주 기준으로 산출한 지수) 지수가 처음으로 1,000을 돌파했다. 이때를 기점으로 상승세가 더 빨라졌다. 1990년이 되자 다우지수가 3,000이 됐고 5년 후에는 4,000을 돌파했다. 그리고 1995년 말에 5,000을 찍었고 1997년 7월에 8,000을 기록했다. 1999년 3월이 되자 10,000이라는 어마어마한 기록을 세웠고 2000년 1월 14일에 11,722.98을 기록했다.

1997년 아시아 시장 위기 같은 경제적 악재에도 불구하고 이런 시장 고점 행진이 이어졌다. 앨런 그린스펀Alan Greenspan 미 연준 의장이 '비이성적 과열'이라는 경고성 발언을 했던 때가 바로 이 시기였다. 이 발언은 강세장 한복판에서 나왔는데, 결국 2000년 3월에 닷컴 거품이 꺼지면서 대강세장도 끝이 났으니 그린스펀의 말이 맞았던 셈이다.

2년여간 시장 하락이 이어진 후 미국 주식시장은 2002년 10월에 반등하기 시작했다. 2002년 10월 9일에 다우지수는 7,286으로 신저점을 찍었다. 그러다 2007년 10월 9일에 다우지수가 14,165를 기록했다. 약 5년 만에 2배 가까이 상승한 셈이다.

2009년 이후로 미국에 다시 한번 강세장이 형성됐다. 꾸준한 성장세와 함께 다우지수는 평균 18% 상승했고 연이어 고점을 경신했다. 2016년 5월 현재까지 강세장을 이어가는 중이다. 이번 강세장이 언제까지 계속될지는 단언하기 어렵다.

약세장

약세장에서는 주가가 꾸준히 하락한다. 기술적 정의에 따르면 약세장은 주요 시장지수(다우지수나 나스닥 종합주가 등)가 20% 이상 하락하고, 그 상황이 60일 이상 지속하는 상태를 말한다.

하락 추세일 때면 투자자는 주가가 장기적으로 하락한다고 예상한다. 따라서 이들은 주식을 매수하는 대신에 보유 주식을 매도하기 시작한다. 매도는 증가하고 매수는 감소해 주가가 더욱 하락하면서 약세장이 지속한다. 장기적으로 이런 시장 상황이 각 기업에 영향을 미치면서 수익 감소와 손실 증가, 더 나아가 해고 사태로까지 이어질 수 있다. 당연히 약세장은 전반적 경제 약화와 무관하지 않다.

> **토막 지식**
> 시장 조정과 약세장은 다르다. 시장 조정 때도 약세장처럼 급격한 가격 하락이 발생하더라도 시장 조정은 지속 기간이 두 달을 넘지 않는다. 약세장은 이보다 훨씬 길게 이어진다.

1929년 이후로 미국은 25차례 이상 약세장을 겪었다. 약세장 때 평균 손실은 약 35%였고, 평균 지속 기간은 1년 미만이었다. 물론 2000년부터 2002년까지 시장가치가 50%나 하락했던 약세장처럼 손실 규모가 훨씬 클 때도 있었다. 그리고 2007년에는 주택시장 거품 붕괴로 약세장이 17개월이나 이어지면서 S&P 500이 무려 56% 하락하기도 했다.

서킷 브레이커

1987년과 1989년에 주가 대폭락 사태 이후 NYSE가 주가 급락이 시장 붕괴로 이어지는 상황을 막고자 '서킷 브레이커(거래 일시 정지 조치)' 규정을 마련했다. SEC가 승인하고 2013년에 시행한 최근 규정에 따르면 S&P 500 지수(500대 기업 기준으로 산출)에 어느 정도 영향을 미쳤는지를 기준으로 그 수준에 맞게 거래 정지 조치를 발동한다.

- 레벨 1은 거래일 당일 오후 3시 25분 이전에 S&P 500 지수가 7% 하락했을 때 거래 정지 조치를 발동한다. 정지 시간은 15분이다.
- 레벨 2는 거래일 당일 오후 3시 25분 이전에 S&P 500 지수가 13% 하락했을 때 발동한다. 이번에도 정지 시간은 15분이다.
- 레벨 1, 2는 하루에 한 번씩 발동할 수 있다. 그러나 레벨 1 발동 이후 거래가 재개된 다음에 지수가 다시 하락하면 레벨 2를 다시 발동할 수 있다.
- 레벨 3은 좀 더 심각한 상황일 때 발동하고 이후 장이 마감될 때까지 거래가 중지된다. 거래일 동안 언제든 S&P 500 지수가 20% 하락할 때 거래 정지 조치를 발동한다.

거품
아직은 샴페인을 터뜨리지 마라

경제 거품이 감당할 수 없는 지경까지 부풀다 결국 터져버린다. 거품이 급속히 팽창하고 너도나도 그 거품을 부풀리는 데 동참하다 보니 가격이 치솟는다. 그러다 갑자기 팽창이 멈추고 바람이 빠지기 시작하면 이번에는 너도나도 매도 광풍에 동참하며 가격이 폭락한다. 거품이 꺼지면 전체 시장이 같이 붕괴하기도 한다.

경제 전반에서 이런 거품이 형성되기도 하고, 전체 시장 혹은 특정 업종이나 개별 종목에 부분적으로 형성되기도 한다. 전체든 부분이든 거품의 공통적인 현상은 자산 가격이 실제 가치보다 훨씬 높게 형성된다는 점이다. 금융 전문가들은 '자산가치 거품'이라는 신조어를 만들어 이런 현상을 설명한다. 경험이 많은 분석가는 한참 진행 중인 상태에서 거품 현상을 포착할 수 있을지 몰라도 대부분은 거품이 꺼지고 나서야 그 현상이 거품이었음을 알게 된다.

거품 형성

거품의 핵심은 비현실적으로 부풀어 오른 자산 가격이지만, 비이성적 가격 폭등을 유발하는 사건 자체는 현실적이다. 거품은 금리 변화(미국 부동산 거품 등), 무분별한 신용 공급(이 또한 부동산 거품의 주요인이었음), 혁신적 기술 발달(닷컴 거품에서 확인할 수 있음) 등과 같은 사건에서 촉발될 수 있다. 사람들이 이 새로운 열기에 관심을 두기 시작하면서 거품이 조금씩 부풀어 오르고 가격도 서서히 상승하기 시작한다.

그러다 사람들이 너도나도 이런 시장 분위기에 편승하면서 가격 상승세에 한층 탄력이 붙기 시작한다. 언론 보도량이 점점 늘어나고 대중의 관심이 집중되면 일확천금의 기회를 노리는 사람들이 점점 더 많이 몰려든다.

가격은 계속 오르고 투자자는 이 바람을 타고 점점 더 많은 돈을 쏟아붓는다. 당연히 가격은 터무니없는 수준까지 치솟는다. 닷컴 거품이 절정에 달했을 때가 바로 여기에 해당한다. 당시 나스닥 기술주 시가총액이 웬만한 국가의 GDP를 능가할 정도였다. 시장가치가 통제 불능한 수준으로까지 치솟자 트레이더, 금융 자문가, 언론인 등은 투자를 지속할 정당한 이유를 만들어냈다.

가격 수준이 임계점에 도달하면 분별력 있는 일부 투자자는 이제 시장에서 나갈 때라고 생각하고, 다른 사람들이 나가기 전에 손을 털려고 한다. 그러나 시장이 비이성적으로 움직일 때는 사실상 그런 시장에서 손을 털고 나가기란 거의 불가능하다. 사실 그 거품을 꺼뜨리는 데는 아주 작은 핀 하나면 족하다. 부풀 대로 부푼 거품에 작은 핀을 꽂는 순간 거품은 순식간에, 그리고 영원히 꺼져버린다.

현실로 돌아오다
자산가치 거품이 꺼지는 순간, 자산은 대폭 감소한다. 하지만 시장 조정 기제가 작동하면서 시장은 다시 균형감을 회복한다. 다시 말해 자산의 내재가치를 반영한 현실적 가격 수준으로 회귀한다.

그제야 사람들은 공황 상태에 빠진다. 거품이 팽창할 때 가격이 급속히 오를 때보다 더 빨리 가격이 하락하면서 거품이 터져버린다. 투자자는 과평가된 자산이 휴지 조각이 되기 전에 팔아치우기 위해 필사적이다. 그러나 매도자가 매수자보다 많으니 가격은 바닥 없이 폭락할 뿐이다. 일단 거품이 꺼지면 개인투자자와 기관투자자는 물론이고 전체 시장, 더 나아가 전체 경제가 붕괴할 수 있다.

거품 예측?

투자 및 경제 분석가는 다음번 거품을 사전에 예측하려 한다. 또 거품이 꺼지기 바로 직전 순간을 딱 집어 포착하려고 한다. 개중에는 성공하는 사람이 있을 수 있다. 그러나 사실 그런 예측은 단순한 어림짐작에 불과하며 근거 없는 예언과 다를 바가 없다. 현실적으로 거품은 꺼지고 나서야 거품이었음을 알게 된다. 일이 터지고 나서 알아봐야 아무 소용도 없고, 투자 기회는 이미 날아간 후라는 의미다. 그러나 그렇다고 해서 시장 가격 변동이 정상 수준을 넘어섰다는 신호까지 포착하지 못한다는 의미는 아니다.

자산 가격이 급상승했다고 이를 전부 비현실적인 현상으로 보는 것도 타당하지 않다. 투자 열기 속에 해당 자산의 가치가 진짜로 상승하는 경우도 얼마든지 있다. 거품 시기에도 손해를 보지 않는다는 말은 복권에 당첨된다는 말과 다를 바 없다. 천운을 타고난 극소수를 제외하고 대다수 투자자는 그런 행운을 얻기 어렵다. 앞으로 가격이 얼마나 오를지, 거품이 얼마나 빨리 팽창할지, 거품이 얼마나 오래갈지 등등은 예측이 거의 불가능하다. 그러나 거품기에는 주가가 널을 뛰듯 오르내리더라도 좀 더 길게 보면 역시 주식시장에 참여하는 쪽이 이득이다.

닷컴 거품

인터넷의 성장세가 막 탄력을 받기 시작했다. 개인용 컴퓨터가 일상 생활의 일부로 자리 잡기 시작한 시점이었다. 1990년대 상황이 그랬다. 그런데 워낙 새로운 기술이라서 인터넷과 컴퓨터가 앞으로 세상을 어떻게 바꿔나갈지 아무도 예상하지 못했다. 그래도 당시의 기술 혁신이 너무도 매혹적이어서 열성적 투자자들이 관심을 보였다. 이런 혁신적 기술에서 이익을 보려는 분위기가 형성되면서 결과적으로는 불행하게 끝난 닷컴 거품이 부풀어 오르기 시작했다.

닷컴 기업에 관심이 집중되면서 주가도 덩달아 치솟았다. 이때 등장한 신생 닷컴주 대부분이 나스닥에 상장됐고, 그 덕에 나스닥의 시장가치는 5년 만에 5배나 상승했다.

이 기간에 마치 개미가 소풍 가듯 IPO가 줄을 이었다. 이들 닷컴주는 첫날부터 고가에 팔렸고, 개중에는 상장 첫날 주가가 100%나 오른 종목도 있었다. 그러나 대부분 실제 가치는 투자자가 제시할 만한 매수 희망가에 미치지 못하는 수준이었다.

그러다 갑자기 당시 최대 기술 기업(델 등) 중 일부가 주식을 매도하기 시작했고, 이런 분위기 탓에 불안감에 휩싸인 투자자도 매도 행렬에 나서기 시작했다. 자본이 꾸준히 유입되지 않는 상태에서 어느 날 갑자기 '불쑥' 등장한 닷컴 기업 대다수가 파산했고, 주식은 휴지 조각이 됐다. 그리고 수십억 달러에 달하는 투자자의 자금이 증발해버렸다.

토막 지식

전설적인 투자자 조지 소로스 George Soros는 이렇게 말했다. "주식시장 거품은 어딘가에서 느닷없이 형성되는 것이 아니다. 거품은 아주 견고한 현실적 기반에서 형성된다. 다만, 그 '현실'이 그릇된 생각에서 비롯된 왜곡된 현실이라는 점이 문제일 뿐이다."

주택시장 거품

신문 기사 제목에 '위기'와 '붕괴' 그리고 '구제금융' 같은 단어가 등장하면서 투자자는 불안해하기 시작했다. 2008년 가을에 미국 내 주요 금융시장의 시장가치가 3분의 1 가까이 하락했다. 서브프라임 모기지 (비우량 주택담보대출) 정책이 대실패로 돌아가면서 국가 경제까지 덩달아 파국적 혼란에 빠져들었다. 미국 주택시장 거품과 주식시장이 직접적으로 연관되지는 않았지만, 주택시장 붕괴는 주식시장 활동에 지대한 영향을 미쳤다.

미국 시장 역사상 최악의 금융위기 가운데 하나인 주택시장 거품은 새천년으로 전환되는 시점인 1999년에 시작됐다. 경제는 잘 돌아갔고 부동산시장은 호황을 누렸다. 모두가 주택을 사려고 했지만, 신용등급 때문에 주택담보대출을 받을 자격 요건에 못 미치는 사람도 많았다. 그래서 고위험 피대출자에 대한 서브프라임 대출이 새로운 대출 표준이 되면서 상황이 달라졌다.

미래 소득 전망이 불투명하고 주택 할부금 중 첫 납입액만 겨우 낼 수 있는 정도의 저축액만 있어도 탐욕에 눈이 먼 대출 기관으로부터 얼마든지 대출을 받을 수 있었다. 더 심각한 점은 모기지 조건 자체가 너무 복잡해서 신규 피대출자 대다수가 이해하지 못할 정도였다. 몇 가지를 소개하면 이렇다.

- 원금은 아니고 이자만 내는 대출이 있다. 언뜻 보면 좋은 조건으로 느껴지지만, 결과적으로 보면 훨씬 비싼 모기지다.
- ARM이라고도 하는 '변동금리 주택담보대출Adjustable-rate mort-

gage'이 있다. 이 유형은 금리뿐 아니라 월 납입액도 변동 조건에 들어간다.

- 상환 조건 선택형 ARM도 있다. 피대출자에게 상환 조건을 선택할 수 있게 하지만, 실질적으로 대출금 자체는 상환이 안 되는 경우도 있다.

주택시장이 고공 행진을 하는 동안에는 이처럼 위험 수준이 높은 대출이 마치 무위험 대출인 듯 보였다. 어쨌든 주택 팔기가 우유 사기만큼 쉬웠고 주택 가격은 계속 상승했다. 하루가 다르게 주택 가격이 상승했기 때문에 대출받아 산 주택이 피대출자에게는 자산처럼 느껴졌다. 그러나 수많은 투자은행과 투자자가 당시 크게 유행했던 주택저당증권mortgage-backed securities, MBS에 편승하면서 이 과열된 시장 추세에 변화가 감지됐다. 본질적으로 MBS는 모기지가 뒷받침해주는 일종의 담보 채권이다. MBS 보유자는 모기지 대금 상환을 조건으로 이익을 챙길 수 있다. 사람들이 모기지 대금을 꾸준히 상환한다면 MBS에는 아무런 문제가 발생하지 않는다.

그러나 급속하게 ARM(변동금리 주택담보대출)의 금리가 재설정되고 납입액도 늘어났다. 그러자 월 납입액을 내지 못하는 사람들이 급증하면서 대출금 상환 불능 상태에 빠졌다. 이와 동시에 주택시장은 나락으로 떨어졌고 주택 가격은 폭락했다. 보유한 주택 가격이 대출금보다 낮아지면서 자기 집을 마련했다는 자부심에 가득 찼던 주택 소유자 수백만 명이 '대혼란' 상태에 빠졌다. 주택을 팔아도 대출금을 갚지 못했다. 따라서 대출을 받아 주택을 산 사람들은 빚은 빚대로 지면서도 해당 주택을 소유하지도 못하는 황당한 상황에 처했다.

토막 지식

미국 주택시장의 거품 붕괴는 전 세계에 엄청난 파장을 일으켰다. 국제 은행이 휴지 조각이 된 MBS를 여전히 보유하고 있었기 때문에 유럽 전역에서 연쇄적인 자산가치 증발이 일어났다.

결국은 주택시장 거품이 붕괴했다. 대출금을 갚지 못해 주택이 압류되는 사태가 속출했고, 개인 파산 비율이 급등했다. 그리고 MBS의 기초 자산이라고 할 주택담보대출금이 상환되지 못하면서 MBS 시장도 붕괴했다. 그리고 MBS를 보유했던 분별력 없고 무책임한 주요 투자은행도 같이 몰락했다. 2007년 겨울, 주택담보대출 및 주택시장 붕괴와 함께 주요 은행의 줄도산으로 주식시장은 말할 것도 없고 국가 경제마저 나락으로 떨어졌다. 2008년 중반이 되자 다우지수는 2년 만에 저점을 기록했고 이후 계속 하락했다. 공황 상태에 빠진 투자자가 주식시장에서 자금을 빼내면서 주가도 폭락했다.

시장 붕괴

월스트리트에 등장한 타워 오브 테러[＊]

＊ Tower of Terror: 수직으로 급상승 및 급강하하는 자유 낙하형 놀이 기구

주식시장의 총가치가 곤두박질치면 시장 붕괴가 일어난다. 거품이 꺼지고 대다수 주주가 투매 행렬에 합류할 때 종종 이런 현상이 나타난다. 사자는 사람보다 팔자는 사람이 더 많을 때 주가가 폭락하고 투자자는 큰 손실을 보기 시작한다.

시가총액이 급락한다고 해서 전부 시장 붕괴로 이어지지는 않는다. 주가가 과대평가됐고 투자자가 어느 순간 이런 사실을 인식할 때도 주가가 하락한다. 이를 시장 조정이라고 한다. 두 가지 측면에서 시장 조정은 시장 붕괴와는 다르다. 일단 조정 국면일 때는 주가 하락 폭이 크지 않으며 하락 기간도 길지 않다. 주주 입장에서는 시장 조정 상황도 불안하기는 마찬가지다. 그러나 이는 적정 가격 수준을 찾아가는 정상적인 과정이라고 봐야 한다.

반면에 시장 붕괴는 상당한 공포감을 유발할 수 있다. 미국 시장 역사상 최악의 시장 붕괴는 1929년과 1987년에 발생했다. 그 외 주목할 만한 붕괴 사태는 2010년과 2015년에 있었다.

1929년의 시장 붕괴

1929년 9월 초부터 10월 말까지 주식시장은 무려 40%나 폭락했다. 폭락세가 계속 이어지다가 1932년 여름에 최저점을 찍었다. 1929년 초에 기록한 최고점에서 약 90%나 하락한 셈이었다.

그러나 이 끔찍한 가격 붕괴가 나타나기 전에는 시장이 고공행진을 하고 있었고 투자자도 이런 흐름에 편승해 고수익을 내고 있었다. 제1차 세계대전을 승리로 이끈 후 미국인은 자신감과 희망에 가득 차 있었고, 주식시장에서 큰돈을 벌 수 있음을 믿어 의심치 않았다. 사람들 눈에는 위험 요소가 보이지 않았고 가격 하락을 걱정하는 사람도 없었다. 그래서 꼼꼼히 살피지도 따져 묻지도 않고 주식시장에 자금을 쏟아부었다. 실제로 이들 대부분이 시장이 어떻게 돌아가는지 전혀 몰랐다.

게다가 부도덕한 일부 사기꾼은 이런 낙관적 시장 분위기를 이용해 그들끼리 힘을 합쳐 주식을 매매하면서 주가에 영향을 미쳤다. 이들은 이른바 '시세 조작 거래'로 주가가 엄청나게 상승하는 모습을 연출했는데, 이를 통해 시장 분위기에 편승하려는 수많은 투자자로 하여금 매수 행렬에 나서도록 부추겼다. 그리고 그들은 자신들이 인위적으로 부풀려 놓은 가격으로 주식을 팔아 막대한 이익을 챙겼다.

실제로 주가가 곤두박질치기 2주일 전만 해도 다우지수는 386.10으로 상승했다. 그 수치는 1954년까지 경신되지 않았다. 최고점 이후 다우지수는 꾸준히 하락했고, 하락 속도는 점점 빨라지기 시작했다.

토막 지식

1929년 당시 다우지수 편입 기업은 크라이슬러Chrysler, 제너럴푸즈General Foods, 시어스로벅앤드컴퍼니Sears Roebuck & Company, U.S 스틸U.S. Steel 등이었고, 제너럴일렉트릭General Electric도 당연히 편입되어 있었다.

1929년 10월 23일 수요일에 630만 주가 거래되며 다우지수가 305.85로 떨어졌다. 다음 날은 개장과 함께 지수가 소폭 상승했다. 그러나 이마저도 투매 행렬이 이어지면서 소폭 반등이 무의미해졌다. 이날 거래량은 1,290만 주였다. 월스트리트는 이 거래량을 따라가지 못했고, 이날의 시장 상황에 대한 정보도 한참 뒤졌다. 다음 월요일 아침에 개장했을 때 다우지수는 저점에서 출발해 다시 하락했고, 결국 13% 하락하며 장이 마감됐다.

10월 29일 화요일에 개장을 알리는 종소리와 함께 매도 주문이 쏟아졌다. 이런 투매 상황에서 주가는 바로 하락했다. 장 시작 후 30분 만에 330만 주가 거래됐다. 다들 매도하려고 했다. 현재 포지션을 청산할 수만 있다면 매수호가가 얼마라도 그냥 팔겠다는 식이었다. 투자자마다 엄청난 손실을 떠안았고 다우지수는 212.33까지 떨어지며 저점을 경신했다. '검은 화요일'이라고 부르는 이날 하루에만 1,640만 주가 거래됐다.

마침내 공황 매도panic selling(공포 심리에 따른 과매도 현상-역주)는 멈췄지만, 주가는 계속 하락했다. 이후 주가는 상승과 하락을 반복하면서 약세장은 1932년까지 지속되었다. 1932년에 다우지수는 한 번도 상승하지 못했다.

1987년의 시장 붕괴

1987년 10월 19에 당일 하락 폭으로는 사상 최고치를 기록했다. '검은 월요일'이라고 부르는 이날 미국 주식시장은 무려 5,000억 달러를 날렸고, 다우지수는 22.6%나 하락했다.

1987년 상반기 동안 시장 상승을 경험했는데 이후 갑자기 주가가 폭락했다. 신중한 분석가 중에는 거품 효과를 경고하는 사람도 있었다.

SEC가 주의를 당부했음에도 투자자는 이성적으로 생각하지 않았다. 대형 기관투자자도 예외는 아니었다. 적대적 인수와 IPO가 그려내는 환상적 드라마는 투자자를 홀리기에 충분했고, 주가는 꿈도 못 꿨던 수준으로까지 치솟았다.

10월 중순이 되자 비관적 경제 예측이 하나둘 나오기 시작했다. 달러화 가치가 하락했고, 미국은 무역 적자를 겪고 있었다. 투자자는 이런 암울한 소식에 반응했고, 시장은 연일 손실을 내기 시작했다. 10월 16일 금요일에 다우지수는 4.6% 하락하며 장을 마감했고, 투자자의 불안감은 더 커졌다.

다음 월요일 아침에 미국 시장이 개장했을 때 나머지 국가의 시장 상황도 비슷하게 전개됐다. 특히 아시아 시장의 하락세가 두드러졌다. 이날 NYSE가 개장하자마자 다우지수가 하락하기 시작했고, 결국 508포인트 하락하면서 장을 마감했다.

그러나 주가가 폭락했던 이 암울한 날 이후로 전개된 상황은 1929년 당시 시장 붕괴와는 양상이 달랐다. 어쨌거나 이 주가 폭락이 경기 후퇴로 이어지지는 않았고, 예금 인출 사태도 일어나지 않았다. 무엇보다 시장이 빠르게 회복됐다. 즉, 단 두 차례 개장 만에 검은 월요일에 발생한 손실의 절반이 회복됐다. 실제로 다우지수가 이전 고점을 경신하기까지 겨우 2년이 걸렸다.

2010년의 플래시 크래시

이때 발생한 플래시 크래시flash crash(급격한 주가 폭락) 사태의 직접적인 원인은 수년 동안 밝혀지지 않았지만, 2010년 플래시 크래시 때 다우지수는 600포인트나 하락했고 S&P 500 지수도 엄청나게 빠졌다. 즉, 5월 6일 오후 단 15분 만에 무려 7%나 하락했다.

급격하게 가격이 하락한 후, 마찬가지로 급격하게 가격이 회복됐기 때문에 투자자와 규제 당국마저 어리둥절했다. 거래소는 가격이 폭락했던 시간에 이뤄진 2만 건 이상의 거래를 전부 취소 처리했는데, 이때는 전부 비정상적으로 낮은 가격에 거래가 체결됐기 때문이다.

시장 규제 기관은 처음에는 단순한 오기誤記 때문인 줄 알았다. 누군가 주문을 잘못 낸 데서 비롯된 일이라고 본 것이다. 그러나 이는 사실이 아니었다. 약 2주일 후에 발표한 보고서에는 몇 가지 가능한 이유를 정리했으나 정작 주요 원인은 규명하지 못했다. 이 플래시 크래시는 필립모리스Philip Morris, 프록터앤드갬블Procter & Gamble, 액센츄어Accenture(경영 컨설팅 서비스 회사-역주, 주가 반등 이전에 주당 1센트로까지 떨어졌음) 등을 포함한 특정 종목의 가격 급락에 부분적인 원인이 있었다.

SEC는 약 한 달 후인 2010년 6월 10일에 이런 플래시 크래시 사태의 재발을 방지하는 규정을 마련해 공식 발표했다. 이 새로운 규정에 따라 주가가 5분 내에 10% 이상 하락하면 S&P 500 기업의 주식에 대해 거래가 자동 중지된다.

2015년 4월에 미 당국은 2010년 주가 폭락 사태에 연루된 혐의로 런던에 거주하는 나빈더 사라오Navinder Sarao를 체포했다. 사라오는 사기죄를 포함해 시장 조작 가담 등 총 22개 범죄로 기소됐다. FBI에 따르면 사라오는 자동 거래 시스템으로 주문을 내는 척하면서 이른바 스푸핑spoofing(초단타 매매로 시세를 조작해 차익을 남기는 가격 조작 수법-역주)으로 시장을 속이는 행위를 했다고 한다. 2016년 5월까지 이 사건은 해결되지 않았다. 사라오는 돌발적인 주가 폭락 사태를 의도하지 않았다는 주장을 견지했다.

2015년의 플래시 크래시

2015년 8월 24일에 투자자는 예상치 못한 사태로 인해 거의 공황 상태에 빠졌다. 이날 S&P 500 지수가 약 100포인트나 빠졌다. 개장하고 단 몇 분 만에 5%나 하락한 것이다. 그 이전 주에 대량 매도 추세가 나타난 후에 이 돌발적 주가 폭락 사태가 이어졌다. 따라서 투자자는 엄청난 불안감 속에 이전 주말을 보냈다는 의미다. 월요일 아침에 '상하이증권거래소 종합주가지수Shanghai Stock Exchange Composite Index,

SHCOMP˙가 8% 이상 하락하자 미국의 트레이더들은 다투어 투매에 나섰다. 매도만 있을 뿐 매수는 없었고, 일부 종목(주요 거래소에서 거래되는 종목)은 매도 물량을 소화할 여력이 없었다. 그래도 거래에 나서는 투자자와 트레이더가 점점 늘어나면서 유동성이 차츰 증가했다. 이날 하루 동안 S&P 500은 손실분이 어느 정도 회복됐지만, 3% 넘게 하락한 상태로 장을 마감했다.

공황
다들 출구로 몰려가다

주가가 급속히 하락하기 시작하면 투자자는 공황 매도에 휘말리게 된다. 공황 사태는 투자자가 느끼는 자신감과 투자 심리에 따라 특정 기업이나 업종 혹은 전체 시장에서 발생할 수 있다. 공황 상태가 되면 투자자들은 모두 출구만 찾는다. 누구든 사겠다고만 하면 아주 싼값에라도 주식을 넘기고 싶어 한다. 이럴 때 투자자는 정보가 아니라 감정에 의존해 거래한다. 이때 공황에 따른 대량 매도가 시장 붕괴로 이어진다는 점이 더 심각하다.

주요 거래소는 대부분 공황 매도를 방지하고 투자자에게 최신 정보를 소화할 시간을 주는 데 도움이 되는 일종의 안전장치를 두고 있다. 일시적 거래 정지 후 좀 더 정상적인 거래 환경을 만들어 시장이 제자리를 찾아가게 하는 데 목적이 있다. 예를 들어 NYSE는 특수한 상황이 발생할 때 '서킷 브레이커'를 발동해 거래를 일시 중지한다.

특정 기업의 주가 하락에 대한 공황이 마치 바이러스처럼 업종 전체로 빠르게 퍼져나갈 수 있다. 그리고 공황이라는 바이러스를 멈추지 못하면 결국은 전체 시장으로 확산할 수 있다.

공황의 두 가지 유형

공황이라고 하면 대부분은 대량 매도와 관련이 있지만, 공황 매수panic buying도 가능하다. 특정 활황주에 대해 투자 이익을 극대화하려고 혹은 이익 기회를 놓치지 않으려고 남들보다 먼저 매수하겠다며 수많은 투자자가 필사적으로 달려들 때 공황 매수가 일어난다.

특정 기업에 대한 공황 매도가 일어났다고 하자. 그러면 투자자들이 앞으로 해당 기업의 실질 가치가 하락한다고 생각할 만한 어떤 사건이 발생한 경우가 대부분이다. 이런 사건으로는 SEC 조사, 부정, 특허권 상실, 대형 소송 건 등이 있다. 예를 들어 폭스바겐 배기가스 배출량 조작 사건이 신문에 보도되자 투자자들은 앞다투어 이 기업의 주식을 매도했다. 이때 하락한 주가는 아직도 회복되지 않고 있다.

3대 '검은' 거래일

금융시장에서 가격이 엄청나게 폭락한 날을 보통 '검은 ○요일'이라고 한다. 기준 지수가 하락하고 투자자에게 엄청난 손실이 발생하면서 시장가치가 대폭락한 날에 해당 거래 요일 앞에 '검은'이라는 단어를 붙인다.

이 같은 금융 대란이 최초로 발생한 날은 1869년 9월 24일로, 이날을 '검은 금요일'이라고 칭했다. 이 대란은 파렴치한 두 투자자가 금을 매점해 시장 가격을 조작하려다 실패하면서 발생했다. 금 시장이 폭락했고 그 여파가 주식시장에까지 미쳤다.

최악은 1929년에 발생한 '검은 화요일'이었다. 1929년 10월 29일 화요일에 주식시장이 곤두박질치면서 대공황이 시작됐다.

1987년 10월 19일에 또 한 차례 일어난 시장 대폭락 사태가 '검은 월요일'이다. 이날 다우지수는 20% 이상 하락했다. 일일 하락 폭으로는 사상 최고치였다. 다른 시장 폭락 사태와는 달리 이번에는 그 원인을 구체적으로 정의할 수 없었다.

2008년 시장 대폭락

2007년 초에 대형 투자은행 베어스턴스Bear Stearns가 주택시장 거품 붕괴로 엄청난 손실을 입고 파산했다. 베어스턴스는 서브프라임 모기지 투자에 깊이 연루된 탓에 결국 무너지고 말았다. 시간이 좀 걸리기는 했으나 그 여파가 서서히 월스트리트 전체로 퍼지면서 동반 몰락하는 모양새가 됐다.

이 사건이 주식시장에 반영되는 데는 시간이 좀 걸렸다. 따라서 다우지수는 여전한 상승세를 보이며 2007년 10월 초에 14,000까지 상승했다. 그러다 두 달 만에 경기 후퇴 기조가 미국을 강타했고 다우지수도 하락세를 타기 시작했다. 2008년 여름이 되자 다우지수는 11,000 아래로 떨어졌다.

9월에 또 한 번 미국 시장을 뒤흔든 사건이 발생했다. 또 다른 거대 투자 기업 리먼 브라더스Lehman Brothers가 파산 신청을 한 것이다. 당시로는 역대 최대 규모의 파산이었다. 이 회사 또한 서브프라임 모기지 시장에 깊이 발을 담갔다가 패잔병이 된 것이었다.

이런 큰 사건이 주식시장에 그대로 반영됐다. 리먼 브라더스가 파산을 신청한 직후인 2008년 9월 15일에 다우지수가 곤두박질치며 499포인트나 하락했다. 이로부터 3일 후인 9월 18일에 정부는 구제금융을 언급하기 시작했다. 덕분에 다우지수가 반등하며 410포인트를 만회했다. 정부가 금융 붕괴 사태를 피하고자 1조 달러를 투입하는 부실자산 구제 프로그램Troubled Asset Relief Program, TARP을 시행하고 SEC가 금융주에 대한 공매도를 일시 중지하겠다는 소식에 시장이 반등세를 나타냈다. 다우지수는 다음 날 다시 361포인트 상승해 11,388로 장을 마감했다. 그러나 이런 상승세는 일시적 반등으로 끝나고 말았다.

대규모 예금 인출 사태bank run와 TARP에 따른 문제를 포함한 일련의 사건을 겪으면서 10월 10일에 다우지수는 장중 7,882로 저점을 찍었다. 9월 19일에 기록한 고점에서 무려 3,500포인트나 하락했다.

증권거래위원회SEC

성실한 자료 제출

대공황 때 미 의회는 미국증권거래위원회SEC 설립을 골자로 한 증권거래소법Securities Exchange Act, 1934을 통과시켰다. 증권거래소법은 명확한 규정을 마련하고 SEC에 증권업에 대한 규제 권한을 부여함으로써 자본시장에 대한 신뢰 회복을 목적으로 제정됐다. SEC의 주된 임무는 불법 행위가 발생하지 않도록 증권업계를 관리·감독하는 일이다. 이런 방대한 임무를 수행하고자 중개인과 투자자, 상장기업에 관한 엄격한 기준을 마련했다. 미국 증권거래소에 상장된 모든 기업은 SEC에 등록해야 한다.

SEC의 주된 목적은 증권시장을 공정하고 투명하게 유지해 궁극적으로 투자자를 보호하는 것이다. SEC가 이 목적을 달성하는 한 가지 방법은 상장기업으로 하여금 자사에 관한 정확한 정보를 공시하게 함으로써 투자자가 정보에 기반에 투자 결정을 할 수 있게 해주는 일이다. 상장기업이 준수해야 하는 공시 및 자료 제출 요건이 한둘이 아니다. 감사를 마친 연간 재무제표를 비롯해 제출해야 할 자료도 많다. SEC는 상장기업을 엄중 감시하는 것 외에 거래와 관련된 기업과 투자 조언을 하는 전문가도 규제한다.

토막 지식

SEC는 다른 임무 외에도 투자자가 적정 가격에 증권을 매수 및 매도할 수 있도록 거래 행위도 관리·감독한다.

가장 중요한 사실은 SEC가 투자자 이익을 매우 중시하는 기관이라는 점이다. 일단 금융 사기꾼을 막아주고 신뢰할 만한 정보를 제공하며 중개인이 규정을 잘 준수하도록 감시한다.

10-K와 10-Q

SEC는 모든 상장기업에 대해 정기적으로 재무상태 보고서를 제출하게 한다. SEC에 매년 혹은 분기별로 제출해야 하는 서류를 각각 10-

K(연간 보고서)와 10-Q(분기 보고서)라고 한다(지금은 주로 전자 방식으로 제출한다). 이런 보고서는 분량이 보통 백여 쪽에 달하는데 이런 방대한 자료를 제출하게 하는 주된 목적은 기업의 재무 상태에 관한 정보를 투자자에게 제공하려는 데 있다. 딱딱하고 지루해도 꾹 참고 이런 서류를 끝까지 읽어야 투자에 성공할 가능성이 커진다.

각 기업은 매년 1사분기부터 3사분기까지는 각 분기 마감 후 35일 이내에 10-Q를 제출한다. 4사분기 때는 10-Q 대신에 10-K를 제출한다. 10-K와 10-Q에는 기업 연혁, 재무제표와 공시 자료, 경영 관련 정보(경영진에 대한 보상 체계, 현재 진행 중이거나 앞으로 진행할 법적 소송 등)를 비롯해 해당 기업에 관한 방대한 정보가 들어 있다.

대다수 투자자는 이렇게 길고 지루한 자료를 꼼꼼히 읽지 않으려고 한다. 여러 기업의 주식을 보유했을 때는 특히 더 그렇다. 하지만 핵심적인 내용은 꼭 읽어야 한다. 그리고 적어도 금년과 지난해 실적 혹은 실수익과 기대 수익을 비교하는 정도의 간단한 분석 작업은 스스로 해야 한다. 경영 진단 및 의견Management Discussion 항목을 읽으면 실적 수치 이면의 정보, 일의 진행 상황이나 변동 상황, 경영진의 사업 전망 등을 확인할 수 있다. 마지막으로, 재무제표 각주를 보면 수상쩍은 혹은 새롭게 채택한 회계 실무 정보를 들여다볼 수 있다.

8-K

표준 보고 일정에 맞출 수 없는 중요 쟁점이 발생할 때가 있다. 이럴 때 기업은 8-K를 제출해서 어떤 일이 일어났는지 투자자에게 상세히 알린다. 8-K가 필요한 상황으로는 주요 자산 매각, CEO 교체, 다른 기업 인수 계획 등이 있다.

공인 투자자

SEC는 모든 투자자가 똑같다고 보지 않는다. 경험이 많고 자금도 더 많은 투자자를 공인 투자자라고 하는데, 이런 사람들은 일반 투자자와 동일한 수준의 보호는 필요하지 않다. 따라서 이들은 일반 투자자는 할 수 없는 고위험 (그리고 고수익) 투자 활동에 참여할 수 있다.

SEC가 정한 공인 투자자 요건은 다음과 같다(SEC 규제 D Regulation D, 규칙 501 Rule 501에 규정됨).

- 연소득이 20만 달러(부부 합산 30만 달러) 이상이어야 하고 이 소득 수준이 앞으로도 유지된다고 볼 만한 합리적 이유가 있거나,

- 주 거주지인 주택은 제외하고(2010년에 추가된 사항) 순자산(개인 혹은 부부 합산 자산)이 100만 달러 이상이거나,

- 해당 기업의 파트너나 임원으로서 주식 발행 기업과 밀접한 관련이 있는 자

공인 투자자는 '자연인(개인)'일 수 있으나 보험회사나 은행 같은 대형 기업도 공인 투자자일 수 있다. 정부 기관은 공인 투자자 여부를 확인해주지 않는다. 공인 투자자인지 아닌지를 확인할 책임은 증권을 판매하는 사람에게 있다. 2013년 초에 SEC는 공인 투자자에게 제한된 투자상품을 판매하는 사람(혹은 기업)이 활용할 수 있도록 이들 공인 투자자가 실제로 투자 적격자인지를 검증하는 더 엄격한 지침을 마련해 발표했다. 일반 투자자는 이용할 수 없고 공인 투자자만 판매 가능한 투자상품은 다음과 같다.

- 사모펀드
- 헤지펀드
- 벤처캐피털(모험 자본)
- 무기명 증권

이런 유형의 투자상품은 상장기업이 발행하는 증권과 동일한 공시 규정이 적용되지 않는다. 또한 이런 상품의 판매자는 잠재 투자자에게 특정 정보를 제공할 의무가 없기 때문에 고위험 투자상품으로 분류된다.

에드가

'전자 자료 수집 및 분석, 검색 시스템Electronic Data Gathering, Analysis, and Retrieval, EDGAR'인 '에드가'는 일종의 기업 정보 '편의점' 같은 개념이다. 마우스 클릭 몇 번이면 주요 거래소에 상장된 기업에 관한 모든 정보를 단 몇 분 만에 찾아볼 수 있다. SEC의 방대한 데이터베이스인 에드가는 1984년에 구축됐다. 1994년부터 상장기업이 제출한 모든 보고서와 해당 기업에 제기된 모든 불만 사항을 포함해 2,000만 건이 넘는 자료로 구성된 방대한 데이터베이스다. 에드가를 이용하면 개인투자자나 대형 기관투자자나 동일한 정보에 접근할 수 있다.

SEC 웹사이트www.sec.gov에서 에드가 항목으로 들어가면 최적의 투자 결정을 내리는 데 필요한 정보를 신속하게 찾아낼 수 있다.

정보 검색이 매우 쉽기 때문에 투자할 기업에 대한 정보를 얻으려 할 때는 가장 먼저 에드가를 찾게 된다. 먼저 검색하려는 기업의 명칭이나 종목 기호를 입력한다. 에드가를 이용하면 기업이 SEC에 제출한 모든 자료를 볼 수 있다. 정보가 방대하므로 꼭 필요한 자료를 특정해서 찾아보는 편이 바람직하다. 꼭 찾아봐야 할 공시 자료는 다음과 같다.

- 분기 보고서 10-Q
- 연간 보고서 10-K
- 현황 보고서 8-K
- 자사주 매입 및 연금 제도 11-K
- 유가증권 보유자에 대한 연차 보고서 ARS
- 위임 권유서 DEF 14A

에드가를 처음 이용할 때는 복잡할 수 있는데, SEC는 가장 효율적으로 에드가를 활용할 수 있도록 상세한 안내 지침을 제공한다. 문서가 최신순으로 정렬되어 있어서 검색하면 가장 최근에 제출한 자료를 먼저 볼 수 있다. 문서 목록 상단에 있는 간단 검색 필터를 사용해서, 찾고 싶은 자료 유형을 검색할 수 있다. 에드가 문서를 직접 마이크로 엑셀로 가져올 수 있으므로 해당 기업의 재무 자료를 직접 분석하기도 쉽다.

SEC 산하 기구

명칭에서 바로 짐작할 수 있듯이 SEC 집행국은 연방 증권법 준수 여부를 감시·확인한다. 집행국은 법률 위반 여부를 조사하고 법률 미준수 상황이 적발되면 그에 대한 시정 명령을 내린다.

경제지표

시장 전망

1983년에 나온 영화 「대역전Trading Places」에서는 거리의 부랑자 빌리 레이 밸런타인(에디 머피 분)과 루이스 윈돌프 3세(댄 애크로이드 분)가 오렌지 작황 보고서를 바꿔치기해서 자신들을 속인 비열한 듀크 형제를 골탕 먹이고 큰돈을 챙긴다. 이 보고서는 오렌지 주스 시장에 관한 핵심 정보를 담은 일종의 경기 선행지표였다. 보고서를 바꿔치기하는 장면은 번개처럼 빠르게 지나갔다. 그로 인해 듀크 형제는 한순간에 전 재산을 잃었고, 밸런타인과 루이스는 제대로 된 경제지표(진짜 보고서)를 기준으로 제대로 거래한 덕분에 큰돈을 벌었다. 영화의 한 장면이지만 사람들이 생각하는 것보다 실제 거래 장면을 훨씬 더 현실적으로 담아낸 부분이 매우 흥미로웠다.

「대역전」에서는 상품시장 거래를 다뤘지만, 주식시장 거래도 이와
별반 다르지 않다. 금융 예측가는 경제지표를 활용해 시장 상황을 전망
하고, 트레이더는 이런 전망에 기초한 주요 정보를 토대로 매매 결정을
내린다. 이런 지표는 통계 및 조사 자료 모음으로 구성되며 한눈에 알
아보기 쉽게 수치로 정리해 공표한다. 영화에 나온 오렌지 작황 보고서
처럼 좁은 범주의 자료와는 달리 포괄적 경제지표는 전반적 시장 추세
를 예측하는 데 활용한다.

인플레이션, 디플레이션, 스태그플레이션

경제 상황은 주식시장에 큰 영향을 미친다. 경제가 성장하든 침체하
든 하락하든 주식시장은 이에 반응한다. 3가지 주요 경제 상황인 인플
레이션, 디플레이션, 스태그플레이션은 주가에 영향을 미칠 수 있다.

인플레이션

인플레이션은 가격이 상승하고 구매력이 감소하는 상황을 말한다. 현재 보유한 달러 가치가 전보다 낮아졌기 때문에 똑같은 상품이나 서비스를 구매할 때 돈이 더 들어간다. 물가상승률이 2~3% 선이면 관리가 가능하므로 정상적인 경제 상태로 본다. 건전한 경제 상황에서는 물가가 상승하면 임금과 주가도 같이 상승한다. 그러나 지속 불가능한 수준으로 물가가 치솟으면서 인플레이션율이 소득 증가율을 훨씬 넘어서게 되면서 시장이 이를 상쇄하지 못한다. 감당하지 못할 수준으로 구매력이 빠른 속도로 대폭 감소하면서 사람들은 예전만큼 구매하지 않게 된다. 따라서 기업도 위기감을 느낀다. 결국 기업의 이익이 감소하면서 주가도 하락한다.

악성 인플레이션

미국 경제는 1970년대 중반에 그야말로 재앙적 인플레이션을 겪었다. 주식시장 수익률은 6%에서 7% 선을 맴도는데 1979년 당시 인플레이션율은 13%를 넘어서면서 주식 수익률보다 거의 2배나 높았다.

디플레이션

디플레이션은 전반적 가격 하락을 특징으로 한다. 물가가 하락하면 좋은 것 아니냐 싶겠지만, 사실은 그렇지 않다. 일반적으로 디플레이션은 개인 혹은 정부 지출의 대폭 감소와 상품 및 서비스에 대한 수요 고갈에서 비롯된다. 이런 심각한 경제 상황은 신용 긴축 정책(개인과 기업이 대출받기가 더 어려워짐)과 만연한 실업 사태와 관련이 있다. 디플레이션이 통제 불가능한 수준으로 치달으면 다음과 같은 매우 심각한 상황으로 이어진다.

- 기업 수익 감소
- 조직의 군살 빼기
- 공장 폐쇄
- 임금 삭감
- 채무 불이행
- 파산 증가
- 주가 하락

이런 부정적 사건이 결합하면 주식시장에서 공황 매도가 시작되고 시장 붕괴 직전까지 몰린다. 디플레이션이 장기화하면 경기 후퇴 혹은 심하면 불황으로 치달을 수 있다.

처음 시작하는 이들을 위한 최소한의 주식시장 이해하기

스태그플레이션

스태그플레이션은 말하자면 경제계의 '예티(전설 속 설인)'와 같다. 예티 같은 가공의 존재처럼 도무지 있을 법하지 않은 상황이라는 의미다. 경제학자들도 이 현상이 언제 어떻게 발생하는지에 대해 의견이 분분하다. 스태그플레이션이 진행되는 동안에는 인플레이션과 디플레이션의 악성 요소만 작동하는 모양새가 된다. 인플레이션 때 발생하는 GDP 하락 그리고 높은 실업률과 낮은 경제 성장률 등을 특징으로 한다. 동시에 발생하면 안 되는 일이 동시에 일어나기 때문에 정부가 이에 대응하기 매우 어렵다. 예를 들어 인플레이션을 억제하려는 대책은 실업자를 힘들게 하고 실업률을 완화하려는 대책은 이미 오른 물가를 더욱 상승시킬 수 있다. 그래서 이도 저도 할 수 없는 상황, 한마디로 진퇴양난에 빠진다.

유가의 영향력

1970년대 미국 상황에서 볼 수 있듯이 원유 가격 급등이 스태그플레이션의 주요 원인이 된다. 예상치 못한 유가 상승은 사실상 산업계 전체에 영향을 미친다. 유가 급등으로 운송비가 상승하면 제품 가격도 당연히 상승한다. 비용을 절감하려는 기업의 필사적인 노력은 결국 직원 해고로 이어지는데 이 해법이야말로 스태그플레이션으로 가는 지름길이다.

각각의 경제 상황은 주식시장에 당연히 영향을 미친다. 시장 추세와 같은 기타 경제 요인과 시간적 요소가 어떤 조합을 이루느냐에 따라 시장에 미치는 영향력이 증가하기도 하고, 감소하기도 한다.

시장 추세

테러 공격에서부터 기후 변화 패턴까지, 그리고 기술 발달에서부터 소비자 취향 변화에 이르기까지 매우 다양한 요인이 시장에 반영된다. 개중에는 일시적인 요인도 있고, 장기적인 (혹은 영구적인) 요인도 있다. 투자자 관점에서 주식시장에서 꾸준히 이익을 내려면 영속적인 주 추세를 확인하는 일이 필수적이다.

보통 수개월 혹은 수년 동안 계속되는 주요한 단기 추세는 이른바 '블랙스완black swan'이라고 칭하는 '극히 드문 사건'에서 비롯될 수 있다. 예를 들어 유럽에서 발생한 테러 공격이 세계 여행 및 관광 산업에 영향을 미친다. 이는 다시 여행사를 비롯한 관광 업종의 주가에 지대한 영향을 미친다.

영구적인 혹은 본질적인 변화는 영원히 지속한다. 이런 영구적인 변화는 비가역적이어서 일단 변화가 일어나면 과거로 돌아갈 수 없다. 인터넷상에서의 끊임없는 정보 흐름이 전자 상거래, 실시간 글로벌 통신,

무한 연예·오락의 세계 등을 낳았다. 유튜브와 넷플릭스 같은 온라인 동영상 스트리밍streaming(실시간 재생 기술) 서비스가 등장하면서 블록버스터 비디오Blockbuster Video 같은 DVD 대여점은 과거의 영광을 잃었다. 또 스포티파이Spotify(음원 스트리밍 서비스)와 아이튠즈iTunes(음원 및 동영상 파일 관리 프로그램-역주)가 음악을 듣고 향유하는 방식을 변화시켰다. 이 같은 근원적 대변화 흐름을 인지하지 못하고 새로운 변화에 적응하지 못하는 기업은 결국 사라질 수밖에 없다.

블랙스완 경계령!

아주 희귀한 새인 '블랙스완'에서 이름을 따온 명칭으로 무작위적이고 예측 불가능하며 매우 드물게 발생하는 사건을 의미한다. 물론 요즘에는 예전보다 훨씬 자주 발생하지만 말이다. 미 주식시장에 막대한 영향을 미친 주요 블랙스완 사건으로는 2001년 9월 11일에 일어난 끔찍한 테러 공격과 허리케인 카트리나 때의 참상을 예로 들 수 있다.

무無글루텐 및 무無유제품 식품이 큰 인기를 끌었던 경우처럼 소비자 스스로 시장 추세를 만들기도 한다. 요즘은 벤앤드제리스Ben & Jerry's(아이스크림 제조사)도 우유가 들어가지 않은 제품을 내놓는다. 이런 열풍에 따라 예전에 식료품점 진열대에 가득했던 밀가루 제품만큼이나 글루텐이 첨가되지 않은 과자와 빵, 파스타 등 다양한 제품이 진

열대를 가득 채우고 있다. 불과 5년 전만 해도 무글루텐 식품을 사려면 소규모 전문 매장을 수소문해서 찾아가 비싼 돈을 주고 제품을 사야 할 정도로 쇼핑이 쉽지 않았다.

또 금리 조정이나 새로운 세법, 지출 증가 등과 같은 정부 조치가 시장 추세를 형성하기도 한다. 국제 무역 협정이 수출입 흐름을 규제하면서 주식시장에 엄청난 영향을 미칠 때도 있다.

선행, 후행, 동행지표

경제지표는 선행, 후행, 동행 등 크게 세 가지 유형이 있다. 각 지표는 서로 다른 방식으로 경제 동향을 가늠한다. 그리고 이 또한 주식시장 동향에 상당한 영향을 미친다.

경제 부문 전반에 걸쳐 광범위 변화가 일어나기 전에 향후 경제 상황을 예측하게 하는 경제적 요인을 선행지표라고 한다. 짐작할 수 있듯이 이런 지표가 항상 정확하지는 않지만, 수십 년간의 경험을 바탕으로 하면 실제로 이들 선행지표가 투자자에게 신뢰할 만한 예측 정보를 제공할 때가 있다. 트레이더와 분석가는 이런 선행지표로 향후 경제 흐름을 가늠하고, 그 결과를 토대로 투자에 관한 중요한 결정을 내린다.

후행지표는 말 그대로 전체 경제나 주식시장에 이미 형성된 추세를 기반으로 한다. 분석가는 이 후행지표를 활용해 변화가 일어나는지 확인한다. 가장 많이 거론되는 주요 후행지표 가운데 하나가 실업 보고서다. 이 지표는 경제 건전성을 가늠하는 확실한 도구이다.

동행지표는 경제 변화 추세와 발맞춰 일어나는 요인이다. 예를 들어 경제가 호황이면 사람들의 소득이 증가한다. 후행지표와 마찬가지로 동행지표는 한 국가의 경제 건전성을 확인하는 데 도움이 된다.

소비자신뢰지수

컨퍼런스 보드Conference Board라는 비영리 조직이 매월 마지막 주 화요일 오전 10시에 소비자신뢰지수Consumer Confidence Index, 이하 CCI를 발표한다. 주식시장은 이 발표에 촉각을 곤두세운다. 5,000가구 이상을 대상으로 한 여론조사 결과를 바탕으로 산출한 CCI는 일반 대중이 현 경제 상황에 대해 어떻게 느끼고 생각하는지, 그리고 앞으로의 전망과 6개월 후를 어떻게 예측하는지 등에 대한 정보를 알려준다. 분석가와 트레이더는 매우 주관적인 이 정보로 전반적인 분위기를 감지한다. 경제 상황이 좋다고 확신하는 사람은 지출을 더 많이 한다. 따라서 이럴 때 고가 제품(자동차 등)도 많이 구매한다. 지금까지의 경험에 비추어 보건대 CCI는 소비자 지출에 대한 매우 정확한 예측 인자이다.

치마 길이, 슈퍼볼, 매력적인 종업원

경제지표라고 해서 전부 좁은 공간에 즐비하게 들어선 슈퍼컴퓨터가 꼼꼼하고 정확하게 계산해서 산출하지는 않는다. 가장 인기 있는, 그래서 더 불가사의한 경제지표 중에는 특정 개인과 사건이 어떻게 시장에 영향을 미치는지 직접적으로 보여주는 실질 지표도 있다.

치마 길이는 경제에 어떤 영향을 미칠까? 믿기 어렵겠지만, 치마 단이 위로 올라갈수록, 그리고 치마 길이가 짧아질수록 경제와 주식시장이 상승하는 경향이 있다. 반대로 치마 길이가 길어질수록 주가가 하락하는 경향이 있다. 전문가는 사람들이 행복하고 경기가 좋을 때 피부를 더 많이 드러낸다는 점에서 이 후행지표가 일리 있다고 생각한다. 그래서 이럴 때 주식시장에도 더 많이 투자한다고 생각한다.

슈퍼볼Super Bowl(미국 프로 미식축구 챔피언 결정전)도 꽤 신빙성 있는 지표를 제공한다. 1967년, 미식축구 양대 리그인 전미미식축구연맹National Football League, NFL과 아메리칸미식축구연맹American Football League, AFL 우승팀이 처음으로 맞붙었다. 세간에는 NFL 소속 팀이 우승하면 시장이 상승하고, AFL 소속 팀이 이기면 하락한다는 말이 떠돌았다. 신기하게도 이 지표는 1960년대 이후로 80%의 적중률을 보였다.

또 식당 종업원의 매력도를 기준으로 경제 상황을 가늠하는 이른바 '매력적인 종업원 지표'도 있다. 이 지표를 기준으로 하면 식당에 예쁘거나 잘생긴 종업원이 많으면 경제 상황이 좋지 않다는 의미다. 경기가 나쁜 시기에는 대체로 보수가 좋은 일자리(보통은 잘생긴 종업원이 이쪽으로 몰림)를 얻기 어렵다. 그래서 불황일 때 유독 식당에 매력적인 종업원이 넘쳐난다. 예쁘고 매력적인 사람들도 일자리 구하기가 어려워지므로 호황일 때는 가지 않았을 곳에서도 일하기 때문이다.

대통령 지지율도 주식시장에 영향을 준다는 말이 있다. 그런데 일반적인 예상과는 반대 방향으로 영향을 미친다. 즉, 대통령 지지율과 주가는 정비례 관계가 아니다. 미국인 과반수가 대통령을 지지하지 않아서 지지율이 35~50% 선일 때 다우지수가 상승한다.

주가지수
대형 우량주 모음

"금일 다우지수가 120포인트 상승하며 장을 마감했다."

"혼조세로 장이 마감됐다."

뉴스 방송 말미에서, 라디오 방송 최신 뉴스에서, 혹은 칵테일 파티 석상에서 이런 말을 자주 들었을 것이다. 이런 단편적인 정보는 언뜻 명확해 보이지만, 조금 더 들여다보면 아리송한 부분이 꽤 있다.

오늘날 금융계에서는 트레이더, 뉴스 진행자, 증권 분석가 등이 시장지수로 투자 성과를 평가하는데, 현재 시장에는 이런 지수가 수백 개는 된다.

주가지수는 여러 종목 모음으로 종목별 특성(소형주 지수 등)을 기준으로 묶을 때도 있고, 시장 자체를 반영할 때도 있다. 시장 부문을 포괄적으로 추적하는 지수가 있고, 특정 업종이나 종목으로 범위를 좁혀 추적하는 지수도 있다. 적합한 시장지수를 선정해 이를 기준 지수로 활용하면 특정 종목의 상대적 성과를 평가하는 데 큰 도움이 된다.

분석가와 트레이더가 시장 성과 부분을 말할 때는 대부분 지수를 기준으로 가격이나 거래량을 언급한다. 미국에서 가장 많이 언급하는 주가지수로는 다우존스산업평균지수(다우), S&P 500 지수, 나스닥 종합주가지수 세 가지가 있다. 그러나 이외에도 비교 가능한 지수가 수백 개는 된다. 다른 주요 지수로는 나스닥 100 NASDAQ 100, 러셀 2000 Russell 2000, 윌셔 5000 Wilshire 5000 등이 있다.

다우존스산업평균지수

영향력 있는 우량주 모음

다우존스산업평균지수DJIA(다우지수)는 미국 주식시장 성과를 측정하는 지수 가운데 가장 널리 알려진 지표다. 실제로 미국 주식시장에 대한 거의 모든 보고서에는 다른 재무 정보는 포함하지 않더라도 이 상징적 지수의 일일 동향은 꼭 포함돼 있다.

1896년에 당시 기자였던 찰스 다우Charles H. Dow가 처음 이 지수를 만들었을 때는 제너럴일렉트릭을 포함해 12개 종목을 추적하는 도구로 설계했다. 참고로 제너럴일렉트릭은 현재까지 다우지수에 편입된 유일한 기업이다. 찰스 다우는 관련 정보를 '고객의 오후 서신Customers' Afternoon Letter'에 발표했으며, 이 '서신'이 오늘날의 「월스트리트저널Wall Street Journal」이다. 다우지수는 1929년에 편입 종목을 30개로 늘렸다.

처음 시작하는 이들을 위한 최소한의 주식시장 이해하기

다우지수가 비록 30개 기업만 추적하지만, 이 30곳은 가장 영향력 있는 대기업들에서 선별한 기업이다. 다우지수를 구성하는 종목은 전부 우량주로서 평판이 좋고 신뢰도가 높은 기업이다. 따라서 NYSE에서 활발히 거래된다.

토막 지식

1898년과 1901년에는 다우지수에서 빠졌지만, 제너럴일렉트릭GE은 가장 오래 다우지수에 편입된 기업이었다. 1907년에 다시 편입된 이후로 GE는 다우지수를 받쳐주는 주력 종목이었다. 가장 최근에 다우지수에 편입된 종목은 애플이다.

다우지수는 우리에게 친숙한 명칭이지만, 이제 더는 '평균' 지수로 볼 수 없고, 또 대다수가 생각하는 것처럼 '산업(공업 및 제조업)' 종목으로만 구성된 지수도 아니다. 말하자면 맥도날드, 디즈니Disney, 버라이즌Verizon, 나이키Nike 등도 전부 다우지수에 편입된 기업이다. 「월스트리트저널」 편집자가 지수 산정에 넣을 30개 기업과 탈락 기업을 선정한다. 유명한 기업 중 다우지수 편입에 실패한 기업으로는 시어스로벅과 에이티앤티AT&T 그리고 왕년의 제조업 거물 베들레헴 철강Bethle-hem Steel 등이 있다.

포인트, 가중 그리고 다우 제수

뉴스에서 다우지수를 언급할 때는 '달러'라고 하지 않고 '포인트'라고 한다. 예를 들어 "다우지수가 116포인트 상승했다"라는 식으로 말한다. 달러와 포인트가 같은 의미라고 생각하는 사람이 많지만, 사실은 그렇지 않다. 엄밀히 말하면 차이가 있다. '포인트'는 더 단순하게 지수 변동 수준을 나타내는 방식이다. 포인트는 달러와 관련이 있지만, 단순한 1 대 1 대응 관계는 아니다. 이런 차이는 주로 다우지수를 산출하는 방식에서 비롯됐다. 특이하게 다우지수는 '다우 제수Dow Divisor'를 이용해 산출하며, 주로 여기서 달러와의 격차가 발생한다.

극적 효과 증대

다우지수를 언급할 때 백분율이 아니라 포인트로 나타내는 자체가 일종의 눈속임일 수도 있다. '다우지수 3% 상승'이라고 할 때보다 '다우지수 500포인트 상승'이라고 할 때가 훨씬 더 극적으로 느껴지지 않는가!

다우지수는 기본적으로 가격 가중 지수price-weighted index다. 지수에 편입된 각 종목의 현재 가격을 기준으로 가치를 평가한다. 다소 까다로운 다우의 고유한 산출 방식에서 차이가 발생한다. 즉, 총가치를

처음 시작하는 이들을 위한 최소한의 주식시장 이해하기

지수에 편입된 종목의 수로 나누지 않고 '다우 제수'라는 특이한 수치로 나누는 것이다.

원래 다우 제수는 지수 편입 종목 수와 정확히 일치했다. 따라서 지수를 구하면 평균 가치와 동일한 값이 나왔다. 그러나 시간이 지나면서 산출 방식을 바꿔야 할 필요성이 생겼다. 주식 분할stock split이나 주식 배당stock dividend, 지수 구성 종목 변화 등의 영향을 상쇄하려는 목적에서 다우 제수를 고안했다. 예를 들어 주당 90달러에 거래되는 주식이 3:1 비율로 분할되면(분할 이전에 1주를 보유했던 주주는 이제 3주를 보유하게 된다) 실제로 주식가치에 전혀 변화가 없음에도 주식 분할 때문에 인위적으로 가격이 주당 30달러로 하락하는 셈이다. 이 같은 상황에 대해 전체 지수 가치가 왜곡되는 일이 없도록 다우 제수로 이 부분을 보정한다.

다우지수 편입 기업 대부분이 주식 분할이나 이와 유사한 일을 많이 겪기 때문에 시간이 갈수록 다우 제수가 크게 줄어들었다. 2016년 5월 현재 다우 제수는 0.14602였다. 이 수치를 알고 나면 포인트 변화량을 기준으로 달러 변화량을 계산할 수 있다. 예를 들어 다우지수가 300포인트 상승했다면 달러화로는 43.81달러(300포인트×0.14602)가 상승한 셈이다.

다우지수는 가격 가중 지수이므로 가격이 높은 종목이 가격이 낮은 종목보다 비중이 더 크다. 주당 100달러인 종목은 그 가치가 주당 20달러인 종목의 5배라는 의미다. 따라서 상대적으로 가격이 대폭 변화한 저가 종목보다 가격이 소폭 변화한 고가 종목이 다우지수에 더 큰 영향을 미친다.

숫자로 보는 다우지수

미국 주식시장의 상승 및 하락 역사를 한눈에 보려면 다우지수 하나만 살펴보면 된다. 기억할 만한 역사적 순간 몇 개만 대충 훑어봐도 기록적인 고점과 저점 상황은 물론이고, 시간이 흐르면서 전체 주가에 어떤 변화가 나타나는지를 가늠해볼 수 있다. 다음 표에서 (I)는 장중 시세를 나타내고 (C)는 장 마감 시 시세를 나타낸다.

다우지수	시세	날짜
100.25	(C)	1906년 1월 12일
381.70	(C)	1929년 9월 3일
230.00	(C)	1929년 10월 29일
41.22	(C)	1932년 7월 8일
150.94	(C)	1936년 2월 4일
500.24	(C)	1956년 3월 12일
1003.16	(C)	1972년 11월 14일
2002.25	(C)	1987년 1월 8일
1738.74	(C)	1987년 10월 19일
10006.78	(C)	1999년 3월 29일
11722.98	(C)	2000년 1월 14일
7286.27	(C)	2002년 10월 9일
14198.10	(I)	2007년 10월 11일
6469.95	(I)	2009년 3월 6일
11205.03	(C)	2010년 4월 27일
15056.20	(C)	2013년 5월 7일
18312.39	(C)	2015년 5월 19일
16459.75	(C)	2015년 8월 21일
15370.33	(C)	2015년 8월 24일

다우지수는 상승과 하락을 반복하며 시장과 함께 오랜 역사를 이어

오면서 단순히 주식시장뿐만 아니라 미국 경제 및 전 세계 경제의 추세 변화, 획기적인 사건, 분위기 변화 등도 반영한다.

다우지수의 소유자 변화

다우지수는 여전히 상징성을 지닌 대표 지수이지만, 이제 다우존스&컴퍼니의 소유가 아니다. 2012년 7월에 S&P 글로벌S&P Global과 CME 그룹CME Group(세계 최대 선물거래소 가운데 하나인 시카고상품거래소 소유)이 합작 투자를 통해 다우와 S&P 500을 통합하면서 세계 최대 시장지수 공급사인 'S&P 다우존스지수S&P Dow Jones Indices'가 탄생했다.

처음 시작하는 이들을 위한 최소한의 주식시장 이해하기

S&P 500
롤러코스터를 추적하다

S&P 500이 처음 나온 때는 1950년대였지만, 이미 100여 년에 헨리 푸어Henry Poor가 『미국 철도 및 운하의 역사History of the Railroads and Canals of the United States』라는, 당시로서는 매우 획기적인 책자를 출간 했을 때 그 씨앗이 뿌려졌다. 제목에서 짐작할 수 있는 내용과는 다르게 실제로 이 책은 앞에 언급했던 산업과 관련한 기업의 '금융' 역사를 추적·탐구한다. 동시에 금융 정보를 대중에 널리 알리려는 저자의 의도도 담겨 있다. 이 작업이 성공을 거두자 푸어는 이런 문건을 매년 발행하기 시작했다.

푸어의 성공을 지켜보고 업계를 주도하는 두 거물 기업인 스탠더드스태티스틱스Standard Statistics와 존무디스앤드컴퍼니John Moody & Company를 비롯해 이 금융계 추적 '게임'에 동참하는 기업이 점점 늘어났다. 이 게임에 합류하고 얼마 지나지 않아 스탠더드가 이 분야를 주도하면서 업계 최초로 다양한 시장 부문에 걸쳐 200여 개 종목을 추적하는 시장지수를 만들어냈다. 그런데 당시에는 작업을 수행할 컴퓨터가 없었기 때문에 더 많은 기업을 추적하기가 불가능했다. 따라서 추적기업 수가 90개로 줄어들었다.

헨리 푸어의 회사는 1929년 시장 대폭락 여파로 파산했고, 스탠더드가 이를 인수한 후 'S&P 90 지수'가 탄생했다. 당시 매일 발표한 시장지수는 이 'S&P 90'뿐이었다. 1946년에 전산화가 이뤄지면서 지수 규모가 확대됐다. IBM 천공 카드 컴퓨터를 사용해 500개 기업의 시세를 추적하면서 매시간 통계치를 경신할 수 있게 됐다.

공식적으로 1957년에 등장한 S&P 500 지수는 대표적인 기업 500개로 구성되며 현재까지도 이 수를 유지하고 있다. 가능한 한 폭넓게 전반적 경제 상황을 반영하고자 경제계를 대표할 만한 기업을 선정해 지수에 편입했다. 전체 경제에 변화가 생기면 지수 구성 기업에도 변화가 있을 수 있다. 따라서 이 지수에서 탈락하는 기업(예를 들어 시어스, 델, 에이본Avon)도 있고 새로 편입되는 기업도 있다.

현재 선도적 투자 기업 중 하나인 스탠더드앤드푸어스 내 관련 위원회에서 지수 편입 대상 기업을 선정한다. 공식적으로 지수 구성 목록Constituent List이라고 하는 이 명단에 들어가려면 다음과 같은 요건을 충족해야 한다.

- 시가총액 53억 달러 이상
- 최근 4개 분기 연속으로 이익을 냄
- 미국 기업만 해당

S&P 500은 시가총액 가중 지수다. 따라서 시가총액이 큰 기업이 지수에 더 큰 영향을 미친다. 한 기업의 주가가 상승하면 전체 지수 수익률이 증가한다. S&P 500에는 선별된 일부 종목만 들어가지만, 증권 분석가와 트레이더 사이에서는 이를 전체 주식시장을 대표하는 표준 지수로 간주한다.

S&P 500 지수를 구성하는 기업으로는 애플AAPL, 엑손모빌Exxon-Mobil Corp, XOM, 아마존닷컴Amazon.com Inc., AMZN 등이 있다. 2016년 5월 기준으로 가장 최근에는 에이디티 코퍼레이션ADT Corporation, ADT 대신에 애큐티브랜즈Acuity Brands, Inc., AYI, 그리고 게임스톱GameStop, GME 대신 글로벌페이먼츠Global Payments, GPN가 새로 편입됐다.

> **토막 지식**
> S&P 500에 속한 기업이 포춘 500(Fortune 500, 매출액 기준 미국 500대 기업)에도 많이 포함돼 있지만 S&P 500과 포춘 500은 관련이 없다. 가장 큰 차이점은 포춘 500에는 비상장기업이 포함되어 있는 반면에 S&P 500에는 상장기업만 포함된다.

나스닥 종합주가지수
이제는 기술주만의 지수가 아니다

1971년 2월 5일에 처음 등장한 나스닥 종합주가지수에는 5,000여 종목이 포함돼 있으며 전부가 나스닥 거래소에 상장된 기업이다. 다른 주가지수와 달리 나스닥 종합주가지수에는 전통적인 기업 보통주만이 아니라 다른 유형의 증권(부동산투자신탁REIT 등)도 포함돼 있고, 지수에 편입된 기업 전부가 미국에 본사를 둔 것도 아니다.

S&P 500과 마찬가지로 나스닥 종합주가지수도 시가총액 가중 지수다. 주로 변동성이 큰 기술 및 인터넷 기업으로 구성돼 있기 때문에 지수 변동 폭도 크다. 그러나 이런 기술주만이 아니라 은행 및 금융, 소비재, 운송, 산업용품 등을 포함한 다른 업종도 포괄한다.

이 지수에 포함된 기업은 이베이eBay, EBAY, 스타벅스Starbucks, SBUX, 페이팔PayPal, PYPL, 티모바일T-Mobile, TMUS, 1-800 플라워즈닷컴1-800 FLOWERS.COM, FLWS, 노르웨이언 크루즈라인Norwegian Cruise Line, NCLH, 페이스북Facebook, FB(이 글을 쓰는 당시 기준으로, 현 메타) 등이다.

017

나스닥 100

혁신주 모음

나스닥 종합주가지수의 하위 지수인 나스닥 100은 나스닥 증권거래소 상장기업 중 거래가 가장 활발한 대기업(시가총액 기준) 100개(기술적으로는 현재 108개)로 구성된다. 1985년 1월에 처음 등장한 나스닥 100은 혁신 기업 부문에서 가장 많이 추종하는 지수에 속하게 됐다. 구성 기업 절반 이상이 기술 종목이지만(2001년에 최고치였던 약 70%보다 줄어든 상태), 소비자 서비스, 보건 의료, 원격 통신 등 다른 업종도 포함돼 있다.

나스닥 100에는 다음과 같은 기업이 포함돼 있다(2016년 5월 기준).

- 베드배스앤드비욘드Bed Bath & Beyond Inc., BBBY
- 아마존닷컴AMZN

- 크래프트하인즈Kraft Heinz Company, KHC

- 알파벳Alphabet Inc., GOOG

- 리제네론Regeneron Pharmaceuticals, Inc., REGN

- 텔사Tesla Motors, Inc., TSLA

- 마이크로소프트MSFT

- 시리우스Sirius XM Holdings Inc., SIRI

- 코스트코Costco Wholesale Corporation, COST

- 넷플릭스NFLX

- 홀푸즈마켓Whole Foods Market, Inc., WFM

이 지수에는 미국 기업뿐 아니라 나스닥에 상장된 국제 기업도 포함돼 있다. 일일 평균 거래량이 20만 주 이상이면 지수에 계속 편입된다. 나스닥 100에 포함되지 않는 기업은 금융업에 속한 종목뿐이다.

지난 몇 년간 나스닥 상장기업이 성장하면서 이 지수 역시 '상승'하는 모양새였다. 예를 들어 2008년부터 2013년까지 5년간 나스닥 100 상장기업의 평균 시가총액이 2008년에 4억 3,500억 달러에서 2013년에 16억 달러로 거의 400%나 증가했다. 현재 이 지수에 포함된 기업의 절반 이상이 주주에게 정기적으로 배당금을 지급하고 있다. 성공 기업의 면모를 확실하게 보여주고 있다.

러셀 2000
소형주 모음

지금까지 살펴본 다른 시장지수와 달리 러셀 2000Russell 2000은 미국
증권거래소에 상장된 소형 기업 2,000곳을 추적하는 지수다. 아마도
이들 기업 중 절반 이상은 이름도 들어보지 못했을 것이지만, 친숙한
기업도 있어 놀라는 사람도 있을 듯하다.

토막 지식

러셀 2000은 시가총액이 3억 달러에서 20억 달러인 소형주로 구성된다.
이와는 대조적으로 S&P 500에 속한 대형주 종목은 시가총액이 100억 달러
이상인 기업이다.

이 소형주는 S&P 500이나 다우지수에 편입된 기업보다 안정성이 덜하고 매출이나 자산 규모도 작기 때문에 경기 변화에 더 취약하다.

1984년에 프랭크러셀컴퍼니Frank Russell Company가 고안한 러셀 2000은 시가총액 가중 지수market value-weighted index로서 최초의 소형주 지수이다. 러셀 2000은 사실상 전 업종에 영향을 미치며 현재 업계를 선도하는 기업보다는 전도가 유망한 기업에 초점을 맞춘다. 평균 시가총액이 13억 달러 선이라서 언뜻 보면 소기업으로 느껴지지 않을지 모른다. 그러나 주식시장에서 보면 상대적으로 '피라미' 수준이다.

러셀 2000에 든 기업은 다음과 같다.

- 1-800 플라워즈닷컴FLWS
- 아베크롬비앤드핏치Abercrombie & Fitch, ANF
- 크래커배럴올드컨트리스토어Cracker Barrel Old Country Store, CBRL
- 크리스피크림도넛Krispy Kreme Doughnuts, KKD
- 파파존스Papa John's, PZZA
- 스미스앤드웨슨홀딩Smith & Wesson Holding, SWHC
- 비타민샵Vitamin Shoppe, VSI

주당 가격이 1달러도 안 되는 종목이나 핑크 시트에 등록된 종목은 러셀 2000에서 제외된다.

윌셔 5000
거의 전 종목

윌셔 5000 종합시장지수Wilshire 5000 Total Market Index는 다른 지수에 비해 잘 알려져 있지 않지만, 실제로는 세계 최대(시장가치 기준) 지수다.

1974년에 처음 등장한 이 지수는 5,000개 종목으로 구성돼 있었다. 그러나 '명칭'에 속지 마라. 분명히 윌셔 '5000'이라고 했는데 실제 지수 구성 기업은 3,607개이고, 주요 증권거래소에 상장된 기업 수에 따라 그 수가 자주 바뀐다. 1998년에 7,562개로 역대 최고치를 기록한 이후로 숫자가 계속 줄어드는 등 처음 등장한 이후로 기업 수에 큰 변화가 있었다. 실제로 2005년 12월 이후로는 기업 수가 5,000개를 넘지 못했다.

이 지수는 미국에 본사를 두고 미국 증권거래소에서 거래되는 거의 모든 상장기업을 추적한다. 그래서 이를 '종합시장지수'라고도 한다.

윌셔 5000에 들어가려면 사람들이 해당 기업의 주가 정보를 쉽게 알아낼 수 있어야 한다. 따라서 호가 게시판(장외시장 전자 거래 서비스인 'OTCBB')에 등록한 종목은 이 지수에 포함되지 않는다.

윌셔 5000은 시가총액 지수이므로 지수 가치를 산출할 때 대형주가 소형주보다 더 큰 비중을 차지한다. 대형주 가격이 크게 변동하면, 소형주 가격이 이보다 더 크게 변동해도, 주가지수 가치에는 더 큰 영향을 미친다.

시가총액
초소형주부터 극초대형주까지

주식시장에서는 규모가 중요하다. 여기서 규모는 시가총액으로 측정한다. 시가총액은 유통 주식 전체의 시장가치를 의미한다. 기업의 시가총액을 산출할 때는 유통 주식의 총수에 주식의 현재 가격을 곱해준다. 유통 주식의 수는 대중에 판매한 주식 수를 의미한다.

계산법은 매우 간단하다. 유통 주식이 3,000만 주이고 현재 가격이 주당 20달러라면 시가총액은 6억 달러(3,000만×20)가 된다. 시가총액으로 종목을 분류하기는 하지만, 시간이 지남에 따라 분류 기준이 달라진다. 예를 들어 1980년대에는 시가총액이 10억 달러 이상이면 대형주에 속했는데 이 규모면 요즘에는 소형주 범주에 들어간다. 시가총액을 기준으로 대략적으로 분류하면 다음과 같다.

- 대형주: 100억 달러 이상
- 중형주: 20억 달러에서 100억 달러 사이
- 소형주: 3억 달러에서 20억 달러 사이
- 초소형주: 3억 달러 미만

기업이 어느 범주로 분류되느냐를 보면 해당 기업의 현재 및 미래 상황을 가늠해볼 수 있다. 예를 들어 대형주는 탄탄하고 안정적인 기업이어서 그 부분은 믿고 의지할 수 있지만, 앞으로 더 크게 성장할 여지는 별로 없다. 반면에 소형주는 폭발적 성장 잠재력이 내재해 있기는 하지만, 낮은 시장 점유율과 적은 자산 그리고 목표 달성에 실패하면 사라져버릴 위험이 있다는 점에서 이런 성장 잠재력이 상쇄된다.

초대형주와 극초소형주

대형주와 소형주로 분류하는 외에 일부 분석가는 초대형주mega cap, 메가 캡와 극초소형주nano cap, 나노 캡로도 분류한다. 초대형주는 시가총액이 2,000억 달러를 넘는 기업을 말한다. 반대로 극초소형주는 시가총액이 5,000만 달러 미만인 극초소기업(적어도 시장 기준에 따르면)을 의미한다.

대형주

　대형주('라지 캡' 혹은 빅 캡'이라고도 함)는 대형 시장 참여자로서 가장 보수적인 투자 대상에 속한다. 월스트리트에서는 이 대형주에 관심이 집중되지만, 주식시장 전체로 볼 때는 (거래되는 총기업 수를 기준으로 하면) 이 대형주는 소수 집단에 불과하다. 대형주는 워낙 유명해서 이런 기업 이름은 거의 매일 듣다시피 한다.

　대형주는 소형주보다 입지와 기반이 훨씬 탄탄하고 매출과 이익 수준도 훨씬 안정적이다. 그래서 대부분 소형주보다 위험 수준이 낮은 투자 대상이다. 그러나 낮은 성장률 때문에 이런 안정성이 상쇄되는 측면이 있다. 수많은 투자자가 대형주를 장기 보유하는데 여기에는 그럴만한 이유가 있다. 즉, 50년 넘게 축적된 시장 수익률 자료를 보면 대형주 수익률이 소형주보다 약간 낮았지만, 변동성은 훨씬 낮았다.

　게다가 대다수 대형주는 주주에게 꾸준히 배당금을 지급한다. 투자 수익률 측면에서 이런 배당금은 낮은 성장 잠재력을 보상해주는 측면이 있다. 더구나 대형주에 관해서는 상세 정보를 쉽게 입수할 수 있어서 투자자가 최적의 투자 대상을 결정하는 데 큰 도움이 된다.

　대형주에는 시가총액이 1,475억 2,000만 달러(2016년 5월 기준)인 뱅크오브아메리카Bank of America. BAC, 시가총액 401억 6,000만 달러인 타겟Target Corporation. TGT 등이 있다. 초대형주로는 시가총액이 3,752억 8,000만 달러인 엑손모빌ExxonMobil, XOM과 시가총액 3,940억 6,000만 달러인 마이크로소프트MSFT가 있다.

중형주

중형주는 소형주보다는 크고 대형주보다는 작은 종목이다. 발달 수준도 신생 기업과 성숙 기업의 중간 단계로 보통 지속적으로 성장하는 기업이다. 중형주도 투자가치가 충분한 종목이지만, 대형주만큼 잘 알려져 있지 않다. 분석가나 뉴스 진행자도 대형주보다는 덜 언급하기 때문에 실질적으로 꽤 유망한 종목임에도 주목도가 덜하다. 그렇다고 해서 주목할 가치가 없다는 의미는 아니다.

중형주 범주에 속한 기업은 계속해서 시장 점유율을 높이고 경쟁력을 키우려 애쓰기 때문에 중형주 범주에서 벗어나 새롭게 대형주로 거듭날 수 있다. 중형주는 사업 확장에 필요한 자금을 조달할 수 있을 정도로 성공적으로 사업을 운영해왔기 때문에 대형주 진입은 얼마든지 가능한 일이다. 이처럼 성장 잠재력과 의지가 있으므로 중형주가 실제로 상당한 도약을 이뤄낸다면 주주 역시 큰 이익 기회를 잡을 수 있다.

대형주보다는 수익률도 높고 성장 가능성도 크지만, 중형주 역시 내재적 위험 수준이 높은 편이다(물론 소형주나 초소형주만큼은 아니지만).

투자 대상이라는 측면에서는 이런 위험이 매우 중요한 고려 사항이다. 경기 하락기에는 이처럼 전도유망한 중형주도 안심할 수 없다.

중형주에는 시가총액이 53억 5,000만 달러(2016년 5월 기준)인 올드도미니언프레이트라인Old Dominion Freight Line, ODFL, 54억 달러인 딕스스포팅굿즈Dick's Sporting Goods, DKS, 51억 달러인 스테이플즈Staples Inc., SPLS, 26억 달러인 에이비스버짓그룹Avis Budget Group, CAR 등이 포함된다.

소형주

소형주 범주에는 초기 성장통을 겪으며 살아남아 현재는 매출 및 이익 증대로 고수익을 올리는 신흥 소기업이 포함된다. 오늘의 소형주가 내일의 선도주가 되기도 한다. 물론 내일의 패자가 될 수도 있다.

소형주는 중형주나 대형주에 비해 이용 가능한 자원이 매우 제한적이므로 경기 하락이나 불황에 매우 취약하다. 게다가 신생 기업이거나 신규 업종에 속한 기업이 대부분인데 이 또한 불확실성을 높이는 역할을 한다. 전반적으로 소형주는 변동성이 크고 위험 수준이 높으며 단기간에 가격이 큰 폭으로 변동한다. 성공 확률이 높지는 않지만, 소기업이 큰 성장을 이뤄낸다면 이런 위험을 무릅쓴 투자는 크게 보상받는다.

소형주 투자자는 바로 이런 점에 매력을 느낀다.

토막 지식

투자 포트폴리오에 소형주를 포함하고 싶을 때는 개별 종목을 선택하기보다는 전문 관리 펀드를 통해 투자하는 방법이 안전하다. 이 방식을 활용하면 특정 소형주를 선택할 때의 높은 손실 위험을 부담하지 않으면서도 높은 이익률을 기대할 수 있다.

초소형주

SEC는 초소형주(마이크로 캡)를 시장가치가 매우 낮은 종목으로 정의한다. 예컨대 시가총액이 3억 달러 미만인 종목을 초소형주라고 본다. 3억 달러면 엄청나게 큰돈으로 느껴지겠지만, 기업 재정이라는 큰 바다에서 3억 달러는 그야말로 물 한 방울 수준밖에 안 된다.

실제로 초소형 기업은 규모가 너무 작아서 SEC에 등록할 의무도 없다. 시가총액이 1,000만 달러 미만이고 투자자 수가 500명도 안 되는 기업은 SEC에 제반 자료를 제출하지 않아도 된다.

대기업과 달리 초소형 기업의 주식은 주로 장외시장에서 핑크 시트를 통해 거래된다. 그리고 전미증권업협회NASD가 장외시장 호가 게시판OTCBB을 관리하고 있지만, 엄밀히 말해 이 거래소는 나스닥 소속이 아니다. 초소형주는 주요 거래소에 상장되지 않았기 때문에 최소 자산 보유액이라든가, 최소 주주 수와 같은 상장 요건이 적용되지 않는다. 최소한의 주주 수마저 확보하지 않아도 된다는 사실이 특히 문제가 된다. 이 때문에 보유 주식을 제때 팔기 매우 어려울 수 있다.

토막 지식

시가총액이 5,000만 달러 미만인 종목은 극초소형주(나노 캡)라고도 한다.

초소형주는 위험 수준이 매우 높고 가격 변동성도 매우 크다. 게다가 초소형주 시장은 사기와 작전 세력이 판을 치는 장이다. 이메일 수신함을 보면 '오늘 하루만 수익률 88%!'라는 제목으로 순진한 투자자를 유혹하는 문구가 눈에 들어온다. 단번에 큰돈을 벌고 싶은 미숙한 투자자를 노리고 눈이 번쩍 뜨일 만큼 어마어마한 수익률을 미끼로 던진다. 초소형주 시장에 들어갈 생각이라면 행동에 나서기 전에 반드시 해야 할 일이 있다. 무엇보다 엄청난 기회가 왔다고 느껴질 때는 자신이 정말 '금광'을 찾아냈는지, 아니면 근거 없는 헛소리에 놀아났는지부터 구분할 줄 알아야 한다.

그러나 초소형주라고 해서 모두 사기 종목은 아니다. 실제로 사업 기반을 탄탄히 다져 대형주로 거듭나려고 정말 열심히 노력하는 곳도 많다. 물론 이렇게 노력한다고 해서 반드시 성공한다는 보장은 없다. 그래서 문제다. 과도한 부채 비율, 마이너스 수익, 제한된 자산 등 부정적 요소가 한둘이 아니기 때문에 언젠가는 대형주가 될 것이라는 희망찬 기대는 생각보다 너무 쉽게 꺾일 수 있다.

시장 부문
토핑이 각기 다른 피자 조각

투자자나 분석가나 종목 분류 방식에 관심이 많다. 종목 분류에 대한 이해도가 높으면 특정 종목의 성과를 더 수월하게 평가할 수 있고, 포트폴리오 다각화에도 큰 도움이 된다. 핵심적 분류 방법 가운데 하나가 시장 부문을 기준으로 한 방식이다.

　시장 부문market sector('업종'이라고도 함)은 목적이 비슷한 산업끼리 묶어 놓은 일종의 유사 산업군產業群을 의미한다. 사람들은 이 시장 '업종'과 '산업'을 혼용하는데, 사실 두 용어는 같은 의미가 아니다. 산업industry은 동종 사업을 하는 기업군企業群을 의미한다. 반면에 업종은 이보다는 좀 더 포괄적인 개념으로 더 상위의 경제 부문을 가리키는 말이다. 실제로 한 부문에 여러 산업이 포함된다. 예를 들어 하나의 산업인 보험업은 은행 및 증권업과 함께 금융 업종에 속한다.

부문은 여러 가지 방식으로 정의할 수 있지만, 시장 부문이라고 하면 일반적으로 다음과 같은 11개 산업군을 의미한다.

1. 원자재 Basic materials

2. 자본재 Capital goods

3. 통신 Communications

4. 순환 소비재 Consumer cyclical

5. 필수 소비재 Consumer staples

6. 에너지 Energy

7. 금융 Financial

8. 보건의료 Healthcare

9. 기술 Technology

10. 운송 Transportation

11. 공익사업Utilities

짐작할 수 있듯이 같은 경제 상황에서도 부문별로 흥하기도 하고 쇠하기도 한다. 예를 들어 경기 둔화 시 기술 부문은 쇠퇴하는데 공익사업 부문은 더 흥한다.

기업(주식) 소유의 의미

내 회사다

이제 '주식'을 자세히 들여다볼 차례다. 주식이 무엇이며 어떤 유형이 있는지, 또 투자 포트폴리오 측면에서 주식 유형은 어떤 의미가 있는지 등을 살펴보자. 장기 투자자는 오랜 기간 안정적으로 사업을 운영한 기업에 투자한다. 트레이더는 훨씬 더 적극적인 자세로 투자에 임하면서 기업의 실제 가치보다는 주가 동향에 더 관심을 둔다. 종목별 투자 전략은 각기 다르더라도 투자계를 관통하는 기본 원칙은 동일하다. 주식 거래에 나서기 전에 어떤 종목을 왜 매수(혹은 매도)하려는지 분명히 인지해야 한다.

주식은 기업의 일부다

주식 매수는 기업 매수와 다를 바 없다. 세계에서 가장 성공한 투자자 가운데 한 명인 워런 버핏Warren Buffett이 주식 거래를 바라보는 관점이 바로 이것이다. 버핏의 이런 투자 철학은 곱씹을 만한 가치가 충분하다. 주식을 매수할 때 실제로는 기업의 일부를 매수하는 셈이다. 기업 전체를 매수할 의사가 없다면 해당 기업 단 한 조각을 매수하더라도 한 번 더 생각하고 행동에 나서야 한다. 이런 기준으로 주식을 거래한다면 투자 기업을 선정할 때 좀 더 신중하게 접근하게 된다.

'해당 기업은 어떤 제품과 서비스를 제공하는가? 가장 큰 이익을 내는 사업 부문은 어디인가? 이익이 가장 적은 사업부는 어디인가? 사업 다각화 정도가 너무 과하지 않은가? 경쟁사는 어디인가? 기업이 제공하는 제품이나 서비스에 대한 수요가 있는가? 인수합병 작업이 진행 중인가?' 현명한 투자자라면 해당 기업이 무슨 일을 하는지, 또 그 일을 잘하고 있는지 정확히 파악한 후에 투자 결정을 해야 한다.

동네 편의점을 매수한다고 하자. 우선은 재고 상황, 직원의 수준과 질, 고객 서비스 프로그램 등을 꼼꼼히 살펴본다. 편의점이 생필품을 파는 것 외에 주유소까지 운영 중이다. 전체 영업 이익 중에서 생필품 사업 부문이 차지하는 비중이 매우 작을 수도 있다. 이 기업의 수입 잠재력을 정확하게 들여다보려면 사업부별로 구분해서 가치를 평가하는 편이 나을지 모른다. 일반적으로는 특정 사업 하나에만 집중하는 기업이 많지만, 완전히 새로운 부문으로 사업을 확장하는 경우도 있다. 그러므로 투자를 고려 중인 기업이 어떤 사업을 하는지부터 정확히 알아야 한다.

담배와 포도주

필립모리스Philip Morris의 후신인 알트리아그룹Altria Group은 본래 담배 제조사다. 그런데 계열사인 생미셸와인에스테이츠Ste. Michelle Wine Estates라는 인기 포도주 제조사에서도 이익을 낸다. 이외에도 주요 자산의 임대 및 금융 사업을 운영하는 필립모리스캐피털코퍼레이션Philip Morris Capital Corporation까지 보유 중이다.

예를 들어 디즈니Disney의 모태는 '디즈니랜드 및 월트 디즈니월드'라는 대단위 테마파크였다. 그런데 실제로는 이외에 다양한 모험사업에 손을 대고 있다. 무엇보다 터치스톤픽처스Touchstone Pictures와 미라맥스Miramax에서 확인할 수 있듯이 이 기업은 TV와 영화 산업에 관심이 많았다. 디즈니는 ABC 회사도 소유하고 있다. 이 사업부에는 ABC TV를 비롯해 수많은 TV 방송국이 포함돼 있고 ESPN과 소프넷SOAP-net 등 다양한 유선 방송사의 지분도 보유하고 있다.

투자로 돈을 벌려면 노력이 필요하다. 투자 전략에 대해 더 많이 고민하고 더 많이 생각할수록 보상이 따를 가능성이 커진다. 투자 세계에서는 성공을 장담할 수 없지만, 더 많은 정보를 바탕으로 더 많이 알고 난 후 투자 결정을 내리면 성공 확률은 그만큼 높아진다. 주식에 투자한다는 말은 주식회사에 자금을 넣는다는 의미다. 이로써 해당 회사의 소유주 혹은 지분 보유자가 된다. 주식을 지분이라고 하는 이유가 바로 여기에 있다.

기업의 책임자는 누구인가?

이사회로부터 시작해 CEO, 경영진 등에 이르기까지 기업에는 경영에 참여하는 의사결정자가 한둘이 아니다. 그래서 투자를 고려하는 그 시점에 대체 누구를 주목해서 살펴야 하는지 애매할 때가 많다. 기업 설립 방식 및 구조 때문에 기업을 소유하는 자와 경영하는 자로 분리된다. 경영자가 소유자(주주)의 이익에 부합하는 방식으로 행동하는지 확인하고자 미국 상장기업 대부분은 이중 구조로 조직을 운영한다.

주주가 직접 선임하는 이사회 임원진은 기업 경영과 사업 운영 상태를 주시하며 주주를 대변하는 역할을 한다. 이사회 수장(이사회에서 선출)이 이사회 회장이며, 이사회가 효과적으로 돌아가게 하는 일이 회장의 임무다. 다른 이사는 사내 및 사외 인사로 구성한다. 사내 이사는 조직의 일원으로서 고위 경영진 자리에 오르기도 한다. 사외 이사는 기업 소속 인사가 아니며, 독립적이고 편향되지 않은 의견을 제시하는 것이 이들의 임무다.

이사회의 임무는 다음과 같다.

- 경영진과 직접 소통한다.
- 고도의 기업 전략을 제시하고 감시하는 작업도 한다.
- 경영진이 기업 운영을 성실히 하는지 감시한다.
- 기업 예산을 승인한다.
- 고위 경영진을 고용한다.

경영진은 이사회가 지시하는 전략을 실행하는 역할을 하며, 수익 극대화를 이뤄낼 책임이 있다. 주요 경영진은 최고경영자CEO와 최고재무책임자CFO, 최고운영책임자COO 등이다.

토막 지식

고위 경영진에 사장과 부사장을 둘 수도 있다. 대체로 사장은 CEO 다음 서열이고, COO를 겸직하기도 한다. 부사장은 사업부(마케팅, 제품 개발 등)별로 선임하며 사장과 COO 밑에서 일한다.

CEO는 모든 업무를 관장하고 이사회에 직접 보고한다. 대다수 기업이 CEO를 이사회 임원으로 둔다. CFO는 기업 재무 및 보고 업무를 담당한다. 필요에 따라 예산서와 재무제표를 준비하고 기업의 재무 건전성 부분을 책임진다. COO는 실무 책임자로 인사, 마케팅, 영업 등을 포함해 기업 운영 전반에 걸친 실무를 담당한다. CFO와 COO의 상관은 CEO다.

CEO의 보수

CEO가 받는 보수는 일반인은 꿈도 꾸지 못할 정도로 고액이다. 각 기업이 유능한 인재를 끌어오려고 아주 유리한 조건으로 다년 계약을 체결하기 때문이다. 어이없게도 CEO의 보수는 실제로 일을 얼마나 잘 하느냐가 아니라, 얼마나 잘할 것 같으냐를 기준으로 책정한다. 너무도 불합리하다는 생각이 들겠지만, 현실이 그렇다. 기업마다 최고위 경영자로 가장 유능한 사람을 끌어오고 싶어 하기 때문에 이런 말도 안 되는 보수 기준이 여전히 존재한다.

그런데 CEO의 보수 수준을 가늠하기가 생각보다 쉽지 않다. 고정급료 외에 다양한 명목으로 보수를 제공하기 때문이다. 고위 경영진은 고액 연봉 외에도 회사 차량이나 전용기, 상당한 활동비 제공 등 다양한 특전을 누리는 경우가 드물지 않다.

CEO의 기본급은 대개 100만 달러 정도에서 시작한다. 경영이 실패하든 성공하든 CEO는 계약한 그대로 보수를 받는다. 기본급 자체가 워낙 고액이라서 수익성 향상과 더 나은 기업의 미래를 창조하는 일에 전력을 다하지 않을 수도 있다.

다음은 상여금이다. 상여금이 무슨 문제가 될까 싶겠지만, 현실적으로는 문제가 좀 있다. 고정 상여금은 명칭을 '상여금'이라고 하지만, 사실은 CEO에게 고액 보수를 챙겨주는 또 하나의 방편에 불과하다. 성과 기준으로 상여금을 지급하는 경우에는 미리 정한 목표를 달성해야만 CEO에게 상여금을 지급한다. CEO가 낸 성과에 비례해 상여금을 지급하는 상황이라면 아무래도 더 좋은 성과를 내려고 전력을 다하지 않겠는가! 매우 합리적인 방법 같지만, 사실 성과 목표치를 설정하는 일 자체가 그리 간단치 않다.

일단 성과 평가 기준을 잡기가 어렵다. 매출이나 이익, 주가 등을 기준으로 성과를 평가하면 된다고 생각하겠지만, 외부적 요소가 이런 측정치에 영향을 미칠 수 있다. 예를 들어 정말 유능하고 성실한 CEO가 당장 수치로 성과가 드러나지 않더라도 기업의 미래를 생각해서 당해 수익성이 감소하는 조치를 단행할 수도 있다. 또 어떤 CEO는 아무런 노력도 하지 않았는데 경쟁사가 큰 실수를 저지르는 바람에 어부지리로 성과 수치가 좋아질 수도 있다. 단순히 매출이나 이익 수치가 상승했다고 성과가 좋았다고 판단하기 어렵다는 의미다.

가장 효율적인 상여금 지급 체계 가운데 하나는 CEO 상여금을 스톡옵션이 아니라 자사주와 연계하는 방법이다(스톡옵션은 미리 정한 가격으로 자사 주식을 매수할 권리가 부여된 증권인데, 스톡옵션을 제공하는 방식이면 경영진 개인의 이익을 위해 인위적으로 주가에 영향을 미치려 할 수 있다). 이렇게 하면 주주에게 가장 유리한 상황과 CEO 개인의 이익이 직접적으로 연결된다.

CEO는 대체 얼마를 받았나?

SEC에 제출하는 자료 가운데 위임 권유서DEF 14A가 있는데 이 자료를 보면 CEO의 급료와 상여금에 관한 상세 정보를 알 수 있다. 위임 권유서에는 '수익 소유자(실소유자)'인 고위 경영진이 보유한 주식과 스톡옵션에 관한 정보가 들어 있다.

비현실적인 고액 보수

CEO 급료 수치를 보면 너무 비현실적인 액수라서 두 눈을 의심하게 된다. 그러나 그 액수가 맞다. 최고위 경영자의 보수는 계속 늘어나서 평범한 미국 직장인의 평균 연봉과의 격차가 어마어마하다.

다음을 한번 생각해보자. 2014년도 미국노동총연맹산업별회의AFL-
CIO 보고서에 따르면 S&P 500대 기업 CEO의 평균 급여는 미국 직장
인 평균 급여의 무려 373배였다. 경영진에 대한 급여 정보를 제공하는
에퀼라Equilar는 2015년도 CEO 급여 중앙값은 1,760만 달러라고 밝
혔다. 그나마 중앙값이라서 이 정도이고 최고액을 보면 아마 기절할지
도 모르겠다. 2015년도 최고 수준 연봉자(에퀼라 자료 기준) 중 몇 명만
소개하면 다음과 같다.

- 1억 5,610만 달러: 디스커버리커뮤니케이션즈Discovery Communi-
  cations CEO 데이비드 자슬라브David Zaslav
- 1억 1,190만 달러: 리버티글로벌Liberty Global CEO 마이클 프라
  이스Michael Fries
- 8,850만 달러: 감코인베스터즈GAMCO Investors CEO 마리오 가벨
  리Mario Gabelli
- 4,210만 달러: 야후!Yahoo! CEO 마리사 메이어Marissa Mayer

이 점을 생각해보자. 글래스도어Glassdoor(구인·구직 사이트)가 조사
한 바에 따르면 디스커버리커뮤니케이션즈의 CEO 데이비드 자슬라
브의 연봉은 일반 직원 중위 연봉인 8만 달러보다 무려 1,951배였다.
SEC는 새로운 공시 규정(2017년도 재무제표가 제출되는 2018년에 효력

이 발생함)을 마련해 최고경영자의 급여와 일반 직원 급여의 중앙값을 비교한 'CEO 보수 비율'을 공시하게 했다.

문제가 있는 CEO

대다수가 그렇다고는 할 수 없으나 기업의 이익을 최우선시하는 훌륭한 CEO도 많다. 일부이기는 해도 유독 이기적이고 욕심이 많은 데다 무능하기까지 한 CEO도 있다. 이런 사람은 기업을 망치고 주주에게는 엄청난 손실을 안김과 동시에 주가도 폭락시켜 투자자를 기함하게 한다.

이와 같은 과도한 급여는 CEO가 고용주의 이익을 부당하게 갈취하는 수단일 뿐이다. 최고경영자라는 사람들은 무능함을 보여주며 기업과 주주에 해를 끼치더라도 하루에 10만 달러 이상을 번다. 게다가 다양한 명목으로 지급하는 상여금(성과를 기준으로 하지 않는 경우도 허다함)과 최고급 자동차, 제트기를 이용하는 등 각종 특전을 누린다.

이 정도 특혜로는 부족하다는 듯이 주주 이익은 안중에도 없이 자신의 지위를 이용해 최대한 사익을 추구하는 데 혈안이 된 CEO도 있다. 예를 들어 자신이 받은 대출에 스스로 보증을 해준다거나 개인적으로 소유한 혹은 자신과 관련이 있는 기업(처남이 운영하는 사무용 가구회사 등)에서 제품을 구매하는 행위도 서슴지 않는다. 이런 행동은 명백한 이익 충돌 상황이며, 불법적인 행위이다. 그럼에도 이런 행위가 법적 제재를 받은 일은 극히 드물다. 이런 사례는 불법 사실 입증이 거의 불가능하기 때문이다. 처남 회사에서 구입한 사무용 가구가 실제로 가장 적합한 거래일 수도 있기 때문이다. 요컨대 처남이라는 개인적 관계를 떠나서 진짜로 괜찮은 제품이라서 구매했는지, 아니면 순전히 친인척을 도와주려는 목적에서였는지를 판단하기 애매할 때가 많다.

임기 내내 온갖 구설수에 휘말렸던 디즈니 전 CEO 마이클 아이스너Michael Eisner을 예로 들어보자. 아이스너는 (회장으로서) 자신의 의사결정이 전부 통과되도록 이사회 임원에 자신의 편을 들어줄 사람을 많이 심어놨다. 이 때문에 해서는 안 될 혹은 터무니 없는 결정도 무사히 통과되는 일이 벌어졌다. 2002년에 디즈니 주가는 8년 만에 최저치를 기록했다. 2004년이 되자 이익 실적이 월스트리트 예상치에도 미치지 못하면서 증권 분석가와 주주 모두를 크게 실망시켰다.

이런 암울한 기간에 아이스너는 디즈니의 주요 자산이자 아주 잘나가는 영화 제작사 픽사애니메이션스튜디오스Pixar Animation Studios와의 관계를 청산하려고 했다. 그러나 아이스너가 상여금으로 무려 725만 달러를 챙기는 데도 아무도 이를 제지하지 않았다. 그러다가 그간 숱한 실패 사례가 축적되자 2004년 3월에 결국 아이스너는 이사회의 신임을 잃고 회장직에서 물러났다. 그 직후인 2005년 3월에 아이스너는 결국 사임했다. 그리고 현 CEO 로버트 아이거Robert Iger가 그 자리를 맡았다.

주주, 목소리를 내다

주주로서 기업이 성공하기를 바라는데 최고위 경영자의 기업 운영 방식이 영 마음에 들지 않는다면 나서서 목소리를 낼 수 있다. 실제로 주주 행동주의shareholder activism가 큰 성공을 거두기도 한다.

현 경영 방식에 제동을 걸고 올바른 방향으로 가도록 영향력을 발휘하려면 이를 주장하는 주주는 지분을 어느 정도 확보하고 있어야 한다. 적어도 10% 정도의 지분을 보유한 주주가 목소리를 내야 파급력이 있다. 앞에 나선 이 주주에게 추종 세력이 있거나 영향력이 크면 다른 주주도 이 행동에 동참하면서 변화의 물결이 일기 시작한다.

주주들의 지지가 뒷받침되면 주주 의결권을 통해 이사회 임원 선임에 영향을 미칠 수 있다. 주주가 힘을 발휘해 목적이 같은 사람들로 이사회를 새로 구성하면 잘못된 조치를 바로잡도록 경영진에 압박(강요까지는 아니더라도)을 가할 수 있다.

주주 행동주의를 실천하는 사람들은 주로 고위 경영진에게 허용된 과도한 특전이나 보수를 삭감하는 데 관심이 많다. 과도한 지출에는 제트기 제공, 최고급 숙박 시설, 여가 비용, 호화로운 파티, 성과와는 무관한 고액 상여금 등이 있다.

어쨌든 주주가 기업의 주인이다. 경영진이 흥청망청 쓰는 돈도 다 주주 돈이다. 많은 사람이 장기 투자를 하면서 경영진이 공짜 정기 입장권이나 라스베이거스에 있는 호화 별장이 아니라 장기적인 성장과 이익에 관심을 두기 바라고, 또 그렇게 할 것이라고 기대한다. 이런 기대를 저버리는 경영진에 대해서는 주주가 단합된 힘을 보여줌으로써 저조한 실적을 확실하게 끌어올리는 방향으로 변화를 끌어낼 수 있다.

가장 유명한 주주 행동가 중 한 사람이 바로 칼 아이칸Carl Icahn이다. 칸의 레이더망에 포착되면 해당 기업의 경영진은 식은땀을 흘린다는 말이 있을 정도였다. 타임워너Time Warner에 대해 어떻게 했는지를 살펴보자. 타임워너와 AOL이 합병한 후 주가가 폭락했다. 명백한 실패로 드러난 이 합병 결과에 실망한 칸은 2006년에 주주의 지지를 모아 사측에 변화를 위한 행동을 요구했다. 이때 요구한 사항은 1) 수익성 제고를 위해 비용 절감 조치를 실행하라, 2) 사측이 주식 200억 달러어치를 환매수하라, 3) 감당하지 못하는 거대 기업을 4개 기업으로 분할하라 등이었다. 결과적으로 주식 환매수와 비용 절감(약 10억 달러)을 이뤄내면서 세 가지 요구 사항 중 두 가지를 관철했다. 또 이사회 임원을 새로 선임하는 일도 해냈다.

기업이 파산할 때

주식시장에 투자하면 상승장일 때도 있고 하락장일 때도 있어서 주가가 오르락내리락한다. 그러나 시장 분위기 하나가 투자 성패를 좌우하지는 않는다. 모든 기업이 다 성공할 수는 없다. 그리고 2008년에 우리가 비싼 대가를 치르고 배웠듯이 제아무리 평판 좋고 유명하고 탄탄해 보이는 대기업도 허무하게 무너질 수 있다.

공개 기업(주식회사 등)이 파산하면 주주도 엄청난 피해를 입는다. 주식은 시장에서 휴지 조각이 돼버린다. 따라서 다른 채권자에게 갚을 빚을 모두 청산하고도 자산이 남아 있기를 바라는 것 외에 투자 손실을 보전할 방법이 없다. 주주가 어떤 유형의 주식을 보유했느냐를 포함해 여러 요인에 따라 청산(자산 매각) 후 주주가 가져올 돈이 남아 있느냐가 결정된다.

공개 기업이 파산해도 기본 절차는 다른 기업과 마찬가지다. 우선 기업이 보유한 모든 자산을 매각해야 한다. 매각 대금으로 전체 혹은 일부 부채를 청산한다. 이때 미국 정부에 진 부채(체불 세금, 이자, 벌금 등)를 우선으로 상환한다. 이런 부채를 다 청산하고 나면 다음 청산 대상자는 채권 보유자다. 그러나 채권을 발행하지 않는 기업도 있으므로 해당 사항이 없으면 이 절차를 건너뛸 수 있다. 그다음은 우선주 주주이고, 보통주 주주는 제일 마지막이다.

그래서 보통주 주주는 한 푼도 건지지 못하는 경우가 대부분이다. 그러나 모든 부채와 청구 비용을 전부 청산하고도 남은 돈이 있다면 보통주 주주에게 기회가 돌아온다. 즉, 지분 비율에 따라 남은 돈을 나눠 갖는다. 예를 들어 최종적으로 15만 달러만 남았으면 지분율이 1%인 주주는 1,500달러를 받을 수 있다.

보통주
지분 소유권의 위력

보통주common stock는 일반인에게 매도하는 일종의 지분 증권으로, 주식으로 기업의 지분을 소유하는 것이다. 일반적으로 주식 거래라고 하면 이 보통주를 거래한다는 의미다.

기업(주식)의 유형은 매우 다양하다. 성공 가도를 달리는 초대형주에 투자하거나, 성장 잠재력을 이제 막 보이기 시작한 초소형주에 투자할 수도 있다. 확실히 자리 잡은 기업의 보통주를 선호하는 사람도 있고, 성장 가능성이 있는 소기업을 선호하는 투자자도 있다.

자신의 전반적 투자 전략에 어떤 기업 유형이 부합하든지 간에 먼저 매수하려는 주식에 대해 충분히 조사해야 한다. 수십 년 동안 존속한 기업이라고 해서 무조건 좋은 투자처라고 생각하면 안 된다. 기업은 항상 변화한다. 따라서 지금 아는 정보가 최신 정보인지 확인하는 일이 매우 중요하다.

가장 먼저 살펴야 할 사항은 사외 유통 주식의 총가치, 즉 시가총액이다. 시가총액은 총유통 주식 수와 주식의 현재 가치를 곱해 구한다. 유통 주식 수란 일반 대중에 판매한 주식 수이다.

시가총액 외에 다양한 기준으로 주식을 구분할 수 있다. 투자 포트폴리오에 추가할 수 있는 주식 유형으로는 우량주(블루칩), 성장주, 순환주, 방어주, 가치주, 소득주, 투기주 등이 있다.

- 우량주는 입지가 탄탄한 유명 기업이다.
- 성장주는 매출 및 시장 확장 가능성이 있는 기업이다.
- 순환주는 경기 호황과 불황에 민감하다.
- 방어주는 시장 하락기에 포트폴리오 손실을 방어한다.
- 가치주는 시장가치보다 내재가치가 큰 종목이다.
- 소득주는 꾸준히 배당금을 지급한다.
- 투기주는 급등하거나 급락할 가능성이 큰 종목이다.

우선주
최우선순위 종목

우선주preferred stock도 보통주처럼 기업에 대한 일종의 지분 소유권이지만, 공통점은 이 한 가지뿐이다. 명칭에서 짐작할 수 있듯이 '우선주'는 두 가지 방식으로 우선적으로 취급된다. 배당금 지급 순위가 가장 먼저다. 또 파산으로 청산 절차를 밟을 때 우선주부터 정리한다.

고정 수익

우선주는 기술적으로는 주식투자상품이지만, 실질적으로는 대체로 고정 수익 상품이다. 우선주는 고정 배당금 지급이 보장되기 때문이다. 실제로 우선주를 '채권 같은 주식'이라고도 한다.

우선주는 보통주와 채권을 섞어 놓은 일종의 혼성 증권이다. 본질적으로 이런 유형의 주식은 상환 기일이 있고, 기업의 이익 실적과 상관없이 배당금 지급이 보장된다. 또 일부 우선주는 채권처럼 임의 상환이 가능하다. 따라서 우선주 주주는 기업에 대해 시장가치보다 높은 가격으로 주식 환매수를 요구할 수 있다. 기업 사정이 어려울 때 배당금 지급 순위에서 우선주 주주에게 우선권이 있으며, 대체로 보통주보다 배당 비율이 높다.

우선주가 불리한 점도 있다. 보통주와는 달리 우선주 주주는 의결권이 없다. 게다가 보통주 가격은 급등하기도 하는데 우선주 가격은 비교적 안정적이다. 마지막으로, 이익 실적이 엄청나게 향상된 해에는 보통주에 상당한 배당금이 지급되지만, 우선주 배당금에는 변화가 없어서 실적이 좋을 때라도 그 실익을 나눠 가질 수 없다.

> **우선주를 매수하는 방법**
> 우선주를 매수(혹은 매도)하는 방법은 보통주와 동일하다. 중개인에게 연락해 포트폴리오에 우선주를 추가해달라고 하면 된다.

그러나 고정 수익을 중시하는 투자자라면 우선주 투자가 바람직하다. 그리고 보통주만큼 많지는 않지만, 수많은 기업이 우선주를 발행한다. 우선주 발행 기업으로는 올스테이트Allstate(보험회사), 웰스파고Wells Fargo(은행), 캐피털원Capital One(금융회사), 티모바일T-Mobile(통신사) 등이 있다.

우선 배당

배당금 수령과 관련해서 우선주 주주가 우선권을 가지므로 가장 먼저 배당금을 받는다. 일반적으로 우선주는 분기마다 고정 배당금을 받는다. 배당금은 주식의 액면가를 기준으로 계산하고, 금액이 고정돼 있으므로 주주는 자신이 배당금을 얼마나 받을지 정확히 알고 있다. 예를 들어 A 기업이 주당 액면가가 30달러인 5% 우선주 500만 주를 발행한다면 분기마다 총 187만 5,000달러를 배당금으로 받는다(5%×주당 30달러×500만 주=750만 달러(연간)÷4=187만 5,000달러(분기당)).

참가적 우선주

실적이 좋을 때 보통주 주주는 배당금을 두둑이 받는 식으로 그 혜택을 누리지만, 우선주 주주는 표준 비율로 정해진 배당금만 받는다.

이런 불리함을 메워주는 종목이 참가적 우선주participating preferred다.

참가적 우선주 주주는 이중으로 배당금을 받는다. 우선 고정 비율로 배당금 지급이 보장되고, 여기에 더해 당기순이익을 기준으로 2차 배당금을 지급한다. 일반적으로 보통주 주주가 엄청나게 많은 배당금을 받을 때, 특히 우선주 주주보다 훨씬 더 많이 받는 상황일 때에만 이 같은 이중 배당이 이뤄진다.

예를 들어 A 기업이 주당 1.50달러를 지급하는 참가적 우선주를 발행한다고 하자. 이때 보통주가 이 우선주보다 배당금을 많이 받을 때 2차 배당금 지급이 이뤄진다. 말하자면 이렇다. 한 분기가 끝난 후에 A 기업 이사회가 주당 2달러를 보통주 배당금으로 지급하겠다고 발표한다. 참가적 우선주 주주는 1차 배당금으로 주당 1.50달러를 받는다. 여기에 더해 2차 배당금으로 주당 50센트를 더 받는다.

누적 우선주

당장 쓸 현금이 없어서 배당금 지급이 보장된 우선주 주주에게마저 배당금을 지급하지 못할 때가 있다. 경기가 좋지 않을 때 이런 현상이 나타날 수 있다. 이렇게 한 푼이 아쉬운 상황에서 기업은 가까스로 지탱해나간다.

경기 하락기에는 배당금 지급을 중지하고 직원 급여를 비롯한 비용을 처리해야 하므로 우선주 주주도 고정 배당금을 수령할 권리를 주장하기 어렵다. 이럴 때 누적 우선주가 등장한다.

누적 우선주는 손실 '만회' 조항이 추가된 주식, 말하자면 배당금 지급이 유보된 주식이라고 할 수 있다. 현금 사정이 다시 나아지면 보통주 주주에 우선해서 이전에 건너뛰고 지급하지 않은 배당금을 먼저 지급한다.

전환 증권
주식시장계의 '침대 겸 소파'

주가가 널을 뛰는 주식시장은 부담스럽지만, 그래도 주식에 투자하고 싶은 사람에게 최적인 선택지가 전환 증권이다. 물론 전환 증권이라고 해서 위험 부담이 전혀 없는 것은 아니다. 전환 증권에는 채권도 있고 우선주도 있지만, 여기서는 전환 우선주convertible preferred stock에 초점을 맞춘다.

전환 우선주는 일단은 일반 우선주에서 출발해서 보통주와 채권의 중간쯤 되는 역할을 한다. 고정 수익 증권은 배당금 지급을 통해 안정적인 수익원을 제공한다. 그러나 전환 주식에는 일반 우선주에는 없는 특성이 추가된다. 전환주는 의결권과 참여권이 부여된 보통주와 일정 비율(전환 비율이라고 함)로 교환할 수 있다.

전환 우선주는 공개시장에서 거래되고, 가격은 전환 프리미엄conversion premium(전환 가격을 상회해 판매될 때 그 초과액-역주)을 기준으로 한다. 전환주가 어떻게 거래되는지는 보통주 가격에 따라 달라진다. 시장 가격이 전환 가격conversion price보다 높으면 전환 우선주는 주식처럼 매도한다. 그러나 시장 가격이 전환 가격보다 낮으면 전환 우선주는 프리미엄 가격으로 채권처럼 거래한다. 전환 비율을 보면 우선주를 보통주처럼 거래하는 쪽이 이득이 되는지 아닌지를 판단하는 데 도움이 된다. 전환 증권으로 이득을 보려면 보통주 거래 가격이 전환 가치보다 높아야 한다. 전환 가격은 우선주 가격을 전환 비율로 나눠서 구한다.

예를 들어 A 기업 우선주 100주를 주당 50달러에 매수한다고 하자. 전환 비율은 5:1이다. 따라서 보유한 우선주 1주당 보통주 5주와 교환한다. 이때 우선주 가격 50달러를 전환 비율 5로 나누면 전환 가격은 주당 10달러가 된다. 보통주가 주당 10달러가 넘는 가격에 거래되는 상황이면 전환의 실익이 있다. 그러나 주당 10달러 이하에 거래된다면 전환이 오히려 손해다. 예를 들어 A 기업 보통주가 주당 8달러에 거래된다면 전환 시 40달러(8달러×5주)가 된다.

상환 가능 변동 우선주 Convertible Adjustable Preferred Stock, CAPS

기업은 캡스CAPS를 발행하기도 하는데, 캡스란 주기적으로 배당금을 재조정하는 우선주를 말한다. 캡스는 일반 전환 우선주처럼 보통주로 전환할 수 있고, 또 배당금 지급 수준을 주기적으로 변동해 경쟁력을 유지하는 특징이 있다.

주식 등급

내 주식은 네 주식과 등급이 달라

기업이 발행하는 주식이 다 같지는 않다. 보통주와 우선주로 구분하는 것 외에도 기업이 원하는 목적에 맞게 필요한 기능을 보유한 다양한 주식을 이른바 맞춤형으로 발행할 수 있다. 이렇게 주식을 여러 종류로 발행하는 가장 큰 이유는 특정 주주 집단에 권한을 몰아주기 위해서다. 주식 등급이 의결권과 밀접한 관련이 있는 이유도 다 여기에 있다.

의결권을 추가로 부여한 보통주를 초의결권주super voting share라고 하며, 주로 창업자와 핵심 경영진 같은 내부자를 조직 내에 유지하려는 목적에서 발행한다. 대체로 일반 보통주는 주당 의결권이 1개인데 반해, 초의결권주에는 10개를 준다. 그러나 초의결권주에 부여할 의결권 수를 제한하지 않기 때문에 10개 이상 부여해도 상관없다.

초의결권주는 일반적으로 A등급 주식이라고 하고, 일반 보통주는 B등급 주식이라고 한다. 보통은 이렇게 분류하지만, 절대적인 기준은 아니라서 기업마다 다르게 정할 수 있다. 따라서 투자 대상으로 고려하는 기업이 여러 등급의 주식을 발행한다면 더 꼼꼼히 살펴볼 필요가 있다. 예를 들어 구글은 창업 당시 창업자와 최고경영자에게 10개 의결권이 부여된 주식을 발행했는데 이 주식을 B등급이라고 칭했다. 그리고 1개 의결권이 부여된 주식은 A등급으로 일반 투자자에게 발행했다. 두 종목 모두 주요 증권거래소에 상장해 거래할 수 있다.

의결권이 1개 이상인 주식은 일반 주식보다 소유 지분이나 이익 규모가 더 크지 않다. 즉, 소유 지분 부분은 1 대 1로 유지하는 셈이다. 이처럼 이중 등급 구조로 주식을 발행하는 기업으로는 핏빗Fitbit(스마트기기 제조사)과 페이스북 등이 있다.

등급별 주식 발행 사례

각기 다른 등급으로 주식을 발행하는 가장 유명한 사례는 워런 버핏의 버크셔해서웨이Berkshire Hathaway, BRK다. 버크셔해서웨이는 A등급과 B등급을 발행하는데, 이 두 가지에 큰 차이가 있다.

토막 지식

'베이비 B'라고도 하는 버크셔해서웨이 B등급 주식에는 특별한 세금 혜택이 있다. 이 B등급은 A등급만큼의 증여세 부담 없이 상속인에게 증여할 수 있다.

두 등급의 가장 명백한 차이는 가격이다. A등급(종목 기호: BRK.A)은 주당 21만 4,000달러(2016년 5월 기준)로 전 세계에서 가장 비싼 주식이다. B등급BRK.B은 주당 142.60달러다. A등급은 이 높은 가격 수준이 안정적으로 유지된다. 버핏이 이 등급에 대해서는 절대 주식 분할을 하지 않겠다고 약속했기 때문이다. 이런 약속을 바탕으로 장기적 관점에서 가격 상승과 이익 증가를 기대하면서 장기 보유할 투자자를 끌어모은다. A등급은 의결권이 보통주의 200배에 달하며 투자자가 원하면 언제든 B등급으로 전환할 수 있다.

B등급은 1996년에 버크셔해서웨이 주주에게 투자 유연성을 제

공하고 소액 투자자에게 이 기업의 성장 과정에 동참하는 기회를 제공하려는 목적으로 발행했다. 최초 발행 시 주당 1,180달러로 51만 7,000주를 발행했다. 이 가격은 당시 3만 4,000달러 정도였던 A등급 주식의 30분의 1에 불과했다. 2010년에 B등급은 50 대 1로 주식 분할이 이뤄졌다. 이로써 주당 3,476달러였던 가격이 70달러 수준으로 하락했고, 덕분에 소액 투자자는 계속 투자 기회를 잡을 수 있었다.

우량주

'금수저' 주식

매일 수천 개 종목이 거래되는데 이 가운데 우량주에 속하는 종목은 몇백 개에 불과하다. 기초가 튼실한 일류 기업을 일반적으로 우량주라고 한다. 월트디즈니DIS, 맥도널드MCD, 엑손모빌XOM, 월마트WMT 등이 우량주에 속한다. 우량주에 속하는 기업은 수십 년 동안 존속하면서 여전히 해당 업계 선두를 달리는 곳이 많다. 대다수가 안정적으로 높은 실적을 올리는 기업이기 때문에 보수적으로 접근하는 투자자에게 맞춤한 종목이다.

우량주 투자가 왜 이득인지 살펴보도록 하자. 1990년 1월 31일에 월마트 주식 100주를 매수했다면 4,200달러를 지불했을 것이다. 이후 월마트는 5년 안에 두 차례에 걸쳐 2 대 1로 주식 분할을 했다. 이로써 애초에 100주를 매수했던 투자자는 400주를 보유하게 된다. 1995년

1월 31일이 되자 총주식 가격이 1만 8,400달러가 된다. 이는 초기 투자금의 4배가 넘는 수준이다. 그 이후 또 한 차례 2 대 1 주식 분할을 거친 주식이 2008년 1월 31일에는 800주로 불어났고, 총가격은 4만 달러다. 이는 초기 투자금의 약 10배에 해당한다. 1999년에 마지막으로 주식 분할이 이뤄졌으나 월마트 주식은 계속 강세를 유지했다. 2016년 1월 31일에는 총주식가치가 5만 2,800달러로 증가했으며, 여기에는 그동안 받은 배당금은 포함되지 않았다.

우량주는 대부분 시가총액이 수십억 달러에 달하지만, 우량주를 가르는 기준이 시가총액 하나만은 아니다. 다소 주관적인 이 우량주 범주에 들어갈 또 다른 선정 기준은 무엇일까? 경기 순환과 무관하게 꾸준한 실적, 신뢰할 만한 평판, 탄탄한 재무 건전성, 안정적인 이익, 지속적인 성장, 안정적 배당금 지급 등이 이런 기준에 해당한다.

우량주(블루칩)라는 명칭의 유래

1920년대 초에 다우존스의 직원 올리버 진골드Oliver Gingold가 높은 가격에 거래되는 기업을 '블루칩'이라고 한 데서 유래했다. 포커 게임에서 파란색 칩이 값어치가 가장 컸던 데서 '블루칩'이라는 용어를 따왔다.

028

가치주
더 적은 비용으로 더 많은 이익을 얻다

가치주value stock는 기업의 이익 실적, 배당금, 매출, 기타 기초 경제 여건 등에 비해 가격이 낮은 종목을 말한다. 기본적으로 더 적은 비용으로 더 많은 이익을 낼 수 있으면 투자가치가 충분하다. 대다수 투자자가 성장주에 관심을 보이고 가치주에는 눈길을 주지 않을수록 영리한 투자자는 가치주 투자에서 큰 기회를 잡을 수 있다. 가치투자자는 성장주 가격에 비해 훨씬 저렴한 가격으로 매수한다면 가치주 투자에 대한 효용성이 가장 크다고 생각한다. 물론 정말 가치가 있는지 아닌지는 주식의 현재 가격에 크게 좌우된다. 따라서 현재 기준으로 가치주라고 해서 다음 달에도 가치주라는 보장은 없다. 정확한 기준은 없지만, 일단은 장부가치book value의 3배를 넘지 않는 가격으로 거래되는 탄탄한 기업을 찾아야 한다. 적어도 2016년 7월 기준으로 '장부가치 대비 현재가치, 즉 주가순자산비율price-to-book value ratio, PBR'이 2.10인 AT&T가 가치주의 좋은 예다.

가치투자

가치투자자는 맞춤한 거래 대상을 열심히 찾아다닌다. 성장주 투자자에 비해 이들은 매출액, 이익, 현금흐름 같은 자료를 이용해 기업을 분석하는 일에 훨씬 더 집중하는 경향이 있다. 가치투자의 기본 원리는 이렇다. 여기서 말하는 '가치가 있는' 기업은 실질적으로 저평가된 곳으로 현 주가가 기업의 실제 가치를 반영하지 못한다고 보는 것이다. 실제로 가치투자자는 현 주가에는 관심을 두지 않을 때가 종종 있다. 현 주가는 기업가치와 아무런 관계가 없기 때문이다. 그보다 가치투자자가 중시하는 요소는 이익 잠재력 부분이고, 이런 기준으로 가치가 높은 종목을 매수해 보유하려고 한다.

가치투자자는 관심이 있는 종목이 있으면 사전 조사를 철저히 하고 행동에 나서기 때문에 주가 변동의 파고 정도는 감수하려 한다. 이미 확실히 자리 잡은 업종 중에서도 예전만큼은 인기가 없으나 성장에 대한 기대 수준은 낮고 실적은 좋은 곳이라면 가치주로 고려해볼 만하다. 성장률이 낮다고 해서 전혀 성장하지 않는다는 의미는 아니라는 점을 명심하라. 인기가 좋은 신흥 업종에 속한 기업보다 성장률이 낮다는 의미일 뿐이다. 경제 상황이 불확실한 시기에도 가치주는 꿋꿋이 버티는데 다른 주식은 크게 흔들린다.

토막 지식

가치투자계의 선구자는 바로 전설적인 투자의 대가 벤저민 그레이엄Benjamin Graham이다. 가치투자는 주가 움직임보다는 실제로 가치가 있는 기업에 더 관심을 둔다.

주가수익비율price-to-earnings ratio, PER(이익 대비 주가비율), 주가매출비율price-to-sales ratio, 주가순자산비율price-to-book value ratio, PBR(장부가치 대비 주가비율) 등을 포함해 상대적으로 낮은 가격 비율, 평균보다 낮은 성장률 그리고 기업의 성장 잠재력이 아직 주가에 반영되지 않았음을 보여주는 '1보다 낮은' 주가수익성장비율price-to-earnings growth, PEG 등으로 가치주를 확인할 수 있다. 가치주(이 글을 쓸 당시를 기준으로)에 해당하는 종목으로는 아메리칸익스프레스American Express, AXP, AT&T, 타이슨푸즈Tyson Foods, TSN 등이 있다. 그러나 이런 종목이 갑자기 주목받으면서 수요 증가로 가격이 오르기 시작하면 가치주로서의 실익은 사라진다는 점을 명심하라.

소득주
배당금을 꾸준히 지급하는 종목

소득주income stock는 투자자에게 꾸준한 수익 흐름을 제공한다. 소득
주는 정기적으로 배당금을 지급하는데 때로는 그 액수가 상당해서 이
배당금으로 생활하는 사람이 있을 정도다. 소득주는 대부분 우량주 범
주에 속하지만, 다른 유형의 주식(가치주 등)이 꾸준히 배당금을 지급하
기도 한다. 소득주는 배당금 외에 주가 상승 이익을 챙길 기회도 제공
하기 때문에 고정 수익 투자 포트폴리오에 추가하기에 좋은 종목이다.

　소득원을 마련하는 일이 투자의 최우선 목적이라면 이런 소득주가
최적의 선택지가 될 수 있다. 소득주의 한 예가 공익 기업이다. 전통적
으로 공익 기업 주식은 다른 유형의 주식보다 배당금을 더 많이 지급한
다. 또 우선주는 꾸준히 배당금을 지급하고 수익률도 높은 매우 훌륭한
소득 창출원이다. 다른 유형도 마찬가지겠지만, 특히 안정적인 소득 흐

름을 원한다면 실적도 좋고 기반이 탄탄한 기업을 골라야 한다.

우량 소득주로는 다음과 같은 기업이 있다.

- 배당률이 5.51%인 스테이플즈SPLS
- 배당률이 3.25%인 타겟TGT
- 배당률이 3.50%인 베스트바이Best Buy, BBY
- 배당률이 4.78%인 마텔Mattel, MAT
- 배당률이 5.17%인 반즈앤드노블Barnes & Noble, BKS
- 배당률이 4.84%인 제너럴모터스General Motors, GM

성장주
저점 매수, 고점 매도

성장주growth stock는 성장 잠재력이 큰 기업을 의미한다. 이 범주에 속하는 기업 대부분이 시장 점유율과 매출, 이익 등에서 전체 경제보다 더 빠른 성장률을 나타낸다. 보통은 연구개발 부문에 투자를 많이 하는 기업 가운데 성장주에 속하는 곳이 있다. 신기술 분야의 선두 주자 중에 성장주가 많은데, 이런 기업은 이익이 나면 배당금 형태로 주주에게 나눠주기보다는 거의 재투자에 사용한다.

성장주는 우량주보다 위험 수준이 더 높은 만큼 여기에 투자하면 보상이 더 클 수 있다. 일반적으로 성장주는 강세장 때 가장 좋은 실적을 내는 반면, 우량주는 약세장 때 진가를 발휘한다. 물론 일반적으로 그렇다는 말이지 절대적인 원칙은 아니다. 일반적인 기대 수준보다 가격이 훨씬 빠르게 상승하는 종목은 일단 경계할 필요가 있다. 모멘텀 투자, 즉 상승주를 매수하고 하락주를 매도하는 추세추종 전략을 구사하는 트레이더가 성장주 가격을 한껏 끌어올린 다음에 해당 주를 매도해 주가 폭락을 주도할 때가 있기 때문이다.

성장주 투자

성장주 투자자는 성장주가 제공하는 기회를 얻기 위해 다소 높은 비용을 치르는 한이 있더라도 빠르게 성장하는 기업에 투자하고 싶어 한다. 성장 기업이란 마이크로소프트처럼 빠른 성장률을 보이는 조직을 말한다. 이런 기업은 뛰어난 경영진, 고평가받는 개발 전략 혹은 해외 시장을 향한 공격적 확장 계획 등을 특징으로 한다. 성장주는 배당금을 두둑이 지급하는 일이 드물고, 성장주 투자자도 배당금은 그다지 기대하지 않는다. 성장 기업은 더 큰 성장을 목적으로 사업 이익을 곧바로 재투자한다. 성장주 투자자의 가장 큰 관심사는 이익 실적이다. 성장주 투자가 자신의 전반적 투자 전략에 부합한다면 지난 몇 년간 강한 성장세를 보인 기업을 찾아보라.

니프티 50

'니프티 50nifty 50(니프티 피프티)'은 꾸준한 성장세를 보인 50대 우량주를 의미한다. 기관 투자가가 1960년대와 1970년대 강세장에서 뛰어난 실적을 올린 50대 기업을 찾아 니프티 50이라고 칭했다. 우량 대기업이라도 이 명단에 오르려면 미래 전망이 밝아야 한다. 니프티 50 종목은 주가수익비율PER이 높고 이익도 꾸준히 증가했다.

> **토막 지식**
>
> 니프티 50을 '장기 보유 주식one-decision stock'이라고도 한다. 투자자가 매도를 고려하지 않고 장기 보유할 생각으로 매수하는 종목이기 때문이다.

코카콜라와 IBM이 포함된 초기 니프티 50에는 요즘 기준에 따른 성장주는 거의 없다. 폴라로이드Polaroid처럼 초기 니프티 50에 속했던 기업 대다수가 지금은 사라졌고, 제록스Xerox 같은 몇몇 기업은 재정난에 허덕이고 있다. 이는 시장은 급변할 수 있고 아무리 탄탄한 기업이라도 마찬가지라는 점을 단적으로 보여주는 증거라고 하겠다. 그러므로 투자자는 어떤 기업이든 무조건 신뢰하지 말고 철저한 조사를 거쳐 투자 대상을 정해야 한다.

2008년에 거대 금융 기업 UBS가 새로운 니프티 50을 선정했다. 여기에는 오늘날의 세계적 기업 몇 곳과 함께 최초 목록에 있던 기업 중 4분의 1가량이 포함돼 있다.

- 코카콜라KO
- 마이크로소프트MSFT
- 필립모리스인터내셔널Philip Morris International, PM
- 월트디즈니Walt Disney, DIS
- 브리스톨마이어스스큅Bristol-Myers Squibb, BMY

순환주
빨고 헹구고 다시 빨고 헹구고 무한 반복

이익 실적이 경기 순환 주기와 밀접한 관련이 있는 기업을 순환주cyclical stock라고 한다. 순환 주기는 몇 개월 혹은 몇 년간 지속할 수 있지만, 순환 패턴은 동일하다. 전반적 경제 상황이 이 종목에 큰 영향을 미친다. 경제가 호조를 띠면 순환주도 상승 추세를 나타낸다. 경제가 하락세를 보이면 순환주 역시 하락세를 탄다.

순환 업종은 자동차 제조사, 호텔, 항공 등 생활필수품보다는 사치품과 관련이 있다. 경기가 좋을 때는 자동차를 구입하려는 사람이 많아지고 휴가를 떠나려는 사람도 늘어난다. 따라서 이와 관련한 업종이 혜택을 입고 순환주 가격이 상승한다. 반대로 경기가 하락세를 타면 사람들은 허리띠를 졸라맨다. 따라서 순환 업종은 매출과 이익이 감소하고 순환주 가격은 하락한다.

순환주로 이익을 내기는 그리 쉽지 않다. 순환주 투자의 성패는 적기에 매수 및 매도하는 능력에 달렸다. 이렇게 매매 시점을 잘 포착하려면 전체 경제 상황과 경기 순환 주기에 민감해야 한다. 그렇지 않으면 큰 손실을 볼 수 있다.

순환주에 속한 기업으로는 제너럴모터스GM, 로열캐리비언크루즈Royal Caribbean Cruises, RCL, 힐튼월드와이드홀딩스Hilton Worldwide Holdings, HLT 등이 있다.

방어주

제2 수비수로 포트폴리오를 방어한다

방어주defensive stock는 나머지 시장 상황과 상관없이 거의 모든 경제 환경에서 안정적인 이익과 꾸준한 배당 수익을 보장한다. 방어주는 주로 불황기 혹은 경기가 불확실한 시기에 보유하는 종목이다. 기본적으로 방어주는 비순환주여서 다른 종목과는 달리 일반적인 경기 주기를 따르지 않는다. 그러므로 방어주는 경기 하락기에 다른 종목보다 더 나은 실적을 낸다. 그러나 주식시장이 상승세를 보일 때 방어주는 이런 추세를 타지 못하고 기존 추세를 유지하는 경향이 있다.

방어주가 이처럼 안정적 가격 추이를 보이는 주된 이유는 항상 필요하고 없으면 안 되는 제품을 판매하는 기업이기 때문이다. 식품 제조사, 의류업체, 공익 사업체 등이 이 범주에 속한다. 대체로 이들 기업은 의식주와 관련한 생활필수품을 생산한다.

그러나 이 범주에 속하는 기업이 전부 방어주는 아니다. 제너럴밀스 General Mills 같은 기업이나 잡화점에서 흔히 볼 수 있는 제품의 제조사는 식품 범주에 속한 방어주다. 반면에 레스토랑 종목은 방어주가 아니다.

언뜻 이해가 가지 않는 상황일지는 몰라도 각 범주에서 방어주로 간주했던 종목이 여러 이유로 방어주의 지위를 잃기도 한다. 공익 사업 범주를 생각해보라. 전기, 난방, 상수도 시설이 안 돼 있는 집에서는 살지 못한다. 그러나 요즘 우리가 '집 전화'라고 하는 전화는 이제는 필수품이 아니다. 오늘날은 집 전화가 없어도 생활하는 데 지장이 없다. 같은 공익사업에 속해 있어도 구식 전화회사는 이제 방어주가 아니다. 이와 마찬가지로 요즘은 넷플릭스 같은 기업이 고객을 계속 끌어들이고 있기 때문에 기존의 유선 방송회사도 앞으로 방어주 지위를 잃게 될 것이라고 본다.

방어주로는 제너럴밀스GIS, 존슨앤드존슨JNJ, 콘아그라푸즈ConAgra Foods. CAG 등이 있다.

토막 지식

방어주defensive stock와 방위(산업)주defense stock를 혼동하지 마라. 방위(산업)주는 총기, 탄약, 탱크, 잠수함, 미사일 같은 무기류를 생산 및 공급하는 기업을 말한다.

기술주
내일 추세냐, 어제 뉴스냐

기술 기업 범주는 컴퓨터, 반도체(칩), 스마트폰 등과 같은 물리적 제품에서부터 비디오 게임 소프트웨어, 온라인 소매업, 생명공학(생물학과 기술이 접목된 분야) 등에 이르기까지 매우 광범위다. 기술주는 개인과 업체에 제품과 서비스를 제공하고 끊임없이 품질과 성능을 개선하며 공상 과학 소설에나 나올 법한 제품을 실제로 만들어낸다.

가장 유명한 거대 기술 기업으로는 다음을 들 수 있다.

- 아마존닷컴AMZN
- 이베이EBAY
- 넷플릭스NFLX
- 애플AAPL

● 페이스북FB

혁신과 성공 가능성에 큰 가치를 두는 기술주는 대체로 해당 기업의 장부가치보다 훨씬 높은 가격에 거래된다. 기술주 범주에 속한 기업은 대개 자본과 현금 자산이 부족하기 때문에 참신한 아이디어와 개발 가치를 기반으로 거래가 이뤄진다. 실제로 크게 성공할 때도 있고, 실패해서 해당 기업이 완전히 사라질 때도 있다.

저가주

들어간 돈보다 더 많이 얻다

저가주penny stock는 5달러 이하에 팔리는 종목으로 위험성이 크기 때문에 손실만 나지 않으면 그나마 다행인 경우가 대부분이다. 대체로 저가주는 엄청난 소득이나 이익을 기대하기 어렵다. 저가주에 투자하면 손실이 날 가능성이 매우 크다. 그래도 저가주에 큰 매력을 느낀다면 덥석 행동에 나서지 말고 성장 잠재력이 있는지 시간을 두고 꼼꼼히 살펴보라. 해당 기업에 대한 정보는 가능한 전부 검토하고 어디선가 주워들은 '확실한 정보'라는 말에 속지 마라.

저가주에 속하는 기업은 자본 규모가 매우 작으며, SEC에 재무 자료를 제출할 의무가 없는 곳도 꽤 있다. 주로 장외시장에서 거래되고 이용 가능한 공개 정보도 매우 적다. 가용 정보가 부족하다는 것 자체가 상당한 불안 요소다. 분별력 있는 투자자 중에 정보가 거의 없다시

피 한 투자 대상에 자금을 투입할 사람이 몇이나 있겠는가? 그런데도 이런 저가주에 투자하는 사람이 있다.

저가주 거래와 관련해 가장 흥미로우면서도 걱정스러운 측면 가운데 하나는 거래 중개인이 항상 제3자로 거래에 참여하는 것이 아니라, 호가를 제시하는 거래 당사자로 행동한다는 점이다. 저가주는 단일 가격이 아니며 매수 혹은 매도할 수 있는 가격 폭이 매우 다양하다.

기업과 가격 정보 그리고 기타 조사해야 할 사항에 대한 정보가 거의 없다. 그러나 전화로 투자를 권유하는 사람은 제2의 스타벅스가 틀림없다고 장담한다. 대체 이들은 어디서 전화번호를 알았을까! 인터넷이나 전화번호부 판매상 덕분이다. 저가주 딜러는 이런 방식으로 수많은 잠재 투자자에게 접근할 수 있다. 이들은 수많은 전화 영업인을 적극적으로 활용하는 동시에, 상대방을 압박하는 투자 권유 기술로 무장한 채 온갖 감언이설로 저가주를 사도록 강권한다. 조심하라!

하지만 저가주라고 해서 전부 쓰레기는 아니다. 투자가치가 있는 저가주도 분명히 있다. 조금씩이라도 꾸준히 성장하는 소기업이라면 투자를 고려해볼 만하다. 제대로 선택해 매수하고, 조급해하지 말고 때를 기다린다면 좋은 결과가 얻을 수도 있다. 처음에는 매우 조심스럽게, 그리고 보수적으로 접근해야 한다.

성장 잠재력이 있다고 판단한 업종 중에서 업계를 선도하는 능력이 있어 보이는 신생 기업을 찾아보라. 신제품에 대한 특허권을 보유한 기업이 투자에 유리하다. 제품이 잘나가면 주식도 잘나간다. 관련 정보는 적극적으로 수집해야 한다. 전화로 투자를 권유하는 사람에게서는 절대로 이런 정보를 얻지 못한다.

배당금
거저 얻은 돈

기업이 큰 이익을 내면서 막대한 현금이 들어오면 이사회는 이 돈을 어떻게 써야 할지 결정해야 한다. 먼저 잉여현금을 재투자해 이익을 더 늘리는 쪽을 선택할 수 있다. 부채를 청산하거나 다른 기업을 인수할 수도 있다. 그런데 잘나가는 성공 기업 대다수는 초과 이익을 주주에게 분배하는 쪽을 택한다. 잉여현금을 주주에게 분배할 때는 배당금을 지급하는 형태로 이뤄진다.

배당금은 주가와 관계없이 주주에게 지급하는 돈이다. 배당금을 지급하는 이유는 아주 단순하다. 기업이 당해 회계연도에 큰 이익을 냈을 때 보상 차원에서 그 이익을 주주와 공유한다는 개념이다. 이사회는 수익성과 현금 보유 수준을 기준으로 주주에게 배당금을 지급할지 여부, 그리고 지급한다면 얼마나 자주 지급할지를 결정한다.

안정적 소득을 기대하는 투자자에게는 배당금이 특히 중요하다. 그래서 정기적으로 배당금을 지급하는 주식을 소득주라고 한다. 기반이 탄탄한 기존 기업 대다수는 분기별로 지급한다. 또 특정 상황일 때만 지급하는 일회성 배당금도 있다.

일단 배당금을 지급하기고 결정하면 지급액은 유통 주식 수를 기준으로 산출한다. '유통 주식'은 기업이 자사 직원을 포함해 일반 대중에게 발행한 주식의 수를 의미한다. 유통 주식 수가 많을수록 각 주주에게 돌아가는 배당금은 줄어든다. 어차피 잉여현금 한도 내에서 배당금을 지급해야 하기 때문이다.

배당금 정보 확인하기

현재 배당금을 지급하는 종목을 매수하려고 할 때 먼저 과거에 지급했던 배당금부터 확인하라. 과거 5년간 지급했던 배당금과 현재 배당금을 비교하라. 배당금이 줄었다면 사업 확장 계획 때문일 수도 있다. 기업의 주목적이 '성장'이라면 배당금이 소액이거나 배당금이 아예 없을지도 모른다. 특정 종목이 자신의 투자 포트폴리오에 적합한지를 확인하려면 배당 수익률dividend yield로 배당금을 지급하는 다른 종목과 비교하는 방법이 바람직하다.

연간 배당금(현금이나 주식으로 지급)을 비율로 환산해 배당 수익률을 산출하면 투자 수익률을 확인할 수 있다. 배당 수익률은 주당 배당금(달러)을 현재 주가로 나눠 구한다. 예를 들어 배당금으로 주당 0.5달러(50센트)를 지급하는데 이 주식이 주당 25달러에 거래된다면 배당 수익률은 2%(0.5÷25=0.02)가 된다.

배당일

한 해 실적이 좋아서 상당한 배당금을 챙길 수 있다고 판단될 때 주주가 눈여겨봐야 할 날짜가 네 가지 있다.

1. 배당 선고일
2. 배당락일
3. 배당 기준일
4. 배당 지급일

기업은 배당금 수령자가 배당금을 받을 자격이 있는 사람인지 확인하고자 이런 날짜를 정해 놓았다. 그런데 주식은 끊임없이 거래가 이뤄지므로 이 작업은 그리 간단하지 않다. 배당금을 지급하는 종목을 매매

한다면 날짜를 잘 확인해야 한다. 배당 선고일declaration date은 이사회가 배당금을 지급하겠다고 발표하는 날이다. 보통은 보도자료와 같은 공식 발표문 형태를 취하고 주주에게 직접 공고(요즘은 보통 이메일을 이용한다)하는 방식을 취하기도 한다.

배당락일ex-dividend date 혹은 ex-date은 배당금 지급 발표가 난 바로 그 주식을 거래하는 사람들에게 매우 중요한 날짜다. 배당락일 이후에는 배당금 없이 거래된다. 이 기간에 해당 주식을 매수하면 배당금을 받지 못한다. 배당 기준일과 배당락일 간에는 이틀 정도 여유가 있다.

토막 지식
주식을 매수한 날과 주주 명부에 이름을 올린 날 사이의 시차가 있기 때문에 배당락일이 필요하다.

배당 기준일date of record은 기업이 배당금을 받을 주주가 누구인지 확인한 날을 의미한다. 배당 기준일에 주주 명부에 이름이 오른 사람만 배당금을 받는다.

명칭에서 바로 알 수 있듯이 배당 지급일payable date은 배당 기준일 당시 주주에게 배당금을 보낸 날이다. 배당 지급일은 일반적으로 배당 기준일로부터 약 일주일 후다.

주식 배당

때로는 현금 배당을 하는 대신에 배당주를 지급하기도 한다. 기업이 실적은 좋았는데 현금이 부족하거나, 비축한 현금을 다른 용도로 사용하고 싶을 때 주식으로 배당한다.

주식 배당을 할 때는 기업이 보유한 자사주treasury stock를 주주에게 무상 분배한다. 자사주가 없는 기업은 주식 배당을 할 수 없다.

주식 배당에 관해 설명하자면 이렇다. 특정 해에 상당한 실적을 올린 A 기업이 주주에게 배당금을 지급하려 한다. 그런데 비축 현금이 부족해서 모든 주주에게 배당금을 지급하기 어려운 상황이지만, 다행히 자사주가 있다. 그래서 각 주주가 보유한 주식 1주당 0.05 비율로 배당주를 발행하기로 한다. 이때 A사 주식을 500주 보유한다면 배당금으로 신주 25주(500주×0.05)를 받는다.

일반적으로 신주 수를 산출했는데 정수로 딱 떨어지지 않으면 소수점 아래 수치는 현금으로 지급한다. 예를 들어 A사 주식이 525주 있는데 0.05 비율로 주식 배당을 한다면 26.25주를 받게 된다. 이때 0.25주는 거래가 불가능하므로 0.25주 대신 이에 해당하는 만큼 현금을 지급한다.

배당금 재투자

이익을 배당받는 것은 좋은데 딱히 현금이 필요하지 않은 투자자에게는 드립DRIP, dividend reinvestment plan이라고 하는 '배당금 재투자 계획'이 투자 자산을 훨씬 빠르게 늘리는 데 더 도움이 된다. 정기적으로 배당금을 지급하는 기업 중에 이 드립을 활용하는 곳이 많다. 그러면 주주가 수령할 배당금이 자동으로 재투자되어 주식 수가 증가한다.

배당금 재투자는 기업 측으로부터 투자자가 직접 주식을 매수하는 간단한 방법으로, 수수료를 내지 않으므로 주식 매수에 따른 추가 비용이 거의 발생하지 않는다. 이 방식을 활용하면 주식 중개인이 필요하지 않다. 또 기업으로부터 소규모로 보통주를 매수할 수 있다. 한 번에 25달러어치 주식 매수도 가능하다. 기업에 따라 계좌 관리 명목으로 약간의 수수료를 요구하기도 한다. 배당금 재투자 계획에 참여하려면 해당 기업 주식을 한 주(중개인을 통해 매수) 이상 보유하고 있어야 한다. 그리고 재투자에 활용할 배당금이 먼저 존재해야 하므로 이는 정기적으로 배당금을 지급하는 주식에만 해당하는 사항이다.

한번 생각해보자. 현금 배당을 받았는데 사실 현금보다는 그 회사 주식을 더 보유하고 싶다고 하자. 그러면 배당받은 현금으로 주식을 더 매수하게 된다. 이럴 때는 드립이 매우 효과적인 방법이다. 배당이 이뤄질 때마다 현금 배당금이 자동으로 주식으로 전환된다.

해당 기업에 드립 제도가 있는지 알아보려면 웹사이트에 들어가서 기업 홍보Investor Relations, IR(투자자 대상으로 기업 설명 및 홍보를 통해 투자 유치를 원활히 하는 경제 활동-역주)란을 살펴보라.

배당 이익이 거의 그렇듯이 연말에 세금 고지서를 받는다는 점을 명심하라. 실질적으로 현금을 수령하지 않더라도(배당금으로 주식을 더 매수할 수 있으므로) 배당금을 받으면 세금을 내야 한다. 따라서 드립 계정 관리를 철저히 해야 한다. 보유 주식을 매도할 때는 재투자 배당금을 포함해 돈이 얼마가 들어갔는지 정확히 알아야 한다. 이렇게 해야 주식 매도 당시 자본 이득(혹은 손실) 규모가 얼마인지 정확히 계산할 수 있다.

주식 분할
하나보다 둘이 더 낫다

주식 분할은 20달러 지폐를 반으로 나누는 작업과 본질적으로 동일하다. 이를 통해 20달러짜리 주식 하나가 10달러짜리 주식 두 개로 바뀐다. 분할이 이뤄져도 금액으로 따지면 20달러로 동일하지만, 주식이 한 주에서 두 주로 증가했다는 점이 다르다. 주식 분할의 작동 기제는 이렇다. 예를 들어 1 대 2 주식 분할이면 보유 주식 1주당 2주를 받으며, 주가는 절반으로 줄어든다. 주식 분할은 시가총액은 줄이지 않으면서 유통 주식 수만 늘리는 방법이다.

> **월마트 주식 분할**
> 1972년에 최초로 주식을 발행한 이후 1 대 2 주식 분할을 총 11차례 단행했다.

주식 분할 과정을 좀 더 살펴보자.

A 기업의 유통 주식 수는 총 2,000만 주이고 현재 주가는 주당 30달러이다. 그러면 시가총액은 6억 달러(2,000만 주×주당 30달러)다. 이때 사측이 1 대 2 비율로 주식 분할을 결정한다. 주식 분할 후 유통 주식 수는 4,000만 주가 되고 주당 가격은 15달러로 줄어든다. 그러나 시가총액은 6억 달러(4,000만 주×주당 15달러) 그대로다.

시가총액에 변화가 없는데, 굳이 주식을 분할하는 이유는 무엇인가?

주식 분할을 하는 이유

주식 분할을 하는 이유로는 크게 두 가지가 있다. 주가를 낮추거나, 유동성을 증가시키려는 목적이다.

주식 분할을 하는 기본적인 이유는 주가와 밀접한 관련이 있다. 주가가 너무 높으면 투자자 수가 제한된다. 100주 단위로 거래할 때는 특히 더 그렇다. 예를 들어 주당 50달러에 거래되는 주식 100주를 매수하려면 5,000달러가 필요하다. 1 대 2로 주식 분할을 하면 주당 가격이 25달러로 낮아지므로 100주를 매수할 때 2,500달러만 있으면 된다. 이렇게 주가가 낮아지면 투자자를 더 많이 유치할 수 있다.

주식 분할을 결정하는 또 다른 이유로는 유동성 확보를 들 수 있다.

물론 앞에서 말한 가격 요인이 더 강하기는 하지만, 주식이 시장에 더 많이 유통되면 주식을 보유하는 주주가 많아진다. 따라서 거래하기가 좀 더 수월해진다. 주식 유동성이 증가하면 매수·매도호가 차이가 줄어들기 때문에 투자자에게는 이득이다.

또 다른 분할 비율

주식 분할이 1 대 2로만 진행되지는 않는다. 1 대 3이나 2 대 3 주식 분할도 꽤 있다. 그리고 이런 분할 비율은 시가총액에는 영향을 미치지 않는 반면, 주주와 주가에 각기 다른 영향을 미친다.

앞의 사례로 다시 돌아가 A 기업이 1 대 3 주식 분할을 실시한다고 하자. 그러면 유통 주식 수는 총 6,000만 주(처음 2,000만 주의 3배)가 되고 주가는 10달러로 떨어진다.

주식 병합

주식 '병합'은 주식 '분할'과는 정반대다. 주식을 병합하면 유통 주식 수가 줄어든다.

일반적으로 주식 병합을 할 때는 총주식 수를 5나 10으로 나눠 5 대 1 혹은 10 대 1로 병합한다. 예를 들어 10 대 1 주식 병합일 때 각 주주는 보유 주식 10주당 1주만 받는다. 그러나 그 1주가 예전 가격의 10배다.

주식 병합을 수치로 정리해보자. B 기업의 유통 주식 수가 1,000만 주이고 주당 1달러에 거래된다면 시가총액은 1,000만 달러다. B 기업이 10 대 1 주식 병합을 결정한다면 병합 후 총주식 수는 100만 주로 줄어들고 가격은 주당 10달러로 높아진다. 그리고 주식 분할 때와 마찬가지로 시가총액에는 변화가 없다.

주가가 너무 낮아서 상장사 자격을 유지하기 어려울 때 주로 주식 병합을 단행한다. 일반적인 경제 환경일 때 주요 증권거래소가 정한 최소 가격 요건은 신규 상장사는 주당 4달러 그리고 기존 상장사는 1달러다. 이런 규정은 장기적 약세장 같은 경기 침체기에는 적용되지 않는다.

인수합병

합치자!

기업은 지난 수백 년 동안 인수합병을 통해 각기 다른 두 조직을 하나로 합쳐왔다. 인수합병의 주된 목적은 기업 및 주주 가치 증진에 있다. 요컨대 두 기업을 하나로 합하면 경쟁력 강화로 기업가치가 높아지고 궁극적으로는 주주 가치가 향상되는 효과가 있다.

인수합병으로 두 기업이 결합하면 시장 점유율 확대, 금융 위험 감소, 비용 절감, 수익성 제고 등 여러 가지 이점을 누릴 수 있다.

반면에 두 조직의 결합이 마찰과 충돌을 유발할 수도 있다. 조직문화가 다른 두 기업이 하나로 묶였을 때 양사 직원이 효율적으로 협력하기가 쉽지 않다. 두 기업이 결합해 탄생한 '신생' 기업은 일종의 성장통을 겪게 된다. 서로 다른 컴퓨터 시스템이나 조직 운영 절차, 사업 계획 등을 무리하게 합치면 심각한 결함이 발생할 수 있다. 더 심각한 상황은 새로 탄생한 기업이 효율적으로 기능하지 못하는 상태에서 주가가 하락하고 그 피해가 고스란히 주주에게 돌아갈 때다.

합병

양사 이사회가 합의하고 주주가 이를 승인함으로써 두 기업이 하나로 합치는 거래를 기업 합병이라고 한다. 보통은 이런 과정을 통해 새로운 결합 기업이 탄생한다. 합병 전 각 기업의 주주는 이제 새로 형성된 기업의 주식을 보유하게 된다. 합병에는 크게 세 가지 유형이 있다.

1. 수평 합병horizontal merger
2. 수직 합병vertical merger
3. 순환 합병circular merger

수평 합병은 동종 업계에 속한 두 기업이 결합하는 유형이다. 합병 전 동일한 고객을 대상으로 동일한 제품을 판매하던 경쟁사였던 두 기업이 하나로 합친 후에는 더 강하고 경쟁력 있는 기업으로 거듭난다. 규모가 더 커진 새 기업은 '규모의 경제 원칙'에 따라 수익성이 더 좋아질 수 있다. 거래량 증가와 함께 비용 절감이 가능해진다는 의미다. 잡화점에서 제품을 대량으로 구매하면 더 싸게 살 수 있는 상황과 비슷하다. 다임러벤츠Daimler-Benz와 크라이슬러Chrysler가 합병해 다임러크라이슬러DaimlerChrysler가 탄생한 것이 수평 합병의 좋은 예다.

수직 합병은 공급망 내에서 각기 다른 단계에서 활동하는 두 기업이 합병하는 상황이다. 청량음료를 만들어 소매상에 납품하는 과정에 같이 참여하는 음료 제조사와 설탕 생산자처럼, 공급망 내에서 각기 다른 제품이나 서비스를 제공하는 두 기업이 결합한다. 수직 합병의 기본 논리는 좀 더 효율적으로 조직을 운영할 수 있도록 두 기업을 하나로 합치는 것이다. 음료 제조사 내에 설탕 생산을 담당하는 조직이 있으면 음료 제조사는 제조 원가를 낮출 수 있다. 또 다른 식품이나 음료 제조사에 설탕을 공급하는 식으로 사업을 확장할 기회가 생기기도 한다.

순환 합병은 다른 합병 유형과는 달리 때로는 이질적인 기업끼리 묶어 좀 더 광범위한 제품과 서비스를 고객에게 제공하는 것이 주된 목적이다. 위험 수준이 가장 높은 합병 유형이며, 특히 양사가 상대 기업에 대한 이해가 부족하면 심각한 문제가 발생할 수 있다. 예컨대 화장품 회사가 비누나 샴푸 제조사와 결합하는 방식이 순환 합병에 속한다.

합병을 통해 더 성공적인 기업으로 거듭나는 경우가 대부분이다. 물론 디즈니픽사Disney Pixar처럼 합병 전에 각 기업의 명칭이 무엇이었는지 기억이 안 날 정도로 엄청난 성공을 이뤄내는 경우도 간혹 있다. 반면에 합병이 실패로 끝날 때도 있다.

엑손모빌: 성공적인 합병

1999년에 금융업계 역사상 가장 성공적이라고 할 수 있는 합병이 이뤄졌다. 지속적인 유가 하락으로 업계가 곤경에 처했고 거대 석유회사는 저마다 수익성 제고를 위한 방법을 모색 중이었다.

이런 상황에서 석유업계 양대 거물인 엑손과 모빌이 합병에 합의했다. 비판자와 반대론자가 터무니없이 높은 금액이라고 했던, 무려 810억 달러에 합병이 성사됐다. 이로써 당시 세계 최대 기업인 엑손모빌코퍼레이션Exxon Mobil Corporation, XOM이 탄생했다. 합병사인 엑손모빌코퍼레이션은 성공 가도를 달렸다. 덕분에 지금은 엑손과 모빌의 합병 거래는 금융 관련지 지면을 화려하게 장식하는 가장 성공적인 합병으로 간주한다.

다시 합침

엑손모빌 합병에는 묘한 역사가 내재해 있다. 이전에 나뉘었던 두 기업이 이 합병으로 다시 합치는 기묘한 상황이 연출됐다. 엑손의 전신은 사실 뉴저지 스탠더드오일 Standard Oil Company of New Jersey이었고, 모빌의 전신은 뉴욕 스탠더드오일 Standard Oil Company of New York이었다.

합병이 주주에 미치는 영향

두 기업이 합병하려면 양사 주가가 예측 불가능하게 변동하기 시작하고, 주주의 불안이 극에 달한다. 합병 거래가 완료되기 직전에 주가가 급등하거나 급락할 수 있다. 널뛰던 주가가 일단 안정되면 양사 주주는 합병된 기업의 주가가 더 오를 것으로 기대할 수 있다.

주주는 주가 변동 외에 의결권에도 변화가 생긴다고 본다. 합병 후 유통 주식 수가 늘어나므로 주주 지위가 약화될 수 있다. 합병 후 새로 탄생한 기업은 이전 기업 주주에게 미리 정한 비율(1 대 1이 아닐 때도 있음)로 신주를 분배하는 것이 일반적이다.

인수

한 기업이 다른 기업을 매수하는 상황을 기업 인수라고 한다. 이때 인수 기업은 피인수 기업(인수 대상 기업)을 자사로 흡수한다. 기업 간에 이른바 '우호적' 인수 합의(합병처럼)가 이뤄지기도 하지만, 결국 인수는 한 기업이 다른 기업을 소유하는 형태다. 합병과는 달리 인수 후 새로운 기업이 탄생하지는 않는다.

> **토막 지식**
>
> 현 경영진 가운데 한 명이 지배적 이권controlling interest을 확보하는 상황을 경영권 인수management acquisition라고 한다. 이 경우 보통은 비공개 개인 회사로 전환된다. 부채를 통한 자금 조달 비중이 클 때 주로 이런 현상이 나타나는데 이 거래가 성사되려면 주주 과반수의 승인이 필요하다.

인수 기업이 피인수 기업을 인수하려면 주식 과반수를 매수해야 한다. 이때 기존 주주가 보유한 주식을 시세보다 높은 가격으로 매수할 때가 많다. 인수 후에 사명을 변경하지 않으며 신주도 발행하지 않는다. 인수 기업이 피인수 기업을 소유하는 형태로 소유 관계에 변화가 생겼을 뿐이고, 양사는 예전처럼 사업을 운영한다.

인수가 주주에 미치는 영향

한 기업이 다른 기업을 인수하면 이 행위가 양사 주주에게 각기 다른 방식으로 영향을 미친다. 무엇보다 인수 기업이 피인수 기업의 주식을 매수하는 방식에 따라 인수가 주주에게 미치는 영향이 달라진다.

인수 기업이 현금으로 피인수 기업 주식을 매수할 때는 양사 주가가 변동한다. 인수 거래가 완료되기 직전에는 대체로 인수 기업의 주가가 하락한다. 그러나 이는 일시적인 하락일 뿐이고, 거래가 성사되고 나면 주가가 반등한다. 반면에 피인수 기업의 주가는 상승한다. 일반적으로 인수 기업이 시세보다 높은 가격으로 주식을 매수하기 때문이다.

그러나 현금으로만 기업을 인수하는 것은 아니다. 주식으로도 인수할 수 있다. 주식 대 주식으로 거래할 때 인수 기업은 자사 주식과 피인수 기업의 주식을 교환하는 방식을 취한다. 이렇게 해서 피인수 기업의 주주는 인수 기업의 주주가 된다. 예를 들어 A 기업이 B 기업을 인수하려 할 때, B 기업 주주가 보유한 주식 2주당 A 기업 주식 1주를 제공할 수 있다.

또 주식과 현금을 병행 사용해 피인수 기업의 주식을 매수하는 방식으로 인수가 이뤄지기도 한다. 예를 들어 A 기업은 B 기업 주주에게 A 주식 1주와 함께 B 주식 1주당 5달러를 제공할 수 있다. 기업 인수에는 이런 혼합 접근법이 가장 많이 활용된다.

인수가 마무리되면 인수 및 피인수 기업 측 주주의 의결권에도 변화가 생긴다. 양측 주주 의결권이 전부 약화하지만, 아무래도 피인수 기업의 주주 의결권이 더 큰 영향을 받는다. 특히 주식을 추가로 발행해야 하는 주식 대 주식 방식의 인수일 때는 주주가 보유하는 주식 지분이 줄어든다. 예를 들어 B 기업 인수에 필요한 주식을 추가 발행한 후에는 이전에 지분이 3%였던 A 기업 주주의 지분이 2.25%로 줄어든다.

인수합병이 성사되지 않는 경우

인수합병은 대부분 성공적으로 완료된다. 그러나 간혹 성사가 안 될 때도 있다. 인수합병이 성사되지 않는 이유는 다음과 같다.

- 일방 혹은 양방 당사자가 인수합병 거래를 취소한다.
- 규제 당국이 이를 금지한다.
- 인수 기업이 필요한 자금을 마련하지 못한다.
- 피인수 기업 측의 치명적 문제를 발견한다.

인수합병 의사를 타진하다가 슬그머니 발을 빼는 일은 흔하게 일어난다. 예를 들어 이사회 혹은 고위 경영진에 인적 변화가 있으면 기업의 행동 방향과 추진력에도 변화가 생겨 인수합병 계획이 무산되기도 한다. 주주의 저항, 경제 상황 변화, 시장 변화 등이 인수합병 거래에 영향을 미칠 수도 있다.

인수나 합병이 주법이나 연방법을 위반할 때는 규제 당국이 개입해 인수합병 거래를 허용하지 않는다. 대부분은 반독점법이나 독점 규제법에 어긋나는 인수합병일 때 당국이 개입한다. 소비자 보호를 목적으로 마련된 독점 규제법은 시장 경쟁 환경을 조성하는 데 주안점을 둔다. 독점 상황을 초래하거나 특정 산업의 경쟁을 심각하게 제한하는 인수합병은 허용되지 않다. 그렇다고 해서 기업이 이런 거래를 전혀 시도하지 못한다는 의미는 아니다.

자금 조달은 합병보다는 인수일 때 더 문제가 된다. 어떤 기업이 다른 기업을 인수하려면 피인수 기업의 기존 주주로부터 주식을 매수해야 하는데 보통은 시세보다 높은 가격을 제시하게 된다. 주식 매수에는 족히 수십억 달러가 들어가는데 거래 성사에 필요한 시점까지 자금을 마련하지 못할 때도 있다. 이럴 때 인수 기업은 인수 의사를 철회하고 거래는 불발된다.

인수 기업이 피인수 기업의 재무상태에 대한 실사 조사를 하던 중 회계 부정이나 숨은 손실을 발견하기도 한다. 예를 들어 뛰어난 회계사가 피인수 기업의 장부에서 교묘한 조작 흔적을 찾아낼 때가 있다. 이런 행위가 전부 불법 행위라고 하기는 어렵지만, 좀 더 보수적인 회계 방식에 따르면 이익을 과대 계상했다는 해석이 가능할 수도 있다. 혹은 실패한 연구개발 계획, 소송 혹은 부정 가능성, 기타 인수 기업이 실사를 통해 확인한 문제점 등이 인수합병에 걸림돌이 되기도 한다. 그리고 피인수 기업이 숨긴 손실이나 각종 부정적 사실이 드러나 거래가 무산될 수도 있다.

적대적 인수
기업 사냥

인수 대상 기업이 인수를 반대하는 상황에서 억지로 이뤄질 때 이를 적대적 인수라고 한다. 기업 사냥꾼이라고도 하는 기업 약탈자가 저항하는 경영진 및 이사회와 피 말리는 싸움을 벌여야 하는 상황은 어쨌거나 보기 좋은 광경은 아니다. 양측의 반목과 적의는 피인수 기업 직원에게까지 전파되고 기업 사냥꾼에 대한 혐오감과 해고에 대한 불안감이 가중된다. 조직 내에 이런 반감이 팽배해 있으면 설사 인수 거래가 성사된다 해도 적대적 인수의 '피해자'인 해당 기업이 번창할 가능성은 거의 없다.

적대적 인수는 이처럼 전투적 속성을 지니기 때문에 기업 사냥꾼은 때때로 은밀한 접근 방식을 취하기도 한다. 일례로 '새벽의 급습dawn raid' 방식을 들 수 있다. 이 방법을 쓰는 투자자(개인 혹은 기관)는 가만히 숨어 있다가 별안간 다수 중개인에게 개장과 동시에 피인수 기업의 주식을 매수하라는 주문을 낸다. 이 전략은 이중적인 효과를 낸다. 급습자의 정체가 중개인 뒤에 가려져 피인수 기업은 누가 자사를 공격하는지 알 수 없다. 기습적으로 거래가 이뤄지므로 해당 기업은 대량 매수가 끝나고 나서야 그 사실을 알게 된다. 이와 더불어 시장이 이런 움직임에 반응해 주가가 상승할 시간도 없이 순식간에 매수가 끝나기 때문에 이 사냥꾼은 현 시장 가격으로 해당 기업의 주식을 쓸어 담는다.

미국 정부가 낌새를 알아채고 이에 대한 제동을 걸기 전까지 가장 인기 있었던 또 한 가지 방식이 이른바 '토요일 밤 전격 기습 작전Saturday night special'이었다. 주말을 이용한 작전이라는 데서 따온 명칭이다. 이 작전은 일종의 '공개 매수 제의public tender offer'로 인수 기업이 시세보다 높은 가격에 해당 기업 주식을 매수하겠다고 선언한다. 피인수 기업이 반응하기 전에 지배적 이권을 확보하는 데 그 목적이 있다. 이 작전은 1968년에 윌리엄스 법Williams Act이 통과되면서 실효성이 감소했다. 이 법에 따르면 어떤 기업이든 인수 대상 기업의 주식을 5% 이상 매수하면 그 사실을 SEC에 보고해야 한다.

윌리엄스 법

윌리엄스 법은 1968년에 의회에서 통과됐으며 피인수 기업뿐 아니라 해당사 주주가 돌발적으로 이뤄지는 원치 않는 인수의 피해자가 되지 않게 하는 데 목적을 둔다. 이 법에 따르면 인수 기업은 SEC에 인수 계획을 보고하고 주주에게도 상세 정보를 공시해야 한다.

피인수 기업의 주식을 5% 이상 매수하자마자 이 법의 효력이 발생한다. 이에 따라 인수자는 다음과 같은 사실을 보고해야 한다.

- 피인수 기업을 인수하는 데 들어갈 자금의 출처
- 해당 기업을 인수하려는 이유
- 지배적 이권을 확보한 이후의 계획
- 피인수 기업과 체결한 계약 혹은 협의 내용

유감스럽게도 파렴치한 기업 사냥꾼은 잘 정비된 이 법마저 교묘히 피해갈 방법을 찾는다. 스톡옵션 같은 파생상품을 이용해 자신들의 목적을 달성하는 식으로 법망을 빠져나가려 한다.

표적 기업 주식을 매수하는 데 어떤 책략을 구사하든 간에 적대적 인수를 노리는 측에서는 막대한 자금이 필요하다. 어떤 전략을 사용하든 간에 인수 기업은 지배적 이권을 확보하려면 시장가보다 높은 가격을 제시해야 한다.

이처럼 불공정한 기업 사냥에 대비해 피인수 대상 기업은 기습 매수를 방지하는 데 도움이 되는 다양한 전략을 개발했다. 이런 전략을 '상어 퇴치 방책shark repellent'이라고 한다. 포이즌 필, 황금 낙하산golden parachute, 샌드백sandbag 등이 여기에 포함된다. 이에 관해서는 추후 더 상세히 다룰 것이다.

기업 사냥꾼

마을의 보물을 마구 약탈하는 바이킹처럼 기업 사냥꾼은 적대적 인수를 목적으로 자산이 넉넉한 기업을 공략한다. 그러나 기업 '약탈'에 성공하려면 의지만으로는 부족하고, 막대한 자금과 함께 세간의 손가락질에 아랑곳하지 않는 철면피와 강심장도 필요하다.

기업 사냥꾼은 표적 기업의 주식을 사들여 지배적 이권을 확보하려 한다. 표적 기업 이사회의 승인을 얻지 못하면 이들을 함정에 빠뜨리려고 한다. 인수에 필요한 주식을 충분히 확보하지 못할 때는 주주에게 직접 접근해 시세보다 높은 가격으로 주식을 사겠다고 제안한다.

주식을 확보해 표적 기업을 인수하려는 대단한 열정에 비해 기업 사냥꾼이라는 사람들은 막상 인수한 그 기업을 유지할 생각은 별로 없다. 인수에 성공한 다음에는 해당 기업을 잘게 분해해 가치 있는 자산을 팔아넘겨 사적 이익을 극대화하는 데만 관심이 있을 뿐이다. 따라서 이들은 가치가 저평가된, 즉 내재가치가 시장가치를 상회하는 자산을 보유한 기업에만 눈독을 들인다.

예를 들어 A 기업이 주당 10달러에 거래되는 주식을 100만 주 보유하고 있다면 총 시장가치는 1,000만 달러가 된다. 계산이 복잡해지지 않도록 A 기업에는 부채가 없고, 현금 자산은 200만 달러이며, 기타 장부상 자산은 800만 달러라고 하자. 그럼에도 이런 자산의 시장가치는 실제로 1,500만 달러다. A 기업은 기업 사냥꾼의 좋은 먹잇감이다. 이 기업의 자산이 500만 달러로 저평가되어 있기 때문이다.

문 앞의 야만인들

자제가 안 되는 오만함과 만족할 줄 모르는 탐욕으로 가득 찬, 그리고 거품이 잔뜩 낀 한 CEO가 자신의 직분을 이용해 사익을 추구하기 시작했다. 이 실화를 바탕으로 1993년에 「월스트리트 전쟁Barbarians at the Gate」이라는 영화가 탄생했지만, 실제 이야기는 영화의 줄거리를 압도한다.

이 실화의 배경은 1980년대로 거슬러 올라간다. 당시 담배회사에 대한 소송이 줄을 이어 새 흡연자보다 소송 건수가 더 많을 지경이라는 한탄이 이어졌다. R. J.레이놀즈토바코컴퍼니R.J. Reynolds Tobacco Company도 압박감에 시달렸고 불확실한 미래에 암담했다. 보수적이며 비용 절감에 주력했던 CEO J. 타일리 윌슨J. Tylee Wilson은 이런 상황에서 합병 가능성을 타진하기 시작했다. 수많은 조언을 받고 심사숙고한 끝에 윌슨은 이 실화 속의 '악당' F. 로스 존슨F. Ross Johnson이 이끄는 나비스코브랜즈Nabisco Brands를 합병 대상자로 낙점했다.

존슨은 원래 스탠더드브랜즈Standard Brands 출신으로 CEO로 있는 동안 연봉이 3배로 올랐고, 이사회의 승인을 받아 제트기에 최고급 자동차까지 자신이 받을 특전에 추가했다. 1981년에 스탠더드브랜즈가 나비스코와 합병해 나비스코브랜즈가 됐다. 존슨은 이 합병사의 CEO가 됐으며, 그 즉시 이사회의 환심을 사는 데 주력했다. 그러고는 또다시 호화로운 생활을 유지하면서 자기 배만 채우는 데 회삿돈을 사용했으나 이사회는 이를 제지하지 않았다.

현실 타개책이 절실했던 두 CEO는 1985년 봄에 만나서 합병을 논의했다. 오랜 경력을 내세운 윌슨은 합병사 회장 자리를 원했다. 반면에 존슨은 부회장 자리에 관심이 없었고 더 적극적으로 활동할 수 있는 사장 겸 COO를 선택했다. 마침내 R. J. 레이놀즈가 무려 49억 달러(비석유 기업으로서는 역대 최고액)라는 기록적인 금액으로 나비스코브랜즈를 인수하는 형태로 합병 거래가 완료됐다. 이렇게 탄생한 RJR 나비스코에서 윌슨과 존슨이 함께 일하기 시작하면서 두 사람의 대조적 업무 스타일이 바로 드러났다. 존슨은 역시 이사회의 비위를 맞추며 이사회로 하여금 윌슨에게 등을 돌리게 했다. 1년이 채 지나지 않아 존슨이 일인자가 됐고, 고액 연봉과 온갖 특전을 누리기 시작했다.

그런데 1987년에 RJR 나비스코 주가가 맥을 못 추고 하락했다. 시장 붕괴 사태로 주가가 폭락했고, 담배 자체가 소비자의 외면을 받기 시작했다. 항상 자신만을 생각하는 존슨은 이번에도 아무런 감시도 받지 않으면서 자기 주머니를 채울 방법을 찾기 시작했다. 이때 차입 매수leveraged buyout, LBO에 관심을 보인 존슨은 당시 RJR 나비스코 인수에 관심이 많았던 콜버그크래비스앤드로버츠Kohlberg Kravis & Roberts, KKR의 헨리 크래비스Henry Kravis와 접촉했다. 이와 동시에 존슨은 또 다른 투자은행 시어슨리먼허튼Shearson Lehman Hutton과도 비밀리에 작업했다. 이 차입 매수 건에서 존슨은 기업 주식의 20%(자신과 몇몇 고위 경영진의 몫으로)와 완벽한 이사회 지배권을 요구했다. 말 그대로 적대적 인수를 돕는 '흑기사black knight' 특성에 딱 맞는 정체성이었다.

RJR 나비스코를 두고 KKR(존슨과 더는 엮이고 싶어 하지 않음)과 시어슨리먼(여전히 존슨과 협력 중) 간에 인수전이 벌어졌다. 먼저 존슨 팀이 주당 75달러를 제시하자 KKR은 주당 90달러를 제시했다. RJR 나비스코 이사회가 지켜보는 가운데 제시 가격은 계속 올라갔다. 그러다 느닷없이 '회색 기사gray knight'가 등장했다. 퍼스트보스턴First Boston이 주당 118달러를 제시하고 나섰다. 그러나 퍼스트보스턴에 자금 조달에 실패하자 이사회는 시어슨리먼보다 약간 낮은 가격이었음에도 주당 109달러를 제시한 KKR 쪽을 선택하기로 했다. 마침내 250억 달러라는 역대 최고액으로 거래가 성사됐다.

KKR은 존슨을 해고했지만, 존슨은 이미 챙길 만큼 챙겼다. 이른바 고용 계약에 기재한 '황금 낙하산(인수합병 시 임기 전에 사임할 때 거액의 퇴직금을 챙겨주는 방식으로 인수 비용을 높여 적대적 인수를 어렵게 하는 일종의 경영권 방어 전략-역주)' 조항에 따라 퇴직금을 무려 3,000만 달러나 챙겨 나올 수 있었다.

기업 인수합병에 등장하는 여러 색깔 기사들

기업을 인수하거나 합병하는 과정에는 각색 기사들이 등장한다.

성, 공주, 원탁 등이 등장하는 옛이야기에서처럼 적대적 인수합병에서도 흑기사는 '악당'이다. 적대적 인수전에서 기업 사냥꾼은 인수를 원치 않는 기업을 굳이 인수하려고 한다.

백기사white knight는 피인수 기업이 적대적 인수에서 벗어날 기회를 제공해주는 구세주 같은 존재다. 적대적 인수 대신 우호적 인수가 이뤄질 수 있게 도와준다.

황기사yellow knight는 처음에는 적대적 인수를 노리는 흑기사로 출발한다. 그러다 중간에 전략을 바꿔 양측에 도움이 되는 방향으로 일이 성사되도록 피인수 기업과 협상을 벌이기 시작한다.

인수 기업과 피인수 기업이 협상을 벌이는 와중에 느닷없이 또 다른 인수 가격을 제시하는 이른바 '회색 기사'가 등장하기도 한다.

위임장 쟁탈전

피인수 기업 주주를 두고 벌어지는 전면전 중 하나가 위임장 쟁탈전이다. 적대적 인수의 여러 측면이 거의 그렇듯이 위임장 쟁탈전 또한 추하기 그지없다.

적대적 인수를 지지하는 투자자는 다른 주주를 자기편으로 끌어들여 인수에 동의하라고 설득한다. 이는 주주로부터 위임장을 받아내 주총에서 의결권을 대리 행사하려는 행동으로 나타난다. 인수 지지파가 위임장을 충분히 받아낸다면 이 싸움에서 승자가 되고, 이사회가 반대하더라도 결국 인수 거래가 성사된다.

적대적 인수 시도를 걱정하는 기업은 의결권의 비중을 달리한 주식을 발행하는 방식으로 이에 대비하기도 한다. 의결권 비중이 낮은 주식은 배당률을 더 높여 투자자를 끌어들인다. 이를 차등 의결권differential voting right, DVR이라고 한다. 예를 들어 차등 의결권 주식 보유자는 100주당 의결권 하나를 갖는다. 이 전략은 기업 사냥꾼이 의결권을 확보하기 어렵게 하므로 잠재적 피인수 기업 사이에서 꽤 인기가 있다.

토막 지식

기업의 방향이나 이사회에 변화를 바라는 적극적인 주주 사이에서도 위임장 쟁탈전이 벌어질 수 있다.

공개 매수

기업 사냥꾼이 피인수 기업의 현 주주를 통해 주식을 직접 매수하기도 한다. 이렇게 주식을 공개 매수할 때는 현재 시장 가격보다 높은 가격으로 매수하겠다고 약속한다. 예를 들어 A 기업 주식이 시장에서 주당 10달러에 거래된다면 기업 사냥꾼은 주주가 직접 매도한다면 주당 12달러에 매수하겠다고 말한다. 이때 차액인 주당 2달러는 기업 사냥 비용에 해당한다.

그러나 여기에는 함정이 있다. 기업 사냥꾼이 지배적 이권을 확보하는 데 충분할 정도로 이 거래에 동의하는 주주가 많아야 한다. 그렇지 않으면 거래가 성사되지 않는다.

그린 메일

기업 사냥꾼은 피인수 기업으로 하여금 적대적 인수를 방어하라며 시세보다 훨씬 높은 가격으로 자신이 매집한 주식을 매수하라고 강요한다. 이는 일종의 협박성으로, 그린 메일green mail이라고 한다. 기업 사냥꾼은 먼저 경영진을 위협할 수 있을 만큼 피인수 기업의 주식을 사모은다.

피인수 기업 이사회가 사태를 파악하면 기업 사냥꾼이 그린 메일 요구를 밝힌다. 피인수 기업은 적대적 인수 시도를 저지하고 기업을 살리려면 시세보다 훨씬 높은 가격에 자사주를 매수하라는 사냥꾼의 요구에 응할 수밖에 없다.

상어 퇴치 방책

기업 사냥꾼은 통통하게 살찐 먹잇감을 마치 약탈자 상어처럼 빠르고 정확하게 낚아챈다. 피인수 기업이 이를 막아내려면 강력한 상어 퇴치책이 필요하다. 즉, 가장 탐욕스러운 약탈자마저 저지할 수 있는 전략이 필요하다.

예를 들어 샌드백 방어책이 있다. 이 책략으로 일단 무지막지한 사냥꾼을 막아 세워놓고 백기사 같은 좀 더 우호적인 당사자가 더 나은 조건을 제시하기를 기다린다. 기업 사냥꾼을 막아 세우고 백기사를 끌어들이려면 피인수 기업 경영진은 균형감을 유지해야 한다.

또 팩맨 방어책Pac-Man defense('역매수'라고도 한다)도 있다. 피인수 기업이 탁자를 뒤집어엎고 도리어 인수 기업 주식을 사들이는 방법이다. 최우량 자산 매각 방어책crown jewel defense이라고 하는 또 다른 창의적 전략은 피인수 기업에서 가장 가치 있는 자산과 관련이 있다. 적대적 인수 시도가 있을 때 가장 가치 있는 자산을 매각해야 한다고 기업 정관에 명시해둔다. 이에 따라 인수 기업이 애초에 손에 넣으려던 바로 그 자산을 매각해 인수 가치를 떨어뜨린다.

포이즌 필

피인수 기업은 적대적 인수 시도를 저지하고자 포이즌 필(독약 처방) 전략을 구사할 수 있다. 이 전략은 기업 사냥꾼이 흥미를 잃도록 피인수 기업의 매력도를 떨어뜨리는 방법이다. 이때 매력도를 너무 떨어뜨려서 주가가 회복 불가능한 수준으로 하락하는 일(이를 '자살약suicide pill'이라고 함)이 없도록 해야 한다. 이 점이 매우 중요하다.

포이즌 필에는 크게 플립-인flip-in과 플립-오버flip-over가 있으며 이 두 가지는 투자자에게 직접적인 영향을 미친다.

플립-인을 활용하면 기존 주주(적대적 인수를 시도하는 측 제외)는 할인된 가격으로 주식을 추가 매수할 수 있다. 플립-인은 두 가지 효과가 있다. 우선 인수 측이 매수한 주식의 가치가 희석되고 인수 거래의 실익이 감소하면서 비용이 증가하는 결과를 낳는다. 인수 측이 피인수 기업의 유통 주식 5%를 취득했다고 하자. 이때 플립-인이 적용되면 더 많은 주식이 시장에 풀린다. 따라서 인수 측의 5% 지분과 그 위력이 감소한다. 무엇보다 지배권 이권을 확보하려면 주식을 훨씬 더 많이 매수해야 한다. 따라서 처음에 생각했던 수준보다 인수 비용이 더 많이 들어간다. 피인수 기업의 '주주권리 계획shareholder rights plan(일종의 포이즌 필)'을 명시한 부분에 이 전략이 포함되는 경우가 종종 있다.

이런 유형의 포이즌 필은 저명한 투자자 칼 아이칸Carl Icahn의 적대적 인수 시도를 저지하려는 목적으로 2012년에 넷플릭스가 활용했다 (물론 성공하지는 못했음). 당시 아이칸이 넷플릭스 주식을 50% 가까이 매수했다고 발표했다. 그러자 넷플릭스는 곧바로 누군가 자사 주식을 10% 이상 매수하면 이사회가 기존 주주에게 넷플릭스 신주를 시세보다 낮은 가격으로 매수할 수 있는 권리는 부여하는 이른바 주주권리 계획을 마련했다.

> **토막 지식**
> 적대적 인수 시도가 있을 때 '피플 필people pill' 전략의 일환으로 핵심 인사에 대한 인적 쇄신을 요구하기도 한다.

플립-오버는 자주 활용하는 방식은 아니다. 플립-오버는 피인수 기업의 주주가 인수 기업 주식을 할인된 가격으로 매수하는 방식이다. 이 조항은 피인수 기업의 주주권리 계획에 포함되므로 인수 기업은 기존 주주의 비용으로 이 조항을 준수할 의무가 있다.

황금 낙하산

황금 낙하산은 상어 퇴치 방책 중 가장 보수적인 수단에 속한다. 이 전략은 CEO와 CFO(최고재무책임자) 같은 주요 경영진에 대해 막대한 퇴직금 지급을 보장하는 방식으로, 기업 사냥꾼의 적대적 인수 시도를 저지하려는 목적으로 마련됐다. 기업 인수로 이들 주요 인사가 자리에서 물러날 때는 황금 낙하산 조항에 따라 넉넉한 보수를 챙겨 나갈 수 있다. 일반적으로 황금 낙하산은 고용 계약에 명시된다. 여기에 명시된 특전으로는 다음을 들 수 있다.

- 스톡옵션
- 현금 상여금
- 거액 퇴직금
- 임원 특전 계속 부여(기업 자동차 사용 등)
- 전직 지원 서비스

황금 낙하산을 통해 주요 경영진에게 수백만 달러에 달하는 보수를 지급한다. 그러면 인수 기업으로서는 상당한 비용 부담을 안게 되면서 인수 비용도 높아진다.

그런데 황금 낙하산의 본질은 고위 경영진에게 거액을 지급하는 제도이므로 자칫 주주에게 부담이 갈 수 있다는 점에 유의해야 한다.

마카로니 방어 전략

인수를 원하지 않는 피인수 기업이 적대적 인수 시도를 저지하는 데 활용하는 또 한 가지 전략으로 마카로니 방어 전략macaroni defense이 있다. 적대적 인수에 대비해 일단 매우 특별한 권한이 부여된 채권을 발행한다. 실제로 인수가 이뤄지면 인수 기업은 이 채권을 높은 가격으로 상환해야 한다. 적대적 인수 시 기업 부채가 불어나는 셈이다. 뜨거운 물에 마카로니를 넣으면 크게 불어나는 것과 같다. 그러나 이 방법이 효과가 있으려면 기업 사냥꾼이 너무 큰 비용 때문에 인수에 흥미를 잃고 떨어져 나갈 정도로 채권을 많이 발행해야 한다.

마카로니 방어 전략의 단점은 부채와 이자 지급 비용이 증가한다는 것이다. 이 전략으로 적대적 인수를 저지하는 데 성공하더라도 과도하게 발행한 채권 때문에 피인수 기업의 부채가 크게 늘어날 수 있다.

이솝ESOP

종업원지주제employee stock ownership plan, ESOP 또한 적대적 인수 시도를 원천 저지하는 또 한 가지 방법이다. 이솝은 401(k) 같은 일종의 퇴직금 제도로 이솝 수혜자에게는 세금 혜택이 부여된다.

이솝 제도에 따라 직원에게 주식을 분배해 기업 사냥꾼의 검은 의도를 저지할 수 있다. 자신이 일하는 곳의 주식을 보유한 직원은 외부 사냥꾼보다 현 경영진에 우호적인 한 표를 행사할 가능성이 크다.

직원 수백만 명을 거느린 상장기업 수천 곳이 이솝을 시행하고 있으며, 개중에는 직원이 보유한 주식 지분이 50%가 넘는 기업도 있다. 직원 수가 17만 5,000명인 퍼블릭스슈퍼마켓Publix Super Markets(플로리다 소재)과 직원 수 8,300명인 데이비트리익스퍼트Davey Tree Expert(오하이오 소재)가 그 좋은 예다.

매수와 매도
기본 규칙: 손실을 내지 마라

교육 전문가 대다수가 학습의 75%는 숙제에서 이뤄진다고 말한다. 투자도 마찬가지다. 투자에 관심이 있다면 조사, 분석, 연구 등의 형태로 '숙제'를 해야 한다. 인터넷을 이용해 자신이 보유한 주식에 대한 정보를 조사하고 기타 기업 관련 뉴스를 찾아보라. 기업 회보와 연차 및 반기 보고서를 읽고 중개인에게 해당 기업에 대한 최신 정보를 물어보라. 정보가 많으면 인내심과 안정감을 갖춘 투자자가 될 수 있다.

매수하려는 종목에 대해 알고, 또 아는 종목을 매수하라

소비자가 되면 사용하는 제품과 서비스를 매일 평가해야 한다. 이런 소비자 경험은 도움이 된다. 이런 경험을 통해 여러 제품을 꼼꼼히 조사한 연후에 구매 결정을 내려야 좋은 결과를 얻을 수 있다는 점을 배웠을 것으로 생각한다. 아마도 최근에 흠잡을 데 없는 최신 전자 제품을 구매했고, 자녀 건강을 생각해서 무설탕 시리얼 제품으로 바꿨거나, 부작용 없이 더 나은 효과를 보이는 약물을 복용하기 시작했을 수도 있다. 현명한 소비자로서 경험한 바를 투자 결정을 내릴 때 활용할 수 있다.

주의 깊은 관찰력 또한 가치 있는 통찰력을 얻는 또 한 가지 방법이다.

최근 일본을 여행하는 중에 사람들이 코카콜라의 신제품을 마시는 장면을 봤는가? 좋아하는 식당에서 저녁 식사를 마치고 계산대 앞에서 순서를 기다리는 동안 손님 중에 아메리칸익스프레스 카드를 사용하는 사람이 얼마나 많은지 봤는가? 투자자로서 해야 할 숙제 가운데 하나는 눈에 잘 띄게 진열돼 있고, 주변 사람들이 많이 사용하는 제품과 서비스가 무엇인지 확인하는 일이다.

토막 지식

처음부터 투자 대상에 대해 꼼꼼히 들여다보고 관찰을 많이 할수록 장기적으로 큰 도움이 된다. 그런데 유감스럽게도 동네 이발사나 동료, 오다가다 만난 사람에게 최신 정보를 들었다며 투자시장에 발을 들이는 사람이 너무 많다. 쉽게 돈을 버는 방법이란 없다. 어디선가 주워들은 정보로 주식에 투자했다가는 손실을 내기 십상이다.

주식을 매수할 때 고려해야 할 또 한 가지가 바로 가격이다. 자동차나 집을 살 때 가격이 얼마든 상관없는가? 아마 그렇지는 않을 것이다. 대다수는 좋은 제품을 적당한 가격에 잘 샀다고 생각하고 싶어 한다. 구매할 제품의 효용가치를 생각하고 현재 예산에 맞춰 적당한 가격에 구매하려고 한다. 주식투자도 마찬가지다. 특정 주식의 가격이 매수 및 매도에서 중요한 역할을 한다. 주식투자를 사업적 관점으로 임하는 것이 매우 중요하다. 즉, 구매 가격을 포함해 다양한 요소를 기준으로 투자를 결정해야 한다. 이 방법이야말로 장기적으로 투자 수익을 보장하는 유일한 방식이다. 누구나 적정(혹은 적정 가격보다 높은) 가격에 고품질 제품을 사고 싶어 한다.

다행히 미국에는 우량 기업이 아주 많다. 그러나 이런 기업을 찾아내기는 그리 쉽지는 않다. 투자자 중에는 현재 인기가 많은 주식을 찾으려는 사람도 있고, 이익 잠재력이 큰 주식을 선호하는 사람도 있다. 가장 일반적인 투자 접근법으로는 성장 투자와 가치투자가 있다(이 두 가지 접근법에 관한 상세한 내용은 이전 장들에서 설명했다).

정보 탐색

두 접근법 모두 의미가 있다. 따라서 개인적 성향과 자신이 선택한 투자 전략에 가장 적합한 접근법을 선택하는 일이 중요하다. 성장 투자를 선택할 때가 있고, 가치투자가 더 적합하게 느껴질 때도 있다. 또 성장주와 가치주를 함께 묶어 투자하는 방식을 취할 때도 있다. 이럴 때는 '합리적 가격의 성장주Growth At a Reasonable Price(이를 업계 용어로 GARP라고 함)'를 찾게 된다.

> ### 점검표
>
> 투자자라면 누구나 조사 점검표를 이용해 매수하려는 주식을 평가해야 한다. 연차 보고서, 재무제표, 산업 비교, 최신 뉴스 등을 찾아보라. 투자 결정을 내리기 전에 수집한 정보를 분석하라. 일단 주주가 되고 나면 보도자료나 현행 재무제표, 세심한 주가 동향 관찰 등을 통해 필요한 정보를 얻을 수 있다.

어떤 접근법을 선택하든 간에 투자 결정에 필요한 정보를 수집하는 것이 무엇보다 중요하다. 요즘에는 정보 출처로 인터넷만 한 곳이 없다. 인터넷을 이용하면 최적의 투자 정보를 실시간으로, 게다가 거의 무료로 얻을 수 있다. 젊은 사람이나 나이가 좀 든 사람이나 관계없이 값비싼 금융 자문가에 대한 의존도를 줄이고 웹사이트로 눈을 돌리는 투자자가 점점 늘고 있다. 해당 기업 웹사이트 외에도 기업에 대한 상세 자료를 제공하는 웹사이트가 수십 개나 있고, 실시간 주가 시세를 제공하는 사이트는 훨씬 더 많다. 투자자가 이용할 수 있는 양질의 시장 조사 자료가 아주 많다. 그러므로 투자자는 자신의 필요에 가장 적합한 정보 출처가 어디인지 결정하기만 하면 된다.

검증된 두 가지 분석법

일반적으로 투자자는 기술적 분석technical analysis이나 기본적 분석fundamental analysis 중 하나를 택해 종목 선택 기법으로 활용한다. 기술적 분석은 주가 동향에 주안점을 두며 차트와 그래프를 토대로 주가 패턴을 결정한다. 초보자가 더 많이 활용하는 기본적 분석은 기업 자체가 조사 대상이며, 재무제표와 실적 등에 초점을 맞춘다. 노련한 투자자는 투자 결정을 내릴 때 두 기법을 결합해 최적의 분석 결과를 얻으려 한다. 예를 들어 기본적 자료는 훌륭한데 가격이 하락세를 보이는 주식이라면 앞으로 문제가 생길 신호로 봐야 한다.

기술적 분석은 과거 주가와 거래량 패턴을 보여주는 차트와 그래프에 초점을 맞춘다. 기술적 분석가가 그간 축적된 자료를 토대로 판단할 때 반복적으로 나타나는 패턴이 있다. 패턴이 완성되기 전에 패턴을 인식한 다음에 그 패턴이 지시하는 지점에서 매수하거나 매도하는 것이 관건이다. 이 기법을 활용하는 사람은 과거 주가 추세를 알면 미래 주가 동향을 예측할 수 있다고 생각한다. 이들은 주로 주가 동향을 기반으로 주식을 매매한다. 기술적 분석가는 기본적 분석가보다 매매를 훨씬 더 많이 하는 경향이 있다.

기본적 분석은 꽤 오래전부터 주식을 평가하는 데 활용한 일반적 방식이다. 이 기법은 기업의 이익 창출력을 분석하고 총자산가치를 조사하는 작업에 주안점을 둔다. 가치 평가와 성장 평가는 기본적 분석의 하위 범주에 해당한다. 기본적 분석을 선호하는 사람은 성장의 결과로 주가가 상승한다고 생각한다. 이익, 배당금, 장부가치 등을 전부 검토하며 일반적으로 매수 후 장기 보유 전략을 구사한다. 그리고 기본적 분석을 지지하는 사람은 일반적으로 시간이 지나면 기반이 탄탄한 우량 기업 주식의 가치가 더 높아진다고 믿는다.

종목 선택의 첫 단계

매수를 고려하는 기업이 있다면 그 기업이 제공하는 제품과 서비스에 대한 모든 정보를 알아야 한다. 한 기업이 눈에 확 띄는 유명한 제품 하나와 별로 알려지지 않은 몇 가지 제품 및 서비스를 제공할 수도 있다. 잘나가는 제품 하나가 호평을 받고 이익도 많이 내고 있다 하더라도 나머지 별 볼 일 없는 몇 가지 제품이 전체 매출 및 이익에 악영향을 미칠 수 있다.

매도 시점 포착하기

특정 주식을 보유할 때와 매도할 때를 아는 것이 매우 중요한 기술이자 능력이다. 주식을 매수해서 장기 보유할 생각이었지만, 매도해야 할 시점이라는 판단이 설 때가 있다. 과거 역사를 돌이켜보건대 우량주는 최소한 5년에서 10년 정도 보유할 때 가장 좋은 실적을 냈다. 그러므로 대다수 투자자에게는 우량주를 매수해 장기 보유하는 전략이 바람직하다.

주식을 매수하려 할 때면 해당 기업의 재무상태표balance sheet와 손익계산서income statement 등을 철저히 검토하고 비율 분석 작업도 꼼꼼히 한다. 주식을 매도할 때도 마찬가지다. 뉴스를 보고 혹은 휴게소에서 떠드는 소리를 듣고 시류에 편승해 매도하기 전에 보유 주식을 꼼꼼히 재평가하라. 주식가치가 여전히 상승 중인 주식을 바로 매도하면 추가 이익 기회를 놓치게 된다. 그럼에도 일단 손실이 나는 주식은 계속 보유하려 하지 않는다. 매도 시점을 잘못 잡으면 투자 계획 전체가 망가질 수 있다. 따라서 절대 충동적으로 매도하면 안 된다. 그리고 큰 손실이 나서 무일푼이 될지 모른다고 걱정할 필요는 없다. 그런 일이 발생하지 않도록 하는 아주 간단한 방법이 있다.

이익은 지키고 손실은 줄이는 가장 기본적인 방식이 손절매 주문stop-loss order이다. 손절매 주문은 중개인에게 주가가 특정 비율만큼 하락할 때 주식을 매도하라고 지시하는 방법이다. 손절매 주문은 애초 매수 가격을 기준으로 하거나, 주가 움직임에 따라 주문('추격 역지정가' 혹은 '추적 손절매trailing stop'라고 한다)을 이행하기도 한다. 상세 절차를 살펴보면 이렇다. 주당 10달러에 주식을 매수한다고 하자. 손실 규모를 10%로 제한하고 싶다. 그러면 주당 9달러에 손절매 주문을 낸다. 그러면 주가가 9달러로 하락하면 중개인이 자동으로 해당 주식을 매도한다.

추적 손절매는 주가가 상승할 때면 매도 설정 가격도 높아진다. 이렇게 하면 이미 확보한 투자 이익은 보존하면서 손실은 제한하는 이중 효과가 있다. 주당 10달러에 주식을 매수했는데 손실은 10%로 제한하고 싶다고 하자. 이때 주가가 15달러로 상승하면 추적 손절매 가격은 새로 형성된 주가(15달러)보다 10% 낮은 13.50달러로 높아진다.

040

주식 매매 실행
매매의 기초

개인투자자로서 주식투자에 관심이 있는 사람은 가장 먼저 주식 매매 방법부터 알고 싶어 한다. 다행히 매매 방법은 매우 단순하다. 수화기를 들거나 마우스를 클릭하는 정도로 족하다. 예를 들어 중개인을 통해 주식 거래를 한다면 중개인에게 전화를 걸어서 IBM 같은 기업의 주식 100주에 대해 매수 주문을 낸다. 그러면 동시에 주문이 이행돼 '현재 IBM 주식 100주 보유 중'이라는 사실이 확정된다. 온라인으로 거래할 때는 증권사 웹사이트에서 알려주는 마우스 이용 지침만 따라 하면 된다. 이때 역시 주문과 거의 동시에 주문 이행이 확정된다.

물론 주문 유형이 매우 다양하므로 매매 절차가 이보다는 좀 복잡할 수 있다. 주문 유형으로는 시장가 주문(IBM 사례처럼), 지정가 주문, 역지정가 주문(매수 역지정가 주문과 매도 역지정가 주문 포함) 등이 있다. 이

외에 주문 효력이 유지되는 시간을 지정할 수도 있다. 예를 들어 특정일 혹은 특정 시간에만 주문이 유효하다는 식으로 정할 수 있다.

시장가 주문

현재 시장 가격으로 주식을 매수 혹은 매도하고 싶으면 시장가 주문market order을 내면 된다. 주문을 낼 당시 시장 가격이 얼마이든 상관없이 주식을 매수 혹은 매도하고 싶을 때 시장가 주문을 낸다. 다시 말해 현재 시장 가격으로 특정 주식을 매수하거나 매도한다. 주식을 매수하느냐, 아니면 매도하느냐에 따라 거래 가격이 달라진다. 중개인이 쓰는 용어로는 이 가격을 매수호가, 매도호가라고 하며 두 가격 간의 차이를 매수/매도호가 차이라고 한다. 예를 들어 IBM의 매수호가(매수가로서 지급할 의향이 있는 가격 수준)는 114.25달러고, 매도호가(매도가로서 수령할 의향이 있는 가격 수준)는 114.50달러일 때 매수/매도호가 차이는 25센트다.

IBM과는 달리 거래 빈도가 낮은 주식은 매수/매도호가 차이가 크게 나타난다. 증권 딜러는 대개 중개인 역할을 하는 대가로 호가 차이의 상당 부분을 취한다. 다른 중개인과 마찬가지로 딜러는 매수 가격보다 높은 가격에 매도하려 한다. 특히 거래가 많이 이뤄지는 주식은 주가가 순식간에 변할 수 있다. 시장가로 주문이 이행되면 호가와의 차이가 크게 나타나지 않는다.

시장가 주문을 낼 때 거래 유효 기간을 특정해 놓을 수도 있다. 일반적으로 주문 기간은 다음과 같다.

- 당일 주문Day order은 거래 당일에 주문이 이행되거나 장 마감 시 자동으로 주문 효력이 만료된다.
- 분 주문Minute order은 미리 정해놓은 몇 분이 지나자마자 주문 효력이 만료된다.
- GTDgood-til-date(지정일까지 유효)는 지정 시점까지 주문이 이행되지 않으면 주문이 자동 취소된다.
- GTCgood-til-canceled(취소 시까지 유효)는 주문이 이행되거나 취소될 때까지 유효하다.
- AONall-or-none(일괄 처리)은 전체 주문이 이행돼야 하며 이행되지 않은 부분이 남아 있으면 거래일 마감 시 일괄 취소된다.
- FOKfill-or-kill는 주문 즉시 전체 주문이 이행돼야 하고 그렇지 않으면 전부 취소된다.
- IOCimmediate-or-cancel는 전체 혹은 부분적으로 주문이 즉시 이행되지 않으면 주문이 취소된다.

이런 시간 틀은 시장가 주문과 지정가 주문에 적용할 수 있으며, 이를 통해 투자자에게 주식 거래 이행에 대한 통제 수단을 더 많이 제공한다.

지정가 주문

미리 정한 가격보다 높은 가격으로 주식을 매수하거나 더 낮은 가격으로 매도하고 싶지 않을 때 지정가 주문limit order을 낸다. 다른 주문 유형과 마찬가지로 지정가 주문도 당일 한限이나 GTC로 주문을 낼 수 있다. 이 두 가지 유형 가운데 어느 하나로도 주문이 이행되지 않을 수 있다. 그러나 더 장기적인 시간 틀에서 주문의 효력이 유지되기 때문에 GTC로 주문이 이행될 가능성이 더 크다.

명시한 가격으로 주식을 매수하고 싶다면 지정가 매수 주문을 낼 수 있다. 예를 들어 아마존닷컴AMZN이 현재 주당 710달러에 거래된다고 하자. 아마존 주식 100주를 주당 700달러 이하로 매수하고 싶다. 이럴 때는 지정가 주문을 통해 아마존 100주를 주당 700달러에 매수하는 주문을 낸다. 그러면 가격이 지정가(혹은 이보다 낮은 가격)까지 하락하면 주당 700달러에 매수 주문이 이행된다. 이 조건이 충족되지 않으면, 즉 가격이 하락하지 않으면 주문은 이행되지 않는다. 주가가 700달러로 떨어진 후에도 하락세가 이어진다면 주당 700달러보다 낮은 가격에 매수 주문이 이행되기도 한다. 이런 상황에서는 주가가 처음으로 700달러 밑으로 떨어졌을 때 그 가격에 주문이 이행된다. 거래가 체결되는 속도보다 가격 변동 속도가 더 빠를 때 이런 현상이 나타난다. 그래도 한 가지 확실한 사실이 있다. 즉, 주당 700달러보다 높은 가격에서 주문이 이행될 경우는 없다는 것이다.

이제 아마존 주식을 주당 700달러에 매수해 보유 중이라고 하자. 투자 이익을 노리고 주가가 750달러로 상승할 때 주식을 매도하는 조건으로 지정가 주문을 낼 수 있다. 이때 주가가 주당 750달러를 넘어 계속 상승하면 더 높은 가격으로 주문이 이행될 수도 있지만, 최소한 주당 750달러에 주문이 이행된다. 이처럼 투자자에게 유리한 환경에서는 처음으로 750달러가 됐을 때 혹은 이보다 더 높은 가격에 주식을 매도하게 된다. 매수 때와 마찬가지로 대체로 매도 주문이 체결되는 속도보다 더 빠르게 주가가 변동하기 때문에 이런 현상이 나타난다. 그러나 주당 750달러보다 낮은 가격으로는 주식의 매도 주문은 이행되지 않는다.

그렇더라도 일반적으로 중개인은 시장가 주문보다 지정가 주문에 더 높은 수수료를 부과한다는 점에 유의하라. 지정가 주문으로 얻은 이익을 높은 수수료로 깎아먹는 일이 발생할 수 있다. 따라서 지정 가격을 설정할 때 이 점을 고려해야 한다.

역지정가 주문

주가가 너무 낮아지는 상황을 우려하면서 이익은 보존하고 손실을 줄이고 싶은 투자자에게는 역지정가 주문(손절매 주문이라고도 함) 매우 중요하다. 투자자는 일정 금액이나 일정 비율로 손절매 지점을 설정한다. 즉, 이렇게 정한 손절매 지점에서 주식 매도가 자동으로 이뤄진다. 이 전략은 중요한 거래 결정을 내릴 때 감정적 요소를 배제하는 방식이다. 역지정가 주문을 낸 다음에 주가가 손절매 지점에 다다르면 바로 시장가 주문으로 전환된다.

매수 역지정가 주문

원하는 시점에 정확히 시장에 진입해서 주가 반등 효과를 제대로 누리려 할 때는 매수 역지정가 주문을 낼 수 있다. 예를 들어 인텔Intell: INTC 주식이 주당 19달러에 팔린다고 하자. 주가가 22달러까지 상승하면 앞으로 주가가 계속 상승한다고 보고 인텔 주식을 매수하려고 한다. 그래서 주당 22달러에 매수 역지정가 주문을 낸다. 일단 주가가 22달러가 되면 역지정가 주문은 자동으로 시장가 주문으로 전환된다. 손절매 지점으로 정했던 주당 22달러에 주문이 이행된다. 그러나 미리 정한 손절매 지점에서 역지정가 주문이 시장가 주문으로 전환되므로 이보다 높거나 낮은 가격에 주식을 매수하게 된다. 예를 들어 주문이 체결되기 전에 주가가 22.50달러로 상승할 수도 있다. 이와는 정반대로 주가가 22달러까지 올랐다가 다시 하락할 수도 있다. 그러면 주당 21.50달러에 주식을 매수하게 된다.

매도 역지정가 주문

인텔 주식을 주당 22달러에 매수했다고 하자. 이때 주가가 20달러로 하락하면 매도하는 조건으로 매도 역지정가 주문을 낼 수 있다. 일단 주가가 이 손절매 지점에 도달하면 매도 역지정가 주문이 시장가 주문으로 바뀐다. 이번에도 주문 이행 당시 시장가가 얼마냐에 따라 20달러보다 높거나 낮은 가격에 매도 주문이 체결된다.

이익을 보존하는 또 한 가지 방법이 추적 손절매다. 가격 변동 비율로 손절매 지점을 설정하고 해당 비율만큼 주가가 하락할 때 매도 주문이 이행된다. 예를 들어 10% 추적 손절매 주문 시 주당 22달러에서는 손절매 수치가 2.20달러가 된다. 따라서 주가가 19.80달러로 하락하면 매도 주문이 이행된다. 그러나 주가가 상승하면 이와 함께 매도 지점도 상승한다. 예를 들어 주가가 주당 30달러로 상승하면 주당 27달러(30달러×10%=3달러 변동)에 매도 주문이 이행된다.

041

증권 중개인

주문해 드릴까요?

투자자가 증권 중개인을 선택하는 방법은 여러 가지가 있다. 중개인을 선택하기 전에 투자 포트폴리오에 대한 개인적 몰입 수준은 물론이고 사적 요구 사항, 안전 수준, 개인적 투자 집중도, 조사에 투입할 수 있는 시간 등을 꼼꼼히 따져봐야 한다. 중개인과 중개 서비스 수준에 따른 비용 부분도 확인해야 한다.

가장 기본적 수준의 중개인 업무는 주문 이행 대행이고 다른 일은 하지 않는다. 투자자는 이 업무에 대해서만 비용을 지급한다. 여기서 서비스 수준이 높아질수록 비용도 증가한다. 그리고 유형을 불문하고 거의 모든 중개인이 온라인 계정 서비스를 제공한다. 그렇다고 이들이 전부 온라인 중개인은 아니다.

할인 중개인

투자할 만한 기업을 스스로 조사해볼 의지도 있고 그렇게 할 능력도 있다면 할인 중개인discount broker이 가장 적합한 선택지다. 투자와 관련한 일을 하려면 경험이 매우 중요하다. 이용 가능한 모든 정보를 습득하고 나면 투자 포트폴리오를 직접 관리해도 괜찮을 것이다.

1975년에 증권회사 및 중개업소가 부과하는 수수료에 관한 규제가 철폐됐다. 이를 계기로 할인 중개인이 부상하기 시작했다. 할인 중개인을 통하면 통합 서비스를 제공하는 종합 증권회사를 이용할 때보다 훨씬 적은 비용으로 거래가 가능하다. 현재 할인 중개인은 예전보다 많은 서비스를 제공한다. 여기에 오늘날 빠르게 성장하는 신기술까지 더해져 요즘 투자자는 거의 모든 투자 정보를 이용할 수 있다.

온라인용 중개인은 인터넷을 통해서만 이용 가능하다. 기존의 중개 사무소에 직접 가서 중개인과 얼굴을 맞대고 상담할 수는 없다. 온라인 중개인은 인터넷으로 제공할 수 있는 서비스 범위를 확대하면서 조사 지원과 맞춤형 거래 조언 등 종합 증권회사가 제공하는 서비스 분야를 열심히 뒤쫓고 있다.

인터넷의 비약적 발전과 함께 스스로 공부할 기회가 점점 늘고 있다. 요즘은 초보 투자자도 종합 서비스 중개인이 접하는 정보원에 똑같이 접근할 수 있다. 이처럼 정보 접근성이 확대되면서 종합 서비스 중개인에 대한 수요가 감소하는 중이다. 어느 정도의 열정과 결단력만 있으면 그 노력이 충분한 보상을 받는다. 온라인을 통해 접할 수 있는 정보가 매우 풍부하므로 기업의 신제품 발매에서부터 특정일에 최고가로 거래된 10대 종목에 이르기까지 거의 모든 정보에 통달할 수 있다. 더불어 실시간 주가 시세와 심층 분석 자료도 얻을 수 있다.

온라인 할인 중개인이 늘어나면서 적은 비용으로 하루 24시간 거래가 가능해졌다. 경우에 따라서는 10달러 미만인 거래도 가능하다. 개인 투자자로서 필요한 '숙제'를 완료했고, 보유하고 싶은 주식에 관해 정확히 알고 있다면 온라인 거래가 바람직하다.

종합 서비스 중개인

정보 수집 및 조사 작업 등을 다른 사람에게 맡기고 싶으면 종합 서비스를 제공하는 중개인을 선택할 수 있다. 물론 종합 서비스 중개인을 이용하면 비용이 더 많이 들어간다. 물론 종합 서비스 중개인이라고 해서 막대한 투자 이익을 보장하지는 않는다. 그리고 이런 중개인 대다수는 소액 투자자보다는 거액 투자자(예를 들어 25만 달러 이상 투자자)에게 초점을 맞추는 경향이 있다.

투자자가 10만 달러가 넘는 자금을 투자하려 할 때는 아무래도 종합 서비스 중개인과 거래하고 싶어 한다고 믿는 전문가도 있다. 종합 서비스 중개인과 함께할 생각이라면 자신과 기본 투자 철학이 같고, 다양한 투자 선택지를 제공하는 중개인을 찾아라. 광범위한 투자 경험과 강세장 및 약세장에서 거래한 실적이 있는 중개인을 선택하라. 개인적으로 중개인과 함께할 때 불편하지 않은지, 투자자의 말에 귀 기울이는지, 어떤 질문에도 머뭇거리지 않고 답변을 잘하는지 확인하는 일이 가장 중요하다.

일단 중개인 후보자들과 면담을 하라. 현업에 종사한 지 얼마나 됐는지 물어보고, 학력과 투자 철학에 대해서도 물어보라. 종목을 추천할 때 소속 증권사의 보고서에만 의존하는지도 알아보라. 최근 시장 하락기 때 그 회사 고객은 어떤 상황이었는지 혹은 고객의 손실을 줄여주는 전략으로 어떤 것이 있는지와 같은 좀 더 중요한 질문을 던질 수도 있다. 중개인이 언제 비용이 발생하는지에 관한 상세한 설명과 함께 고객이 부담할 비용 목록을 서면으로 제공하는지 확인하라. 중개인이 필요한 정보를 제공하지 않고 은근슬쩍 넘어가거나 질문에 답변하지 않으면 다른 사람을 찾아보라.

중개인 모니터링

중개인 비용 구조를 알아야 한다. 중개인과 거래할 때 자신이 받고 있는지도 모르는 서비스에 대해 비용을 지급할 때가 꽤 있다. 서비스를 받는다는 점은 인식하고 있으나 그 서비스가 별로 필요하지 않을 때도 비용은 내야 한다. 계좌 개설과 유지, 폐쇄와 관련한 비용 그리고 수표 수령, 투자 개요서, 증권 매수 및 매도, 다양한 세미나 참석 등에 관해 문의할 수도 있다. 서로 충돌하는 상황을 방지하려면 사후가 아니라 사전에 이런 정보를 서면으로 받아야 한다.

금융산업규제기관인 핀라FINRA를 통해 징계를 받았거나 불만이 제기된 적이 있는지 등 특정 중개인에 관한 과거 이력을 알아낼 수도 있다. 또 핀라를 통해 중개인이 영업 면허를 받았는지도 확인할 수 있다.

핀라는 투자 대중을 보호하는 핵심적 비정부 조직으로 5,000개가 넘는 미국 내 모든 증권사를 규제한다. 뉴욕시와 워싱턴 D.C에 본사가 둔 핀라는 미국 전역 16개 사무소에서 약 3,600명의 전문가가 이 업무를 수행하고 있다.

> **투자자를 보호하는 또 다른 방법**
> 핀라는 2007년 7월에 전미증권업협회NASD와 NYSE 규제위원회가 결합해 탄생한 조직이다. 이전에는 NASD가 소비자와 중개인 간의 문제를 다뤘다. 또한 나스닥 증권거래소와 기타 장외시장을 운영하고 금융 전문가 면허 시험을 주관했다.

부정직한 중개인을 피하는 법

대다수 증권 중개인은 성실하게 임무를 수행하지만, 투자자 주머니를 털어 사익을 취하는 데만 혈안이 된 사기꾼 같은 중개인도 꽤 많다. SEC와 핀라가 최선을 다해 이런 사기꾼을 찾아내려 하지만, 전부 다 찾아낼 수는 없다. 사기꾼에게 당하지 않으려면 상당 수준의 주의와 경계 그리고 꼼꼼한 신원 확인이 필요하다.

배경 조사를 철저히 한다고 해도 교묘한 술수를 쓰는 사기꾼을 모두 찾아내기는 어렵다. 게다가 평판 좋은 우량 투자회사인 양 웹사이트를 꾸미는 일은 너무 쉽기 때문에 더 그렇다. 그러므로 '숙제'를 마친 후에는 중개인이 무엇을 하는지, 또 투자자를 어떻게 대우하는지 잘 살펴보라. 부정직한 사람은 교묘한 속임수로 수수료를 늘리고 겉만 번지르르한 상품을 매수하게 한다. 심지어 수단과 방법을 가리지 않고 고객의 계좌를 털어가는 일조차 서슴지 않는다. 그렇더라도 필요한 정보를 잘 찾아 확인한다면 쭉정이 중개인에게 속아 넘어갈 일은 없다.

경계해야 할 속임수 가운데 하나가 바로 과잉 거래churning다. 과잉 거래를 하는 중개인은 오로지 수수료 수입을 늘리려는 목적으로 무리하게 많은 거래를 한다. 수수료 수입에만 눈독을 들이는 중개인에게는 과잉 거래가 매우 유리하다. 거래를 많이 하면 할수록 수입이 늘어난다. 이런 행위는 투자자 포트폴리오에 치명적인 영향을 미칠 수 있다. 과도한 수수료는 투자 자금을 잠식하고 투자상품의 가치를 떨어뜨린다. 과잉 거래는 합리적 투자 목적과는 거리가 멀다. 단 한 번 발생하더라도 마찬가지다. 자신의 계좌에서 불합리한 거래 사실을 확인했다면 그 즉시 중개인에게 연락해 다시는 그런 일이 발생하지 않도록 해야 한다.

금융 자산 관리사

종합 자산 관리 서비스가 필요하다면 전문 자산 관리사financial planner를 고용하는 방법을 고려할 만하다. 이들은 투자 관리 업무 이외에 보험, 세금, 신탁, 부동산 등과 관련한 문제에 대해서도 조언을 해준다. 자산 관리사에 지급하는 비용 수준은 매우 다양하다. 자산 관리사를 선택한다면 수수료 기반보다는 보수 기반 관리사를 선택하는 것이 더 바람직하다. 수수료만 보고 작업하는 관리사는 과잉 거래 유혹에 빠지기 쉽다. 정액 시급제로 일하는 사람이 있는가 하면, 고객의 총자산과 거래 활동을 기준으로 비용을 부과하는 사람도 있다. 이 경우 관리사의 조언을 따르지 않더라도 비용을 지급해야 한다. 보수 기반 비용과 수수료를 혼합한 구조로 작업하는 관리사도 있다. 이때는 거래 건당 수수료는 줄어들지만, 추가 비용을 부담해야 한다.

투자 클럽
여럿이 모이면 안전하다

비용에 민감한 개인투자자는 다양한 종목을 매수하는 방법을 사용할 수 있다. 뮤추얼펀드나 상장지수펀드로 눈을 돌리는 사람도 있지만, 또 어떤 사람은 투자 과정 전반을 확실하게 관리하는 데 더 관심을 둔다. 그래서 이런 사람들이 투자 클럽을 만들어 활동한다.

여러 사람이 모여 출자한 자금으로 투자한다면 이른바 투자 클럽이 결성된 셈이다. 기술적으로 말하자면 투자 클럽은 조합이나 유한책임회사limited liability companies, LLCs 형태를 취하며 자금, 투자, 자금 회수 등에 관한 내규 및 정관에 따라 활동한다. 대체로 투자 클럽은 10명에서 20명으로 구성된다. 숫자가 너무 적으면 자금이 부족해 다양한 증권을 매수하기 어렵고, 숫자가 너무 많으면 우호적인 분위기에서 조직을 관리하기 어렵다.

클럽을 결성할 때 각 회원은 일시금으로 초기 출자를 한다. 대체로 모든 회원은 같은 금액을 출자하지만, 명확한 기록이 있고 회원 전원이 동의하면 출자 금액을 각기 달리 할 수 있다. 초기 출자 이후로는 매달 자금을 내서 추가 투자용으로 활용한다. 액수는 보통 50달러에서 100달러 정도다.

일단 증권 매수에 필요한 자금이 모이고 나면 클럽 차원에서 진짜 흥미로운 일이 전개된다. 투자 클럽 회원 각자가 특정 주식 하나(혹은 둘)를 열심히 연구한 다음에 그 결과를 클럽에 보고한다. 그러면 클럽은 투표를 통해 어떤 주식을 매수할지 결정하고, 계속 보유할 주식과 매도해야 할 주식 등을 결정한다. 일반적으로 각 회원은 투자에 관한 거의 모든 의사결정 과정에 적극적으로 참여한다. 따라서 투자 기간과 방식에 대한 클럽의 동의가 매우 중요해진다.

보통 클럽 모임은 한 달에 한 번 이뤄지고 대체로 이웃이나 직장 동료, 친구, 친척 등이 회원으로 참여한다. 유대감과 응집력이 강한 클럽이 되려면 투자 철학이 비슷한 사람들이 모여야 한다. 투자 클럽은 각 회원이 포괄적인 투자 전략을 개발하고, 그 전략을 고수할 때 가장 좋은 성과를 낸다. 그러자면 초보 투자자는 기본적 투자 기법을 배워야 하고 노련한 투자자는 자신의 기술과 능력을 더 갈고 닦아야 한다. 회원끼리 생각을 공유하고 각자 저지른 실수에서도 배워야 한다.

시간 요소

우량 투자 클럽이 성공하는 이유는 명확한 계획과 장기적 시간 틀을 기반으로 투자에 임하기 때문이다. 이런 접근법은 투자 행위 자체에는 물론이고, 각 회원에게도 도움이 된다.

주식을 사고파는 일 자체가 비용이 많이 드는 행위이다. 그리고 매월 투표로 시장 진입 시기를 결정하다가 큰 손실이 발생할 수도 있다. 클럽을 통한 집단 투자에 성공하려면 월간 주가 변동보다는 투자할 기업에 더 집중해야 한다. 그러면 각 회원은 새로운 투자 기회와 장기적 성장 부분에 집중하게 된다.

또한 클럽 회원은 장기적인 관점에서 투자에 임해야 하고, 최소 3년에서 5년 정도의 시간 틀에서 투자 활동에 참여해야 한다. 더불어 클럽 회원은 자금 회수 통보 절차에 동의해야 한다. 조기 자금 회수는 클럽 전체 포트폴리오에 막대한 영향을 미칠 수 있기 때문이다. 갑작스러운 자금 회수 결정에 따른 피해를 줄이고자 처음에 동의했던 시기보다 더 일찍 자금을 빼는 회원에게 벌금을 부과하는 클럽이 많다. 따라서 해당 회원은 자금을 조기 회수하는 시점에 벌금을 납부해야 한다. 조기 회수를 원하는 회원에게 돌려줘야 할 자금을 마련하고자 주식을 처분해야 할 때 손실이 발생하는데, 이 손실 부분을 벌금으로 어느 정도 만회할 수 있다.

일반적 투자 방식

주식투자 선택지로는 우량주, 성장주, 저가주, 해외 주식 등이 있다. 따라서 각 회원이 핵심적 투자 방식과 투자 클럽의 목적에 동의하는 일이 매우 중요하다. 투자 방식을 명확히 규정해놓으면 투자 선택지를 비교하고 분석하기가 훨씬 쉬워진다. 투자 방식이 명시되면 훨씬 간단하게 수익성 있는 포트폴리오를 설계할 수 있다.

각 회원이 매수할 만하다는 판단에 따라 클럽에 보고할 주식을 선택할 때는 클럽이 정한 지침서의 범주를 벗어나면 안 된다. 가능한 투자 상품의 범주를 좀 더 명확히 규정하려는 목적으로 주가(예: 주당 20달러를 넘거나 주당 8달러가 안 되는 종목은 제외한다), 시가총액, 시장 부문(예: 특정 부문 종목의 포트폴리오 내 비중이 15%를 넘으면 안 된다) 등에 대한 상세 조건을 명시할 수도 있다. 클럽의 포트폴리오에 포함할 주식의 기준을 명확히 정해 놓으면 클럽의 투자 목적을 달성하기가 더 쉬워지고, 추천 종목에 대한 회원들의 이해도가 더 높아진다.

경험이 많은 투자 클럽 자문가는 각 회원이 장기적 시간 틀에서 정기적으로 일정액을 투자하고, 보유 주식에서 나오는 배당금은 재투자하고, 클럽의 목적에 부합하는 다양한 종목에 투자하라고 제안한다. 투자 클럽은 이렇게 정기적으로 투자하는 방식으로 이른바 분할 적립 투자dollar-cost averaging를 매우 효과적으로 활용하는 셈이다. 분할 적립 투자는 일시금으로 투자하는 대신 미리 정한 금액을 정기적으로 투자하는 방법이다. 이 방법을 사용하면 주가가 하락할 때 더 많은 주식을 확보하게 된다. 반대로 주가가 상승하면 동일한 금액으로 확보할 주식이 줄어든다. 정기적으로 일정액을 투자하면 주가 변동의 파고를 상쇄하는 데 도움이 된다.

베터인베스팅

베터인베스팅BetterInvesting(구(舊) 전미투자자협회National Association of Investors Corporation, NAIC)은 50년 넘게 투자 클럽 결성 및 운영을 지원해왔다. 그리고 이런 노력은 분명히 의미가 있었다. 지난 수년간 투자에 대한 관심이 높아지면서 베터인베스팅의 회원도 급증했다.

미시건주 매디슨하이츠Madison Heights에 소재한 이 비영리 조직은 베터인베스팅 커뮤니티 회원에게 『투자 클럽 결성하는 법』이라는 소책자와 함께 투자자 유치에 도움이 되는 온라인 교육 과정을 제공한다. 이 조직이 발행하는 월간지 「베터인베스팅」은 투자 관련 소식을 다양하게 다루고 있다. 게다가 회원은 합의서 및 소책자 견본을 찾아볼 수 있다. 회원 가입 시 클럽별 연회비와 함께 각 클럽 회원이 내야 하는 비용이 있다.

BetterInvesting.org

베터인베스팅 웹사이트는 웨비나webinars(온라인 세미나), 상시 시장 자료, 조사 도구, 등록된 투자 그룹을 위한 수수료 없는 주식 거래 등 다양한 자원 및 도구를 무료로 제공한다. 더 자세한 내용을 알고 싶다면 www.betterinvesting.org를 방문하라.

IPO
출발점

기업은 '신규 상장'이라고도 하는 IPO(기업공개)를 통해 대중에게 처음으로 공개된다. IPO에 대해 '대중에 기업을 공개함going public'이라고 하는 이유도 바로 여기에 있다. 이 과정을 통해 설립된 지 얼마 되지 않은 소규모 신생 사기업이 영업 활동에 필요한 자금을 조달할 수 있다.

IPO는 매우 복잡하고 까다로운 작업이다. 수많은 복잡한 규정이 주관사(혹은 인수업자)와 발행사 모두를 규율한다. 그러나 모든 IPO는 기본적인 절차에 따라 진행된다.

우선 기업을 공개하는 쪽인 '발행사'가 '주관사underwriter'와 협의해 발행할 주식 유형, 발행 주식 수, 최적의 공모가, 최적의 공개 시점 등을 포함해 IPO에 관한 세부 사항을 조율한다.

그다음으로 예비 등록 서류를 마련해 SEC를 포함한 유관 기관에 제출한다. 준비 서류에는 핵심 경영진에 관한 정보, 현행 재무제표, 조달한 자금의 사용 계획, 기업 내부자가 보유할 주식 수 등을 포함해 상장 자체 및 상장기업에 관한 주요 정보가 담긴다.

SEC가 이런 서류에 담긴 각종 정보를 확인하는 기간을 일종의 '냉각기'라고 하는데, 주관사는 이 기간에 예비 사업(투자) 설명서를 통해 기업 공개에 대한 대중의 관심을 고조시킨다.

SEC가 기업 공개를 승인하면 최종 서류와 사업 설명서를 제출해 승인을 기다린다. 이 서류에는 공식 상장일이 명시된다. 공식 상장일은 상장 발효일이라고도 하며, 주식을 시장에서 판매할 수 있는 시점을 의미한다. 최종 사업 설명서는 법적인 구속력이 있으며 여기에는 신규 상장주의 확정 공모가가 명시돼 있다. 처음이자 마지막으로 주가가 고정된 시점이기도 하다. 일단 주식이 유통시장에 풀리고 나면 일반 투자자의 매수 의향을 담은, 이른바 투자 심리에 따라 주가가 결정된다.

IPO 인수 계약 구조

IPO 주관사와의 계약 방식에는 크게 두 가지가 있다. 우선 '최선의 노력을 조건으로 한 도급 방식best efforts'이 있다. 이때 주관사는 상장사 주식을 판매하지만, 목표액 전액을 조달해야 할 의무는 없다. 즉, 남은 주식은 강제 인수하지 않는다. 또 한 가지는 '전액 인수firm commitment' 방식이다. 이때 주관사는 특정한 자본액을 완벽히 조달해야 한다. 따라서 상장주 전부를 매수한 후 일반 투자자를 대상으로 재판매한다. 대부분 다수 투자 은행이 연합해 IPO 인수단을 구성한다. 이처럼 연합해 참여하면 구성사 간에 IPO 위험이 분산되는 효과가 있다. 따라서 주관사 한 곳이 모든 위험을 떠안지 않아도 된다.

레드 헤링과 요란한 선전

기업은 상장 준비가 끝났는데 SEC가 아직 승인을 내지 않은 시점일 때도 기업주와 주관사는 아직 할 일이 많다. 되도록 많은 우량 투자자가 상장주에 관심을 보이도록 해야 한다.

투자자의 관심을 끌어모으는 작업은 예비 사업 설명서를 지칭하는 '레드 헤링red herring(주의를 딴 데로 돌리는 것을 의미한다)'으로부터 시작된다. 이 서류에는 공모가와 발효일 등 핵심 정보 몇 가지를 제외하고 발행사와 IPO에 관한 사실상 모든 정보가 담겨 있다.

발행사의 핵심 인사와 주관사는 이 레드 헤링을 준비해서 잠재적 투자자를 만나 신규 상장사에 대한 투자 의지를 북돋우는 작업을 한다. 이 작업을 '요란한 선전전dog and pony show'이라고도 하는데, IPO 과정에서는 매우 중요한 역할을 한다. 신규 상장을 둘러싸고 열띤 관심과 기대 분위기가 조성되지 않으면 필요한 자금을 충분히 조달하기 어렵기 때문이다.

고급 투자 기법

함부로 따라 하지 마라

고위험이 주는 전율과 큰 수익 잠재력에 매력을 느끼는 투자자라면 신용 매수와 공매도 전략으로 그 욕구를 충족시킬 수 있다. 위험을 회피하는 보수적 투자자나 손실을 봐도 괜찮을 정도로 자금에 여유가 없는 투자자에게는 이런 기법이 적합하지 않다. 이런 전략을 선택하면 투자의 경계를 넘어 도박의 영역으로 들어가기 때문에 초기 투자금보다 손실액이 더 커질 가능성이 있다.

신용 매수

주식투자 업계에서 말하는 신용 매수margin buying는 돈을 빌려서 주식을 매수하는 방식이다. 언뜻 간단해 보이지만, 특히 시장이 예상치 못한 방향으로 움직이면 상황이 엄청나게 복잡해질 수 있다. 신용 매수는 투자 이익과 손실이 증폭될 수 있다. 따라서 가치 있는 전략이지만, 동시에 위험 수준이 매우 높은 전략이기도 하다.

신용 매수를 하려면 우선 투자금을 (적어도 일부라도) 넣은 증권 계좌가 있어야 한다. 증권회사는 이 투자금을 담보로 돈을 빌려준다. 그래서 '증거금 대출margin loan'이라고 한다. 담보로 삼았던 투자금의 가치가 크게 하락하면 중개인이 '추가 증거금 납부 요구margin call'를 해온다. 투자자로서는 매우 달갑지 않은 순간이다. 증거금 납부 요청을 받으면 증권이나 현금을 추가로 넣어 최소 증거금 요건을 충족해야 한다.

공매도

투자자가 주식을 매수할 때는 대부분 주가가 상승하기를 바란다. 신용 매수도 주가 상승을 바라기는 마찬가지인데 이는 말하자면 '공매수' 전략에 해당한다. 이와 정반대로 과감하게 접근하는 방식이 '공매도short selling' 전략이다. 공매도 투자자는 자신이 매도한 주식의 가격이 앞으로 대폭 하락한다는 데 베팅한다.

무엇보다 공매도는 보유하지도 않은 주식을 매도한다는 의미다. 없는 주식을 먼저 매도한 다음에 주가가 하락할 때 다시 매수한다는 계획이다. 이때 중간 다리 역할을 하는 자가 중개인이다. 공매도 투자자가 매도할 주식을 중개인이 빌려주고 나중에 다시 매수한 주식을 중개인에게 돌려준다. 공매도 주문을 낼 때는 명확하게 그 사실을 적시해야 한다. 매도 주문을 낼 때 공매도하는 사실을 확실하게 밝혀야 한다. 주식을 공매도할 때도 증거금 계정을 사용해야 한다. 증거금 규모는 공매도할 주식가치의 150% 이상이어야 한다. 이 150%에는 매도 포지션도 포함된다.

주의 사항

빌린 주식이 배당금을 지급하는 경우 그 주식을 빌려준 중개인에게 배당금을 지급해야 한다.

공매도에 내재한 가장 큰 위험은 공매수에는 존재하지 않는다. 공매도를 하면 손실 규모가 초기 투자금을 넘어설 수 있기 때문이다. 공매도일 때는 주가가 상승하면 손실이 발생한다. 그런데 주가 상승에는 상한선이 없기 때문에 손실 규모에는 제한이 없다. 현 주식 시세와 관계없이 빌려온 주식을 전부 되돌려줘야 한다. 예를 들어 주당 20달러에 공매도했는데 주가가 주당 50달러로 상승한다면 주당 30달러 손실이

발생한다. 주가 상승을 기대하고 정상적으로 주식을 매수했는데 주가가 0달러까지 하락한다면 주당 20달러 손실을 보는 데서 그친다.

그러면 이처럼 무제한 손실 위험을 부담하는 이유는 무엇인가? 철저한 조사와 객관적 동기 요소를 고려했을 때 주가가 하락할 때 이익을 낼 수 있는 방법이 공매도이기 때문이다.

공매도 절차

공매도 흐름은 부분적으로 특정 주식의 실제 성과에 좌우된다. 먼저 성공적인 공매도 사례부터 살펴보자. 복잡성을 제거하기 위해 증거금 이자와 중개 보수 부분은 고려하지 않기로 한다. 실제 거래에서는 이 두 요소가 투자 이익을 크게 잠식할 수 있다(혹은 투자 손실을 증폭시킨다).

우선 공매도할 주식을 정한다. 일단 A 기업 주식을 공매도한다고 하자. 추후 주가가 하락할 것이라고 생각해 A 주식을 공매도하기로 한다. 현재 A 주식은 주당 10달러에 거래된다. 그다음에 중개인을 통해 A 기업 주식 100주에 대해 공매도 주문을 낸다. 총액은 1,000달러가 된다. 중개인은 주문 체결 전에 증거금 계정에 500달러(1,000달러의 50%) 이상이 들어 있는지 확인한다.

중개인은 투자자에게 A 기업 주식 100주를 빌려주고 공개시장에 이 주식을 매도한다. 그러면 투자자 계정에 1,000달러가 들어온다. 며칠 후 A 기업 주가가 주당 9달러로 하락한다. 이때 주당 9달러에 100주를 매수해 중개인에게 돌려주면 100달러가 이익금으로 남는다.

그러나 주가가 주당 12달러로 상승하면 상황이 완전히 뒤바뀐다. 주당 12달러에 주식을 매수하지 않고 가격이 하락할 때까지 기다리기로 했다면 증거금 계정에 100달러(주가 차액 200달러의 50%)를 추가로 넣어야 한다. 주가가 12달러에 묶여 있을 때 더 큰 손실이 발생하기 전에 그 시세로 매수한다고 하면, 결과적으로 총손실액은 200달러가 된다.

처음 시작하는 이들을 위한 최소한의 주식시장 이해하기

연차 보고서

정보에 투자한다

대다수 사람이 재무 관련 서류에 나오는 숫자를 꼼꼼히 살펴보느니 차라리 뜨거운 석탄 위를 걷는 편이 백번 낫다고 할 정도로 숫자 보기를 귀찮아하고 또 어려워한다. 기업도 사람들의 이런 속성을 잘 알고 있다. 그래서 연차 보고서에는 온갖 미사여구로 도배를 해놓는다. 그럴듯한 말로 멋지게 포장하면 대다수가 이번 회계연도에 이 기업이 좋은 실적을 냈다고 생각한다는 점을 너무도 잘 알고 있다. 그러나 그 안에 적힌 숫자를 잘 들여다보면 전혀 다른 이야기가 숨어 있을 수 있다. 숫자에 익숙해지느냐, 아니냐는 오롯이 자신의 몫이다. 숫자를 꼼꼼히 분석할 수 있게 되면 쓸데없는 미사여구는 무시한 채 그 기업이 한 해 동안 어떤 실적을 올렸는지 제대로 들여다볼 수 있다.

이미 해당 기업의 주주라면 매년 연차 보고서를 받아볼 수 있다. 아직 그 기업에 투자하지 않았다면 전화를 해서 연차 보고서를 보내달라고 부탁하든가, 아니면 온라인상에서 찾아볼 수 있다. 연차 보고서 서식은 고정돼 있지 않아서 기업마다 모두 다르고, 내용을 수록하는 순서도 천차만별이다. 그러나 거의 모든 상장사의 연차 보고서에는 다음과 같은 항목이 기본으로 들어가 있다.

- 이사회 회장의 편지(그럴듯하게 포장하는 부분이 많다.)
- 제품 및 서비스 명세서(포장이 더 심하다.)
- 재무제표(각주를 자세히 읽어라. 알짜배기가 각주에 많다.)
- 경영진의 의견(기업 전반에 대한 의견 및 전망, 약간의 포장)
- 공인회계사CPA 의견서(기업의 재무상태 보고가 정확한지 확인하려면 이 부분을 읽어라.)
- 기업 정보(위치, 주요 인사 성명, 연락처)
- 주식 관련 자료(배당금 지급 기록, 배당금 재투자 계획에 관한 정보 등)

미사여구에 속지 마라

연차 보고서만으로 그 기업을 평가하지 마라. 좋은 이야기로만 보고서를 가득 채우는 이유는 긍정적 이미지만 씌워서 잘나가는 기업인 듯 보이려는 속셈일 뿐이다. 투자자의 눈을 긍정적 결과(그 부분이 중요하든 않든 관계없이)와 장밋빛 미래 계획에만 붙잡아둠으로써 곤경에 빠진 현재 상태와 실망스러운 실적을 감출 수 있다.

전문 용어로 기술한 연차 보고서는 CEO와 회장의 편지 부분을 강조한다. 물론 이들의 편지는 장밋빛 사업 전망으로 가득하다. 또 연차 보고서는 긍정적으로 보이는 그래프와 차트로 가득 차 있지만, 이런 자료를 조금만 더 자세히 들여다보면 그다지 긍정적인 지표가 아니라는 사실이 드러날 수 있다.

그러므로 화려한 미사여구는 읽기에 재미는 있지만, 그보다는 숫자를 들여다보는 일이 훨씬 더 중요하다. 어쨌거나 투자자에게는 숫자가 가장 중요하다. 자신이 보유하거나 보유하고 싶은 주식의 성공과 실패가 달린 문제라면 더더욱 그렇다.

재무제표

연차 보고서에 포함된 재무제표는 SEC에 제출하는 10-K(연간 보고서) 자료와 기본적으로는 동일하다. 그러나 재무제표에는 좀 더 축약된 정보가 담겨 있을 수 있다. 검토해볼 필요가 있는 기본 서류 세 가지는 다음과 같다.

1. 재무상태표

2. 손익계산서

3. 현금흐름표

재무상태표를 보면 회계연도 마지막 날을 기준으로 한 기업의 재무 상태를 엿볼 수 있다. 재무상태표는 기업의 자산, 부채, 자본 상태를 알려준다. 자본을 얼마나 보유하고 있는지, 부채는 어느 정도인지, 순자산 규모는 어느 정도인지 등을 나타낸다. 일반적으로 자산은 먼저 현금으로 시작해 고정자산(제조 공장과 중장비 등)을 맨 나중에 기재하는 식으로 유동성 크기 순서로 정리한다.

손익계산서는 한 해 동안의 이익 실적을 보여준다. 맨 먼저 매출액에서 시작해 여기서 각종 비용을 빼면 순이익(손실)이 나온다.

이익이 곧 현금은 아니다

손익계산서 이익 항목에 올렸다고 모두 현금 수익은 아니다. 이익과 현금은 동일어가 아니다. 따라서 이익이 없어도 현금이 있을 수 있고, 현금이 없어도 이익은 발생할 수 있다.

투자자라면 꼭 현금흐름표를 살펴보고 내용을 확인해야 한다. 현금

흐름표는 당해 회계연도 동안 현금이 들고나는 상황을 보여준다. 투자자는 이 표를 기업의 현금흐름을 추적하는 데 활용할 수 있다. 현금흐름표를 보면 자금 출처를 확인할 수 있으며, 이는 해당 기업 주식을 매수하려는 투자자에게는 매우 중요한 정보다. 투자자는 현금흐름표상의 현금이 영업 활동에서 발생한 이익금이기를 바란다. 이는 제품과 서비스 판매 실적이 좋았고, 비용 관리도 잘됐다는 의미이기 때문이다. 현금 유입이 차입이나 주식 추가 발행에서 비롯됐다면 기업의 이익 잠재력에 문제가 생길 수 있다.

각주를 읽어라

금융 전문가 사이에 떠도는 말이 있다. "회계사는 재무상의 문제를 각주에 숨긴다." 재무제표 각주는 계약상의 불리한 조항을 담은 '작은 글씨' 부분과 아주 비슷하다. 이 세부 항목을 반드시 읽어야 한다는 점은 다들 알고 있는데, 실제로는 잘 읽지 않는다. 대다수라고는 못 해도 꽤 많은 사람이 깨알 같은 글씨까지 다 읽지는 않는다. 기업도 각주까지 꼼꼼히 찾아 읽는 사람이 별로 없다는 사실을 알기 때문에 자사에 유리하도록 이 점을 이용한다.

기업이 각주를 이런 식으로 이용하는 점을 수상쩍게 생각할지 모르겠으나 이 자체가 불법은 아니다. 게다가 재무제표 각주 부분에 중요한 정보를 올리는 행위는 업계에서는 일반화된 일이다. 딱히 감춰야 할 사실이 없더라도 경영진이 각주에 자사 사업 현황과 미래 계획에 관한 정보를 올리기도 한다. 이 또한 투자자가 알아야 할 중요한 정보다. 재무제표 본문에는 온갖 수치 자료가 가득한데, 각주는 그 부분을 상세히 설명하는 공간이다. 결과 자료에 대한 상세한 설명과 함께 계산 방법과 자료 출처 등을 각주에 밝힌다.

수익 인식 시점이 중요한 이유

온라인 쇼핑을 해본 사람은 다 알 텐데 '주문' 버튼을 클릭하자마자 결제가 완료되는 곳이 있는가 하면, 상품 배송이 완료됐을 때 결제가 이뤄지는 곳도 있다. 수익 인식revenue recognition 시점은 이와 비슷한 원칙을 따른다. 어떤 기업은 제품에 대한 주문이 이뤄졌을 때 수익 처리를 하고, 또 다른 기업은 제품 배송이 완료된 시점에 수익이 발생했다고 본다.

각주 전반부를 보면 가치 평가 방식이나 수익 인식 시점 등 각 기업의 상세한 회계 실무 방침을 확인할 수 있다. 어떤 회계 방침을 선택했는지가 기업 수익의 중요한 측면을 나타낸다. 적절한 선택이었는지를 평가하려면 소속 업종의 표준을 찾아보고 해당 기업이 그 표준을 따르는지 확인해본다. 업계 표준을 따르지 않고 좀 더 공격적인 회계 방침

을 사용한다면 이는 기업이 부정적 실적을 감추려고 하거나 실제보다 실적이 더 좋게 보이도록 부기 속임수를 쓴다는 신호일 수 있다. 각주 후반부에서는 공표해야 하는 정보이기는 한데 재무제표에 담기에는 부적합한 정보를 상세히 밝히는데, 다음과 같은 정보가 담긴다.

- ESOP(종업원 지주제도)
- 스톡옵션
- 장기 부채
- 현행 혹은 향후 법정 소송
- 오류 수정
- 회계 조정
- 회계 절차상의 변화

신용카드 계약서에 작은 글씨로 쓴 '세부 조항'처럼 재무제표 각주 내용은 법적인 용어로 기술한 부분이 많아서 끝까지 읽기가 아주 어렵다. 항상 그렇지는 않더라도 문장이 매우 긴 데다 어려운 용어로 쓰였다 싶으면 기업이 투자자에게 알리고 싶지 않은 사실을 그 안에 감춰두었을 가능성이 크다고 할 수 있다. 예를 들어 엔론Enron은 재무제표 각주 부분에 교묘한 수법으로 온갖 부정적 사실을 숨겨 놓았지만, 아무도 이 부분을 읽으려 하지 않았다.

주식표
특정 주식에 대한 모든 정보

주식표stock table는 주가에 대한 중요한 최신 정보를 알려준다. 자신이 투자한 특정 주식의 움직임을 정확히 관찰하려면 주식표부터 완벽하게 이해해야 한다. 주식표에 담긴 정보는 발행처와 웹사이트에 따라 다소 차이가 있지만, 주식은 알파벳 순서로 나열되는 등 기본 정보는 비슷한 방식으로 제시한다.

주식표에서 확인해야 할 사항이 몇 가지 있다. 그중 하나가 주식표상의 날짜는 거래가 이뤄진 날짜이며 반드시 정보를 게시한 날짜일 필요는 없다는 사실이다. 더불어 다음에 제시한 바와 같이 주식표에서 사용하는 기본 용어도 알아둬야 한다.

• 52주 고점 및 저점: 보통은 주식표 제1열에 표시된다. 지난 52주

동안 거래된 주식의 최고점과 최저점을 나타낸다.

- 기업 기호: 주식을 발행한 기업의 종목 기호ticker symbol(기업명을 축약한 형태)로 표시된다.
- 배당금: 기업이 주주에게 지급하는 배당금을 표시한다.
- 거래량VOL: 당일 거래된 주식 수를 표시한다.
- 수익률YLD: 배당 수익률을 표시한다. 이는 배당금(배당금 란에 표시된 금액)을 종가(종가 란에 표시된 가격)로 나눠서 구한다.
- 주가수익비율: 주가수익비율을 나타내는 란으로 주가를 주당 수익으로 나눠 구한다.
- 고점 및 저점: 당일 거래된 주식의 최고가와 최저가를 나타낸다.
- 종가: 당일 마지막 거래 가격을 나타낸다.
- 전일 대비 가격 변동net change: 전일 종가와 금일 종가 간의 차이를 나타낸다.

주식시장 초보자가 어리둥절해하는 사실이 하나 있다. 금일 시가와 전일 종가는 왜 차이가 나는 것일까? 투자자가 특정 주식을 매수하려 할 때 어느 정도까지 지급할 의향이 있는지가 시가와 종가에 반영된다. 그리고 특정일 오후 4시부터 다음 날 오전 9시 30분 사이에 주가 변동이 가장 크다. 하루 24시간 뉴스가 나오고 시간 외 거래가 급증하는 상황에서는 전일 종가와 금일 시가 차이가 더 크게 나타날 수 있다.

주요 인터넷 뉴스 사이트 대다수가 최신 주식표를 제공하는데 대부분이 쌍방향 소통 구조여서 클릭 한 번으로 특정 기업이나 업종에 관한 최신 정보를 매일 접할 수 있다. 특정 종목의 시세를 알고 싶을 때 검색창에 종목 기호를 입력하면 최신 정보가 주르륵 나타난다. 시가총액, 3개월 평균 거래량, 역대 가격 자료 등을 비롯한 가외 정보와 함께 주식표에 담긴 기본 자료를 모두 볼 수 있다.

종목 기호
별칭이 무엇인가?

종목 기호는 특정 주식(그리고 뮤추얼펀드와 상장지수펀드 같은 기타 투자 상품)을 나타내는 축약형 명칭이다. 이 기호는 투자자와 매매인이 증권을 추적·관찰하고 관련 정보를 찾아내는 데 도움이 된다. 투자자가 정확한 자료를 얻으려고 시세 서비스를 이용할 때마다 종목 기호를 입력해야 한다.

보통은 각 기업이 종목 기호를 만드는데, 일반적으로 이 기호는 기업의 명칭을 축약한 형태로 나타난다. 예를 들어 마이크로소프트의 종목 기호는 'MSFT'이고 아처대니얼스미들랜드Archer Daniels Midland는 'ADM'이다. 그러나 기업명과 직접적인 연관성이 없는 종목 기호도 있다. 예를 들어 앤호이저부시Anheuser-Busch는 'BUD'이고, 할리데이비드슨Harley-Davidson은 'HOG'다. 투자자는 투자하거나 투자를 고려하는 기업의 종목 기호를 정확히 알아야 한다. 매우 유사한 기호가 꽤 있으므로 정확한 기호를 사용하는 것이 매우 중요하다.

토막 지식

시더페어Cedar Fair, L.P.는 언뜻 원 기업명과 관련이 없어 보이는데 종목 기호가 'FUN'인 상장기업이다. 그러나 생각보다 이 기호는 매우 적절하다. 시더페어는 미국 전역에 11개 놀이공원을 보유한 업체다. 도니파크 & 와일드워터 킹덤Dorney Park and Wildwater Kingdom(펜실베이니아주)이나 킹스도미니언Kings Dominion(버지니아주) 혹은 노츠베리팜Knott's Berry Farm(캘리포니아주)에 가봤을 것이다. 전부 시더페어가 소유한 놀이공원이다. 그러므로 종목 기호가 '재미'를 뜻하는 'FUN'이라는 사실이 전혀 이상하지 않다.

기호 속 문자의 의미

종목 기호를 나타내는 문자의 수를 보면 주식이 거래되는 증권거래소가 어디인지를 알 수 있다. NYSE는 상장기업의 종목 기호에 최대 3개 문자를 사용한다. 나스닥 상장사는 보통주인 경우 종목 기호로 문자 4개를 사용한다.

종목 기호에 문자를 더 추가할 때도 있는데 그 이유는 매우 다양하다. 주식에 어떤 문제가 있음을 나타내는 표시일 때도 있고, 주식 유형을 구분하려는 이유에서 문자를 추가하기도 한다.

종모 기호 뒤에 'PR'이 붙으면 NYSE 우선주라는 표시다. 또 PR 뒤에 주식 등급을 나타내는 문자가 붙기도 한다. 예를 들어 뱅크오브아메리카 우선주 L 시리즈의 종목 기호는 'BAC.PRL'이다. 여러 등급의 보통주를 발행하는 기업은 종목 기호에 그 부분을 표시하는 문자가 붙는다. 예를 들어 버크셔해서웨이가 발행하는 2개 등급 주식의 종목 기호는 각각 BRK.A와 BRK.B다.

나스닥 상장주도 이와 비슷하게 주식 등급이나 우선주를 표시하는 글자를 추가한다. 거래되는 주식이 보통주가 아닐 때가 있기 때문이다. 나스닥 상장주에 다섯 번째 글자가 붙어 있으면, 특히 E나 Q가 있으면 눈여겨봐야 한다. 다섯 번째로 달린 글자에는 각각의 의미가 있다. 다섯 번째 기호에 대한 설명은 다음 표와 같다.

기호	의미	기호	의미
A	A등급	N	3등급 우선주
B	B등급	O	2등급 우선주
C	발행사 자격 예외	P	1등급 우선주
D	신주	Q	파산 절차 진행
E	SEC에 서류 미제출	R	권리
F	해외 주식	S	수익권 주식
G	1차 전환 채권	T	신주인수권 보장
H	2차 전환 채권	U	단위

기호	의미	기호	의미
I	3차 전환 채권	V	발행 시 및 분배 시
J	의결권주	W	신주인수권
K	무의결권주	X	뮤추얼펀드
L	기타	Y	미국예탁증서ADR
M	4차 전환 채권	Z	기타

장외시장OTC에서 거래되는 주식은 종목 기호가 5개 문자로 돼 있고, 핑크 시트에서 거래되는 주식은 기호 뒤에 'PK'가 붙는다. 호가 게시판OTCBB에서 거래되는 종목에는 'OB'가 붙는다. 온라인에서는 이런 종목 기호 앞에 투자 등급 기호(예: 'stop' 같은 거래 정지 등급 기호)가 먼저 붙는다. 장외시장에서 거래되는 주식의 종목 기호는 핀라가 할당하며 해당 기업이 이를 선택하지 못한다.

기호 변경

종목 기호 변경에는 몇 가지 이유가 있다. 기업 스스로 기호를 변경할 때가 있다. 거래소가 종목 기호를 변경하거나 핀라 같은 기관이 변경하기도 한다.

기업 스스로 기호를 변경하는 이유로는 크게 두 가지가 있다. 하나

처음 시작하는 이들을 위한 최소한의 주식시장 이해하기

는 기업명 변경 때문이고, 또 하나는 다른 기업과 합병하거나 인수됐기 때문이다. 합병으로 새 기업이 탄생하면 이전 두 기업의 명칭이 모두 바뀐다. 다른 기업에 인수되면 인수한 기업의 명칭에 따라 종목 기호를 변경하기도 한다. 예를 들어 월그린즈Walgreens는 무려 90년 동안이나 'WAG'라는 종목 기호로 거래됐다. 그러다가 유럽 최대 약국 체인 가운데 하나인 얼라이언스부츠Alliance Boots와 합병한 후에는 종목 기호가 'WBA'로 변경됐다.

종목 기호를 외부 기관이 변경한다면 이는 무언가 문제가 있다는 신호일 수 있다. 예를 들어 이는 상장폐지를 의미하는 표시일 수 있다. 이런 종목은 앞으로 주요 거래소에서 거래가 이뤄지지 않는다는 의미다. 따라서 이후로는 장외시장에서만 거래가 가능하다. 이 경우 이전 종목 기호 뒤에 'PK'나 'OB'가 붙는다. 재무제표와 기타 필요 서류를 제때에 규제 기관에 제출하지 않으면 종목 기호 뒤에 'E'가 붙는다. 이후 서류를 제출하면 규제 기관이 'E'를 지워줄 수 있다.

시세 표시기(테이프)
축제 행렬과는 아무 상관없음

TV에서 경제 뉴스 프로그램을 시청하다 보면 화면 맨 아래로 암호 같은 문자와 숫자가 주르륵 지나가는 장면을 봤을 것이다. 이를 '시세 표시기ticker tape(시세 표시 테이프)'라고 한다. 투자자와 기타 시장 관찰자가 여기에 담긴 정보를 잘 풀어 해석한다면 거래 당일 내내 수시로 변화하는 시장 추세와 주가 흐름을 놓치지 않을 수 있다.

이 시세 정보는 원래 작은 종이 띠에 기록했기 때문에 '테이프'라는 명칭이 붙었지만, 지금은 전자 방식으로 표시된다. 그러나 그 기능은 예전과 같다. 즉, 거래소에서 이뤄지는 모든 거래를 기록한다. 전신기의 등장과 함께 1867년에 처음으로 시세 표시 테이프가 개발됐다. 당시에는 각 중개소나 증권사 사환이 최신 가격이 적힌 시세 테이프를 거래소에서 트레이더 사무실로 가져갔다. 이런 방식이었기 때문에 거래소에서 가장 가까운 곳에 있는 증권사가 최신 시세를 가장 먼저 받아볼 수 있었다. 최신 시세를 가장 먼저 입수한다는 것은 엄청난 이점이었다.

1960년대가 되자 시세 테이프 속도는 훨씬 빨라졌지만, 거래가 이뤄진 시간과 시세가 기록되는 시간 간에는 여전히 시차가 있었다. 이 시차가 무려 20분에 달할 때도 있었다. 요즘처럼 실시간 거래가 이뤄지는 때에 이 20분은 몇백 년에 해당할 만큼 긴 시간이다.

토막 지식

증권 가격이 움직이는 단위를 '틱'이라고 한다. 가격이 상승하든 하락하든 그리고 변동 폭이 크든 작든 모든 가격 움직임을 '틱'으로 계산한다.

마지막으로, 1990년대 중반에 실시간 시세 표시기 덕분에 정보 전달 속도가 획기적으로 변화했다. 전자 방식 도입으로 모든 사람이 거의 동시에 같은 정보를 접하기 때문에 이 물리적 시세 테이프는 더는 필요하지 않게 됐다.

TV 화면 밑으로 지나가는 시세 표시기에는 단일 증권거래소의 거래 상황만 표시된다. 주로 NYSE와 나스닥 같은 주요 거래소 시세를 동시에 보여주는 채널이나 프로그램도 물론 있다.

시세 표시기 해석

시세 표시기를 처음 보는 사람은 자료가 순식간에 지나가 버리기 때문에 어리둥절한 기분이 든다. 그러나 그 안에 표시된 정보를 해석할 수 있게 되면 시세 표시기가 최신 정보를 전하고 있다는 사실을 알게 된다. 다음 정보 띠를 보면서 시세 표시기를 해석해보자.

종목 기호	거래량	거래 가격	변동 방향	변동량
FB	25M@	119.41	△	1.12

맨 처음에 표시된 항목은 종목 기호로서 이 예에서는 페이스북FB을 나타낸다. 그다음은 거래되는 주식의 양이며, 여기서는 2,500만 주를 나타낸다. '25' 뒤에 붙은 'M'은 숫자 단위로서 백만을 의미한다. K는 1,000단위 주를 의미하고 B는 10억 단위 주를 나타낸다. 그 뒤에 나오는 '@'는 'at' 표시로 그다음 란에 명시된 가격 수준에서 거래됐음을 나타낸다. 거래 가격은 최신 매수호가를 나타낸다.

네 번째 항목은 '변동 방향'인데, 이는 전일 종가에 비해 가격이 상승했는지 하락했는지를 나타낸다. 변화량 부분은 전일 종가와 현 시세 간의 차이를 보여준다. 이 표에서 '1.12'는 FB가 전일 종가보다 1.12달러 높은 가격에 거래된다는 의미다.

주가가 움직이는 방향을 바로 알아볼 수 있게 색깔을 달리해서 표기하기도 한다. 약간의 차이는 있겠으나 대체로 거래 가격이 올랐을 때는 빨간색으로 표시하고, 가격이 내렸을 때는 파란색으로 표시한다. 또 전일 종가에서 변화가 없을 때는 흰색으로 표시한다.

어떤 종목이 시세 표시기에 표시되는가?

매일 수천 개 종목이 수백만 주나 거래되므로 TV 화면 밑에 지나가는 시세 표시기에 모든 종목이 전부 표시될 수는 없다. 그 많은 종목 가운데 선별된 종목만 표시되는데 이때 표시할 종목은 보통 거래량과 주식 보유 범위, 가격 변화, 뉴스 속보 등을 기준으로 선정한다. 일반적으로는 유명 기업이나 큰 뉴스를 만든 종목이 주로 표시되며, 거래가 진행되는 동안 표시기에 나타나는 종목이 시시각각으로 바뀐다. 예를 들어 거래량이 적은 종목보다는 거래량이 많은 종목이 더 많이 표시되고, 뉴스에 자주 등장하는 기업이 조용한 기업보다 더 자주 표시된다.

일단 장이 마감하고 나면 시세 표시기에는 알파벳 순서로 종목이 표시되고 당일 마지막 시세만 보여준다. 그리고 다음 날 아침에 개장되면 시세가 다시 표시되기 시작한다.

투자자가 알아야 할 수치 자료

기본 계산은 할 줄 알아야 한다

매수 대상 종목의 범위를 좁힌 다음에 각 기업에 대한 몇 가지 요소를 살펴보는 식으로 조사 작업을 계속해야 한다. 각 기업의 주당순이익earnings per share, EPS, 주가수익률, 장부가치, 가격 변동성, 배당금, 유통 주식 수, 총수익률total return 등을 알아보라. 이런 수치 자료를 통해 해당 종목에 관한 중요 정보를 얻을 수 있다.

이 가운데 일부(주당순이익 등)는 해당 기업의 연차 보고서에서 얻을 수 있지만, 직접 계산해야 하는 자료(주가순자산비율 등)도 있다. 이 정도 계산을 귀찮아하면 안 된다. 공식만 알면 계산이 아주 간단하고 시간도 많이 걸리지 않는다. 그리고 약간의 노력으로 산출한 수치 자료는 투자에 매우 유용한 정보가 된다.

장부가치

장부가치(회계상 가치accounting value라고도 한다)는 기업의 순자산 상태를 보여준다. 단순하게 말하면 장부가치는 기업이 부채보다 자산을 얼마나 더 보유하고 있는지를 나타낸다. 주당 장부가치book value per share('주당순자산'이라고도 함)를 계산하려면 우선 총자산에서 총부채(두 가지 모두 재무상태표에서 확인 가능)를 뺀 다음에 이 결괏값을 유통보통주 수로 나눈다.

이 값을 알면 기업의 내재가치와 비교할 때 주가(시장가치)가 합리적 수준인지를 평가하는 데 도움이 된다. 수많은 전문가가 투자할 만한 가치주라고 보는 종목은 주가가 주당 장부가치의 2배를 넘지 않는다.

웹사이트 방문

기업 웹사이트는 투자 결정을 내리는 데 도움이 되는 매우 가치 있는 정보원이다. 개인투자자를 대상으로 한 조사 결과 전체의 74%가 투자하기 전에 해당 기업 웹사이트에 방문했다. 그리고 53.6%는 최종 투자 결정을 내리기 전에 자주 웹사이트에 방문한다고 대답했다.

이익률

기업 이익과 관련한 가장 중요한 정보 가운데 하나가 이윤 폭 혹은 이익률profit margin이다. 이 지표로 매출 대비 이익 비율을 알 수 있다. 기업이 기록적인 실적을 올리면서 매출 목표를 전부 달성해도 안정적으로 영업 이익을 내지 못한다면 그런 대단한 매출 실적이 다 무슨 소용이 있을까?

기업의 이익률은 순이익을 매출액으로 나눠 구한다. 일반적으로 이익률이 높으면 좋지만, 다른 지표와 마찬가지로 이 또한 상대적인 수치다. 단일 기간의 이익률만으로는 그다지 중요한 정보라고 보기 어렵지만, 다른 기간의 이익률과 비교하면 꽤 의미 있는 정보를 얻을 수 있다. 예를 들어 이익률이 3%로 하락했던 1개 분기만 제외하고 한 기업의 과거 5년 동안 이익률이 평균 10%였다고 해보자. 이는 같은 기간에 이익률이 3%에서 20% 사이를 오르락내리락했지만, 평균적으로는 동일하게 이익률이 10%였던 기업과는 의미가 다르다. 첫 번째 사례는 기업이 안정적이며 신뢰할 만한 수익성을 보인 셈이다. 따라서 잠재적 투자 상품으로서 매우 바람직한 요소이다.

두 번째 사례는 변동성이 크고 예측 불가능한 이익률로서 이는 기업의 재무 건전성을 해치는 불안 요소일 수 있다. 이익률이 꾸준히 하락하는 패턴이라면 이는 기업의 부채가 계속 증가하거나 시장 점유율이

처음 시작하는 이들을 위한 최소한의 주식시장 이해하기

줄고 있음을 나타내는 신호일 수 있다. 또 이 기업의 이익률을 동종 업계 평균 이익률과 비교할 수도 있다. 업계 평균에서 크게 벗어나는 수치가 나오는 경우 현명한 투자자라면 그 이유가 무엇인지 알 수 있을 것이다.

가격 변동성

가격 변동성은 주가 변동 수준을 나타내는 지표다. 이는 보통 일정 기간 내 가격 고점과 저점 차이를 관찰해 산출한다. 이 지표는 잠재적 투자상품의 위험도를 평가하는 데 매우 중요하다. 대체로 지난 몇 개월 동안 가격이 큰 폭으로 올랐다가 내리는 등 변동성이 큰 주식이라면 높은 가격에 매수하려 하지 않는다.

업계에서는 주식 가격 변동성을 '베타beta'라고 한다. 베타는 가격 변동성을 전체 시장과 비교한 '양적' 측정치다. 일반적으로 베타 분석 시 주가 변동 폭을 S&P 500 지수 변동 수준과 비교한다. 예를 들어 베타가 2인 주식은 변동 폭이 S&P 500 지수 변동 폭의 2배라는 의미다. 따라서 S&P 500이 20% 상승하면 이 주식은 40% 상승하고, S&P 500이 20% 하락하면 이 주식은 40% 하락한다.

액면가치, 장부가치, 시장가치

세 가지 수치, 세 가지 이론

주식과 관련한 수치는 매우 많다. 이 가운데는 매우 중요한 수치도 있고 적어도 투자자에게는 그렇게 중요하지 않은 수치도 있다. 주식가치를 나타내는 각기 다른 세 가지 수치가 있다. 액면가치와 장부가치 그리고 시장가치다. 이 세 가지를 혼용하는 사람도 있지만, 세 수치가 지닌 의미는 각기 다르다.

액면가치

실제로 주권株券에 표기된 금액(달러)을 액면가치par value(액면가)라고 한다. 보통주 액면가는 소액이 대부분이고, 고작 몇 센트짜리 주식도 있다. 사실 액면가를 표기하지 않고 발행하는 주식도 있다. 액면가치는 사실상 상환 가치다. 주주는 이 액면가치로 주식을 상환할 수 있기 때문이다. 예를 들어 액면가 주당 10센트인 주식을 1만 주 보유했다면 법적으로 이 주식을 1,000달러에 상환할 수 있다. 그런데 해당 기업에 문제가 있어서 시장가치가 액면가치 밑으로 떨어졌는데 주주가 액면가치로 주식 상환을 요구한다면(적어도 이론적으로는 문제없음) 기업으로서는 난감한 상황에 처할 수밖에 없다. 기업이 보통주를 무액면주로 발행하는 일이 흔한 이유가 여기에 있다. 무액면주 발행 여부는 영업 활동지가 아니라 본국의 법에 따라 결정된다.

액면가치는 회계 관점에서는 매우 중요하지만, 주가와는 아무 상관이 없다.

주당 장부가치

아주 기본적으로 주당 장부가치는 기업을 청산해야 할 때 각 주에 할당하는 금액을 의미한다. 주당 장부가치는 총자본total equity을 기준으로 산출하는데 주택 자산을 계산할 때와 비슷하다고 보면 된다. 주택의 가치를 계산할 때는 주택 가격에서 주택담보 대출금액을 뺀다. 여기서 나온 결괏값이 현재 소유한 주택 자산의 실제 가치다.

기업가치도 이와 마찬가지다. 기업의 총자본을 계산하려면 기업이 보유한 총자산에서 총부채를 뺀다. 주당 장부가치는 이렇게 구한 총자본을 유통 보통주의 총수로 나눠 구한다.

물론 계산이 간단하지 않을 때도 있다. 예를 들어 기업이 우선주를 발행할 때이다. 우선주는 보통주에 우선하는 권리가 있으며 계산 공식에 이 요소를 반영해야 하기 때문이다.

주당 장부가치는 재무상태표를 기준으로 한 기업가치 측정치다. 재무상태표는 핵심 재무제표로서 특정 시점의 재무상태를 '순간 포착'해서 보여주는 역할을 한다.

시장가치

투자자에게는 세 가지 중에서 시장가치가 가장 중요하다. 시장가치에는 해당 기업에 대한 전체 시장의 반응이 반영되기 때문이다. 그리고 주식을 매수할 때 실제로 지급하는 가격이기도 하다.

이익과 이익성장률 모두 주가의 기초가 되는 가장 일반적인 수치이지만, 이외에 다른 요소도 주가에 영향을 미친다. 예를 들어 기업 인지도가 주가에 큰 영향을 준다. 기반이 탄탄한 유명 상표는 그 존재만으로도 기업에 엄청난 가치를 부여한다. 이름값 있고 신망과 존경을 받는 인물이 임원으로 있으면 기업이 계속해서 사업적으로 성공을 거둘 것이라는 생각으로 투자자의 신뢰가 높아지므로 주가 상승에도 긍정적인 영향을 미친다. 경쟁을 저지하는 방어벽 또한 주가에 영향을 미친다. 이런 방어벽으로 다른 기업이 시장에 진입하지 못하게 할 수 있기 때문이다. 예를 들어 독점 계약은 기업에게 명백한 경쟁 우위를 제공함으로써 확고히 다져 놓은 고객 및 공급업자 기반을 경쟁사가 흔들지 못하게 한다.

기업의 시가총액은 급속히 변화할 수 있다. 시가총액은 주식의 현재 시장가치에 유통 주식 총수를 곱해 구한다. A 기업의 유통 주식 수가 1,000만 주이고, 현재 주가가 25달러라면 시가총액은 2억 5,000만 달러다. 중개인이나 분석가가 기업가치라고 할 때는 이 시장가치를 지칭하는 말이다.

주당순이익

최종적 이익 결산치

사업의 핵심은 이익 실현이고 모든 기업의 최종 목표는 이익 증대다. 지속적으로 이익이 발생하지 않으면 기업은 살아남지 못한다. 특정 기업의 주식을 매수하거나 지분 소유를 고려하는 사람에게는 '이익' 요소가 매우 중요하다. 실제로 모든 투자자는 기업 평가 시 이익을 가장 중요한 판단 기준으로 여긴다.

주당순이익EPS은 기업의 총수익(이익 혹은 순수익이라고도 함)이 개별 주식에 얼마나 배정되는지를 나타낸다. EPS 계산은 매우 간단하다. 기업이 공시한 순수익을 유통 주식 수로 나누면 된다.

그러나 EPS와 성장률을 제대로 평가하려면 기업이 자사 이익을 어떻게 산출하는지, 또 시간이 지나면서 산출 방식에 변화가 생기는지를 알아야 한다. 일반적으로 기업은 자사 이익을 산출하는 방식에서 재량을 발휘할 여지가 있다. 따라서 보여주고 싶은 항목에만 투자자의 이목이 집중되도록 긍정적 관점에서 이익을 부각하는 편이 기업에 유리하다.

유통 주식 수

시장에 유통되는 보통주의 수는 고정적이지 않다. 매우 다양한 방식으로 주식 수를 산정하기 때문이다. 아주 단순하게 일정 기간의 마지막 날 실제로 시장에 유통되는 보통주가 몇 주인지를 기준으로 주식 총수를 계산할 수 있다. 같은 기간에 유통되는 주식 수의 가중 평균으로 계산하기도 한다. 이럴 때는 주식이 발행되거나 기업이 자사주를 환매수하면 주식 수가 달라진다. 마지막으로, 희석된 주식 수를 나타내기도 한다. 이때는 보통주로 전환이 가능한 증권(스톡옵션과 전환우선주 등)이 실제로 전부 전환되는 경우 시장에 유통되는 주식 수를 고려해야 하므로 유통 주식 수 계산이 훨씬 복잡해진다.

'이익'의 진정한 의미

기본적으로 이익은 매출액에서 원가 및 비용을 빼서 구한다. 기업이 자원(자산)을 효과적·효율적으로 사용한다면 매출이 원가 및 비용보다 높아진다. 그 결과 기업에는 순이익이 발생한다. 반대로 자원을 효율적으로 사용하지 못하면 매출보다 비용이 더 많아지면서 기업에는 손실이 발생한다. 이익 산출이 그리 간단하지 않을 수도 있다. 실제로 각기 다른 세금 및 회계 원칙을 적용하면 기초 수치가 동일하더라도 이익 결과값이 달라질 수 있다.

기업이 이익 수치를 조작하는 방법

기업은 법이 허용하는 한도 내에서 기만적 술수로 이익 수치를 교묘하게 조작할 수 있다. 수상쩍은 회계 관행임이 분명한데 그런 교묘한 술수라도 수치를 공개하는 한 합법적인 행위에 속한다. 이런 포괄적 융통성 덕분에 기업은 자사 이익 수치를 손쉽게 조작할 수 있다. 더 나아가 SEC나 IRS(미국 국세청)에 보고한 사실과 다른 내용을 언론에 공개하기도 한다. 그러므로 투자자는 자신이 검토하는 수치가 정확히 무엇인지, 또 이 수치를 어떻게 산출했는지 정확히 알아야 한다.

서식 10-Q와 10-K를 비롯해 SEC에 제출하는 모든 서류는 '일반적으로 받아들여지는 회계 원칙generally accepted accounting principles, GAAP'이라고 하는 엄격한 기준을 준수한다. 그러나 이런 엄격한 규율이 있음에도 기업이 회계 보고 방침을 스스로 선택할 수 있는 융통성이 존재하며, 이런 선택이 수익에 큰 영향을 미칠 수 있다.

GAAP에 유의하라

'일반적으로 인정된 회계 원칙'을 의미하는 GAAP는 기업이 재무제표를 작성할 때 사용하는 엄격한 절차 및 규정집이라고 할 수 있다. 이 원칙은 투자자가 일관성 있고, 공정한 보고를 요구함으로써 기업의 재무상태를 제대로 이해하는 데 도움이 되도록 설계됐다.

기업은 수치 자체를 조작하는 것 외에 이익 실적을 발표할 때 교묘한 속임수를 쓰기도 한다. 분석가가 내놓은 예측이나 기대치에서 크게 어긋났을 때는 특히 더 그렇다. 예를 들어 기업은 금요일 오후 장이 마감된 후 이익 실적을 발표한다. 실적 발표 시기를 이렇게 잡는 이유는 투자자가 저조한 이익 실적 발표에 즉각 대응하지 못하게 하고, 주가를 떨어뜨리는 압박 요소로 작용하지 않게 하려는 목적에서다. 이를 '보고 자료 숨기기burying the report'라고 한다.

수치를 숨기는 또 다른 방법은 더 긍정적인 정보를 부각한 다음에 마치 대단하지 않은 자료인 듯 그 수치를 발표하는 것이다. 예를 들어 향후 발전 전망(신제품 발매 등)에 초점을 맞춘 재무 자료에 부실한 이익 수치를 슬쩍 끼워 넣는다.

기업은 이익 실적과 관련한 모든 정보를 공시해야 하지만, 사람들이 쉽게 읽을 수 있게 공시해야 할 의무는 없다. 그래서 투자자가 읽지 않았으면 하는 혹은 주목하지 않았으면 하는 정보는 재무제표 각주에만 기술하는 기업이 꽤 있다.

이익성장률

EPS를 파악하고 난 후에는 지난 몇 년 동안 주당순이익이 어떻게 변화했는지를 살펴보는 방식으로 기업의 성장률을 확인할 수 있다. 특정 기업 주식을 매수하려 할 때 안정적이고 강력한 이익 성장 패턴을 보이는지 살펴보는 일이 매우 중요하다. 지난 몇 년 동안의 EPS 자료를 분석하면 관심이 가는 주식이 투자에 적합한지 아닌지를 확인할 수 있다. 이 같은 분석을 통해 수치가 어떻게 변화해왔는지, 또 성장을 지속할지 여부를 알아낼 수 있다.

변화율 외에 변화 속도로 고려해야 한다. 천천히 그러나 꾸준히 성장하는 모습은 저성장 업종에 속한 안정적 기업이라는 의미일 수 있다. 성장 속도가 빠르고 변동 폭이 크다면 미래 성장 잠재력이 크다는 의미일 수 있지만, 또 한편으로는 지속 가능하지 않은 일회성 요소에 따른 일시적 이익 성장일 수도 있다.

주가수익비율PER

얼마를 주고 샀는가?

자주 사용하는 가장 기본적인 주가 측정치 가운데 하나가 주가수익비율이다. 주가수익비율은 주당 가격을 주당순이익EPS으로 나눠 구한다. 이처럼 계산 자체는 매우 단순하지만, 이 수치에는 매우 중요한 정보가 담겨 있다. 가장 중요한 정보로서 우선 당기순이익 1달러당 주식 가격으로 얼마를 지급했는지 알 수 있다. 투자자로서는 PER이 가장 낮은 종목을 찾으면 된다고 단순하게 생각할지 모르지만, 사실은 그렇게 간단하지만은 않다. 여기서 '낮은'이라는 말은 단지 상대적 기준에 따른 결과일 뿐이다.

종목 선택 과정에서 검토해야 할 필수적인 요소가 바로 기업의 PER이다. 주가에는 투자자 수요가 반영되므로 PER은 투자자가 기업 이익에 대비해 주식 매수 가격으로 얼마까지 지급할 의향이 있는지를 나타낸다. 예를 들어 PER이 20이라면 투자자가 해당 주식 EPS(주당순이익)의 20배 가격을 내고 이 주식을 매수할 의향이 있다는 의미다. 이는 매우 중요한 정보이기는 하지만, 이것이 전부가 아니므로 이로써 PER를 모두 이해했다고 생각하면 오산이다.

먼저 주가와 이익 수준에 차이가 있는데도 PER이 같은 주식이 있을 수 있다. 예를 들어 주당 30달러에 거래되고 EPS는 1.50달러인 주식은 PER이 20이다. 그런데 주가가 60달러이고 EPS는 3달러, 그리고 주가가 5달러이고 EPS가 0.25달러인 주식도 PER은 역시 20이다.

특정 주식의 PER을 알면 여러 측면에서 동종 주식과 비교 가능하며, 이런 자료는 대체로 온라인(혹은 신문)을 통해 얻을 수 있다. 같은 범주(예: 중형 성장주)와 같은 업종(예: 기술)에 속한 기업을 비교해보면 특정 기업의 상대적 수준을 가늠해볼 수 있다.

특정 종목에 대해 조사할 때는 동종 업종 내 다른 기업 그리고 전체 산업 PER과 비교해보라. 산업별로 고유한 특성이 있기 때문에 특정 산업 부문의 평균 PER을 확인할 필요가 있다. 특정 기업의 PER이 동종 업종 내 다른 기업보다 유독 높거나 낮다고 해서 무조건 문제가 있다고 할 수는 없지만, 왜 그런지 그 이유는 알아봐야 한다. 예를 들어 PER이 낮으면 해당 기업의 성장이 지체됐거나, 과도한 부채가 있다는 의미일 수 있다. 이도 저도 아니고 단순히 주식가치가 저평가됐을 뿐일 수도 있다. 이 경우라면 가치투자자에게는 최적의 매수 대상이다. 상대적으로 PER이 높은 기업은 고평가됐을 가능성이 있다. 혹은 최근의 사업 확대, 인수, 신제품 등을 기반으로 높은 성장 잠재력을 드러내는 신호일 수도 있다. 이 경우는 성장 투자자에게 맞춤한 투자 대상일 수 있다.

산업별, 업종별 PER에 큰 편차가 있다

종목 가치를 평가할 때는 맥락이 매우 중요하며 PER을 검토할 때도 마찬가지다. PER 조사 역시 업종이라는 맥락에서 이뤄져야 한다.

일부 산업은 다른 산업보다 PER이 계속 낮게 나타난다. 예를 들어 수십 년 동안 존속한 산업은 새로 등장한 신종 산업에 비해 PER이 낮은 편이다. 예를 들어 공익사업 종목은 기술산업 종목보다 항상 PER이 낮게 나타난다.

특정 기업(혹은 산업)이 속해 있는 시장 부문 내에서 어느 정도 경쟁력이 있는지 확인하는 일도 매우 중요하다. 이때 PER은 특정 기업이 해당 산업을 주도하는지 아니면 뒤처져 있는지 평가하는 데 도움이 된다.

다음과 같이 다양한 업종, 산업, 기업별 상대적 PER를 고찰해보자 (2016년 5월 25일 야후파이낸스Yahoo Finance 제공 서비스).

업종	PER	산업	PER	기업	PER
금융	15.80	상해 및 건강 보험	12.90	애플랙_{Aflac}	11.45
공익사업	16.29	가스	14.60	노스웨스트내추럴가스 Northwest Natural Gas Co.	24.42
보건의료	40.41	생명공학	165.80	인사이트 Incyte Corporation	325.32
기술	26.3	무선통신	5.10	티모바일유에스 T-Mobile US, Inc.	28.67

업종별로 PER이 얼마나 큰 차이가 있는지 또 심지어 같은 업종이나 산업 내에서도 PER에 큰 편차가 있음을 확인할 수 있다. 그리고 이런 정보 또한 주식가치를 평가하는 데 큰 도움이 된다.

주가수익성장률PEG

다시 미래로

주당순이익EPS과 주가수익비율PER 모두 기업의 과거 실적을 나타내
는 지표다. 두 지표 모두 꼭 확인해야 할 중요한 정보이지만, 투자자로
서는 과거보다는 미래에 벌어질 일에 더 신경을 쓴다. 이런 측면에서
PEG는 기업의 성장 잠재력을 가늠하는 신뢰할 만한 예측 인자다.

　우선 PEG를 어떻게 산출하는지부터 살펴보자. PEG는 PER을 연
간 EPS(이익) 성장률로 나눠 구한다. 이렇게 구한 PEG는 기업의 미래
이익에 대한 시장의 기대 수준을 나타낸다. PER과 마찬가지로 PEG가
낮으면 저평가된 종목이라는 의미일 수 있다. PER과 PEG를 종합적으
로 고려하면 주식의 진정한 가치와 함께 해당 주식을 투자 포트폴리오
에 추가할 가치가 있는지 정확하게 판단할 수 있다.

　다양한 주식의 가격과 이익 수치를 비교해서 특정 주식 매수가 자신

의 투자 전략에 부합하는지 확인하는 데 PEG를 사용하기도 한다. 성장 잠재력이 있는 생명공학 업체 A의 PER은 200이고 이익성장률이 40%라고 하자. 관심이 가는 또 한 가지 종목은 기존 음료 업체인 B인데, 이곳의 PER은 40이고 이익성장률은 10%다. 성장률이 40%라고 하니 언뜻 A 기업이 훨씬 나아 보이지만, PEG를 계산해보면 이야기가 달라진다. 우선 A 기업 PEG는 5(200÷40)다. B 기업은 4(40÷10)다. 이 결괏값에 따르면 그간 검증된 음료 업체인 B 기업이 생명공학 업체보다 PEG가 더 좋다. PEG가 낮은 종목이면 투자자가 기대 성장 가치에 비해 더 낮은 가격으로 이를 매수할 수 있기 때문이다.

총수익률

이익금을 보여줘!

투자 선택을 할 때는 앞서 말한 수치를 전부 살펴봐야 한다. 그런데 이 총수익률total return은 투자의 다른 측면을 보여준다. 즉, 선택한 종목이 얼마나 좋은 실적을 내느냐를 나타낸다.

　주식투자자 대다수는 주가 변동만을 기초로 투자 손익을 고려한다. 그러나 현명한 투자자는 이에 못지않게 중요한 또 다른 요소까지 들여다본다. 배당금이 바로 그것이다. 안정적 소득을 기대한다면 배당 수익률이 더 중요해 보이고 성장주를 매수할 때는 가격 변동이 중요하기는 하지만, 주식투자에서는 결국 총수익률이 가장 중요하다. 주식투자에서 얻을 수 있는 총수익이 어느 정도인지 알면 다른 주식과 비교해볼 수 있다. 이뿐만 아니라 회사채나 미 재무부 채권, 뮤추얼펀드 같은 다른 투자상품과 비교하기도 훨씬 수월하다.

보유 주식의 총수익을 계산하려면 우선 연초를 기준으로 가격이 얼마나 올랐는지 계산해서 주가 변동 값을 지난 12개월 동안 받은 배당금에 더해준다(주가가 하락했을 때는 변동 값을 뺀다). 그런 다음 이 값을 그 12개월을 시작하던 시점의 주가로 나눈다. 예를 들어 주당 45달러에 주식을 매수하고 이후 12개월 동안 받는 배당금이 1.50달러하고 하자. 12개월 후 주가가 48달러로 상승했다고 하자. 계산 과정은 다음과 같다.

- 배당금: 1.50달러
- 가격 변동 값: 주당 3달러 상승
- 1.50달러+주당 3.00달러=4.50달러
- 4.50달러÷45.00달러=0.10

계산 결과로는 총수익률이 10% 증가한다.

그러나 12개월 후 주가가 주당 44달러로 하락했다고 하자. 이 경우 계산 과정은 다음과 같다.

- 배당금: 1.50달러
- 가격 변동 값: 주당 1달러 하락
- 1.50달러-주당 1.00달러=0.50달러

- 0.50달러÷45.00달러=0.011

이 경우 총수익률은 겨우 1.1% 증가한다.

총수익률을 알면 보유 주식을 포트폴리오에 계속 유지해도 되는지를 결정하는 데 도움이 된다. 그러나 고려해야 할 수치는 이 하나만이 아니다. 이익성장률 같은 다른 수치도 함께 살펴보고 적합한 기준 지수와 비교해보면 보유 주식의 가치를 좀 더 정확히 평가할 수 있다.

우량 기업의 5가지 특성
사전 조사를 꼼꼼히 하라

주식 분석을 할 때는 수치 자료에 초점을 맞추는데 그 대부분이 과거 정보를 기반으로 한다. 그러나 주식을 매수한다는 자체가 미래에 투자하는 행위이므로 다음에 제시한 5개 특성을 기준으로 해당 기업의 전망을 꼼꼼히 살피는 것이 매우 중요하다.

- **건전한 사업 모델**: 투자자는 견실한 사업 모형과 확고한 미래 전망 그리고 도달하려는 목표를 달성하는 데 필요한 계획 등을 확실하게 갖춘 기업을 선택하고 싶어 한다. 목표가 확실한 기업은 그 목표를 달성할 가능성이 크고 구체적 계획 없이 대충 운영하는 기업보다 성공할 확률이 더 높다.

- **뛰어난 경영진**: 경험 많고 혁신적이며 진취적인 경영진이라면 기

업을 장밋빛 미래로 이끌 가능성이 커진다. 우수한 경영자는 기업에 지대한 영향을 미치며, 새로운 경영진이 꾸려지고 난 후 획기적인 변화가 생기는 일이 드물지 않다. 그래서 핵심 인물이 기업을 떠난 후에 경영 방식에 큰 변화가 일어나기도 한다.

- **시장 점유율**: 대다수 사람이 특정 기업의 제품이나 서비스에 의존하는 상황이라면 해당 기업이 소비자 선호도를 제대로 파악하고 있을 가능성이 매우 크다. 이처럼 업계를 선도하는 기업은 대체로 이 부분에 관해 상당한 통찰력을 지니고 있다. 그러나 시장 최강자라고 해서 항상 최적의 투자 종목인 것은 아니다. 때로는 업계 2위 기업이 더 나은 선택지일 수도 있다.

- **경쟁 우위**: 업계를 선도하는 기업은 마케팅과 기술 등 영역에서 산업적 변화와 추세를 주도한다. 투자자는 이렇듯 경쟁사보다 한발 앞서나가는 기업을 선택하려 한다.

- **신개발**: 연구개발에 우선순위를 두는 기업은 성공적인 제품을 내놓을 가능성이 매우 크다. 창의적 제품이나 서비스로 성공을 거두면 주가도 당연히 상승한다.

버핏의 성공 투자 방식

성공한 투자자를 따라 하려는 사람이 매우 많은데, 이런 심리는 이해가 된다. 예를 들어 워런 버핏은 기술적 분석 전략보다는 기본적 분석을 바탕으로 우량주에 투자하는 방식으로 명성을 얻었다. 버핏은 우량 기업 주식을 매수하고 나면, 주가 하락 이면에 기본 분석 요소와 관련한 중대한 문제가 있지 않다면 해당 주식을 매도할 이유가 없다고 생각한다. 또 투자자는 투자 결정을 내리기 전에 해당 기업과 소속 산업에 대해 제대로 이해해야 한다고 믿는다.

버핏은 잠재력에 비해 주가가 낮은 기업을 선호하지만, 주식을 선택할 때 가격 한 가지만 고려하지 않는다. 우량 기업 주식을 매수해서 장기간 보유하는 방식이 버핏 투자 전략의 핵심이다. 버핏은 보유 주식 중 하나가 가격이 급락하면 해당 주식을 더 매수할 좋은 기회라고 말한다.

투자자 심리

투자 결정을 할 때는 감정을 배제하라

매수 및 매도 결정을 할 때 비이성적으로 행동하는 개인투자자가 상당히 많다. 예를 들어 주식의 가치라든가 성장 잠재력보다는 인기가 있느냐 없느냐를 기준으로 주식 거래를 할 때가 많다. 이처럼 다분히 감정에 기초한 거래는 결국 손실로 이어지는 일이 많은데도 계속 이런 접근법을 고수한다. 비교적 신생 분야인 '행동재무학'에서 이런 부적절한 의사결정 전략을 검토한 후 이를 붕괴와 거품 같은 시장 상황과 연계해 분석했다.

행동재무학의 관점은 이렇다. 사람들은 단지 인기가 있다는 이유만으로 특정 주식을 무조건 매수하려 든다. 이런 행동 때문에 주가가 상승하고, 그러다 보니 매수하려는 투자자는 더 늘어난다. 해당 기업이 검증된 실적이 있든 없든 또 부채가 많든 적든 아랑곳하지 않고 인기 있는 주식을 보유하겠다는 비이성적인 열정으로 매수 대열에 합류한다. 그리고 이처럼 시류에 편승하는 투자자가 주식시장의 패턴과 동향을 바꾼다. 문제는 이런 변화가 반드시 긍정적이지만은 않다는 점이다.

어렵게 번 돈을 생명공학 기술주나 나노 기술주 같은 복잡한 종목으로 구성된 포트폴리오에 마구 쏟아부으면서도, 헤지펀드나 부동산 신탁 같은 기존의 대체 상품군에 투자할 때는 주저하는 투자자가 상당히 많다는 사실이 참으로 아이러니하다.

군중 심리를 피하라

투자를 처음 하는 사람은 자신이 오로지 사실과 조사 결과만을 바탕으로 선택과 결정을 한다고 생각한다. 그러나 이런 긍정적 의도와는 별개로 결국은 감정에 따른 결정을 할 때가 많다. 이처럼 감정이 개입된 의사결정은 애초의 투자 계획과 포트폴리오에 부합하지 않을 수 있다. 예를 들어 대중의 행동을 보고 다들 사려고 달려드는 주식을 자신도 매수하고 싶다는 생각이 든다. 그러나 1990년대 말에 기술주 거품이 꺼졌을 때처럼, 군중이 하는 대로 따라 했다가는 낭패를 보기 십상이라는 사실을 거품이 붕괴하고 나서야 깨닫게 된다. 아주 값비싼 대가를 치르고서야 말이다.

군중 심리에 따른 행동은 행동재무학의 주요 연구 주제이며, 현재 수많은 투자 전문가는 이 분야에서 얻은 연구 결과를 바탕으로 전반적 투자 전략을 수립한다. 전통적인 관점의 시장 분석은 투자자는 합리적으로 행동하며 이용 가능한 모든 정보를 꼼꼼히 검토한 후에 결정을 내린다는 전제를 바탕으로 한다. 행동재무학에서는 심리학의 기본 원칙 몇 가지를 적용함으로써 인간 본성을 반영해 투자자의 행동을 이해하려 한다.

자기 자신을 알라

투자 계획을 수립할 때는 자기 자신을 아는 일이 필수적이다. 자신에게 좋은 일이 다른 사람에게는 실이 될 수도 있다. 내재적 변동성을 고려한다면 주식투자를 할 때 본인의 장기적 목표를 확실히 인지하고, 또 감당할 수 있는 위험 수준이 어느 정도인지도 반드시 알아야 한다. 그리고 처음에 수립한 투자 계획 및 전략을 재검토해야 한다.

이미 투자했는데 이후로 전개되는 시장 변화를 감당할 수 없다고 판단되면 자신의 전략을 재검토할 필요가 있다. 투자 계획을 확정하지 않았더라고 애초의 전략을 변경해야 하는 이유에 대해서는 분명히 인지하고 있어야 한다. 특히 초보 투자자는 현실적인 기대 수준을 유지해야 한다. 그래야만 환멸감과 좌절감 그리고 실망감을 느낄 확률이 줄어든다. 어떤 위험이라도 감내할 생각이 아니라면 기대 수익률을 15%로 잡는 자체는 너무도 비현실적이다. 시장 변동성과 이에 대한 본인의 반응 수준을 알고 있으면 최상의 포트폴리오를 구성하는 데 도움이 된다.

일단 여러 면에서 자신에게 적합한 투자 전략을 수립했으면 이미 확정한 전략을 놓고 자꾸 반추하는 식의 이런저런 사후 억측은 불필요하다. 전략 재평가가 필요하다는 판단이 설 때까지는 기존 전략을 고수하라. 자신의 전략이 군중의 행동에 휘둘리는 일은 없어야 한다. 본인의 투자 방식과는 관계없이, 건전한 재무 전략 및 관리를 통해 꾸준히 실적을 올리는 초우량 기업을 선택한다면 투자에 성공할 확률이 매우 높다.

내부자 거래
다른 사람이 모르는 정보를 나는 안다

내부자 거래는 SEC가 규율하는 쟁점 가운데 가장 널리 알려진 사항이다. 내부자 거래 혹은 내부자 정보는 일반에 공개되지 않는 비밀 정보를 바탕으로 상장사 주식을 거래하는 행위를 말한다. 이런 정보는 모든 사람이 이용할 수 있는 정보가 아니기 때문에 내부자가 이를 이용한다면 매우 불공정한 이점을 누리는 셈이다. 그러나 내부자 거래라고 해서 전부 불법이라는 의미는 아니다.

기업 내부자가 자사 주식을 거래한다면 그 사실을 SEC에 보고해야 한다. 거래 사실을 정식으로 보고하는 한 전혀 불법이 아니다. 그러나 보고하지 않으면 그 거래는 불법이 된다.

기업 소유자만이 불법 내부자 거래를 하는 것이 아니다. 내부자에 해당할 만한 사람은 생각보다 많다. 기본적으로 일반인은 접근할 수 없는 비밀 정보를 이용해 사익을 취하려는 사람에는 다음과 같은 사람이 포함된다.

- 기업 간부, 이사, 임원, 직원
- 전술한 사람의 가족, 친구, 동업자
- 변호사, 중개인, 은행가, 회계사, 인쇄업자, 기타 공표되기 전에 기업 서류를 미리 볼 수 있는 모든 사람

내부자 거래에 관한 규칙은 매우 엄격하지만, 단순히 미공표 정보로 이익을 취한 일 이외에 특정한 이유(기존 합의 사항 등)로 계획 및 실행한 거래처럼 특정 상황에서는 규칙 예외가 인정된다.

그러나 주식시장 역사를 보면, 자신의 행위로 투자자 수백만 명이 피해를 보든 말든 아랑곳하지 않고 비밀 정보에 접근할 수 있는 특혜를 이용해 막대한 이익을 취하는 악명 높은 내부 거래자와 파렴치한 사람들에 관한 이야기로 가득하다. 이반 보스키와 마사 스튜어트가 그 좋은 예다.

이반 보스키

1966년에 월스트리트에 입성한 이반 보스키Ivan Boesky는 1975년

에 투자회사를 설립했고, 인수 물망에 오른 기업의 주식을 매수하는 방식으로 명성을 얻었다. 보스키는 인수 제의가 나오기도 전에 인수 대상 기업을 알아내서 인기가 없어 보이는 해당 기업 주식을 매수하는 데 탁월한 감각이 있는 듯했다. 그리고 마침내 인수 제의가 공표되면 주가가 치솟고 보스키는 돈을 갈퀴로 긁어모았다. 그리고 그 엄청난 통찰력과 선견지명에 찬사가 쏟아졌다.

보스키는 이런 탁월한 통찰력으로 1980년대에 이뤄진 굵직굵직한 몇몇 인수 거래에서 큰 이익을 냈다.

- 1984년에 텍사코Texaco가 게티오일Getty Oil 인수
- 1985년 코스탈코퍼레이션Coastal Corporation이 아메리칸내추럴리소시즈American Natural Resources 인수
- 1985년과 1986년에 GAF 코퍼레이션GAF Corporation이 유니언카비이드코퍼레이션Union Carbide Corporation 인수
- 1984년에 셰브런Chevron이 걸프오일Gulf Oil 인수
- 1985년에 R. J. 레이놀즈R.J. Reynolds가 나비스코Nabisco 인수
- 1985년에 필립모리스Philip Morris가 제너럴푸즈General Foods 인수

보스키는 그동안 거둔 성공과 인기에 힘입어 1985년에 『합병 열풍Merger Mania』이라는 책을 출간했다. 물론 보스키는 초능력이 있거나

운이 엄청나게 좋은 그런 사람이 아니었다. 그냥 범죄자일 뿐이었다. 보스키는 관심 기업과 업종에 대해 철저히 조사하는 등의 수고로운 작업 대신 비윤리적이지만 손쉬운 방법을 택했다. 즉, 주요 투자 은행가에게 돈을 주고 인수와 관련한 내밀한 정보를 얻은 것이다.

> **토막 지식**
>
> 영화 「월스트리트」에 나오는 고든 게코의 실제 주인공이라는 보스키는 이런 말을 했다. "어쨌거나 탐욕은 좋은 것이다. 여러분도 이 점을 알았으면 좋겠다. 탐욕은 아주 건전한 것이다. 여러분도 탐욕적일 수 있고 또 탐욕적이어도 괜찮다." (1986년 5월 캘리포니아 대학 버클리 캠퍼스 졸업 연설문 중에서)

내부자 거래 사건에 연루된 투자 은행가 중 한 명이 자신의 죄를 좀 덜어보겠다고 보스키를 밀고했다. SEC는 내부 정보로 거래했다는 혐의로 보스키를 소환했다. 그리고 1986년에 불법 주가 조작 혐의로 기소됐다. 무엇이든 거래하려는 보스키는 SEC와 양형 거래plea bargain를 통해 내부자 거래에 연루된 다른 여러 사람을 지목했다. 보스키는 교도소에서 약 2년을 복역했고 벌금으로 1억 달러를 냈다. 그리고 증권 거래를 다시는 할 수 없게 됐다.

마사 스튜어트

　역대 사례 중 가장 큰 실망을 준 내부자 거래 사건의 주인공 중 한 명이 마사 스튜어트Martha Stewart다. 살림 여왕으로 유명했던 스튜어트는 2004년에 유죄를 인정받아 징역 5개월과 벌금 3만 달러를 선고받았다.

　스튜어트는 항암 신약 얼비툭스Erbitux를 생산하는 제약회사 임클론ImClone Systems Inc.에 막대한 자금을 투자했다. 당시 얼비툭스는 미국식품의약국U.S. Food and Drug Administration, FDA의 승인을 앞두고 있었다. 투자자는 신약 승인 기대감에 흥분했고, 덕분에 임클론 주가는 상승했다. 적어도 2001년 FDA가 신약 승인을 거부한 '운명의 그날'이 오기 전까지는 그랬다. 이 부정적 소식에 시장이 반응하면서 임클론 투자자 대다수가 큰 손실을 입었다. 그러나 일부 투자자는 FDA 승인 거부 발표가 나기 직전에 임클론 주식을 팔아치웠다는 사실이 뒤늦게 밝혀졌다.

　조기에 빠르게 주식을 매도한 사람 중에는 임클론 CEO 새뮤얼 와크살Samuel Waksal과 함께 마사 스튜어트도 끼어 있었다. CEO가 스튜어트 중개인에게 정보를 흘렸다고 한다. FDA 승인에 대한 기대감으로 주가가 치솟았고 스튜어트는 2001년 12월 27일에 약 4,000주를 주당 50달러가 넘는 가격에 매도하면서 약 25만 달러를 벌어들였다. 바로 다음 거래일인 12월 31일에는 주가가 16%나 하락했다. 단 몇 달 만에 주가가 폭락하면서 주당 10달러 남짓한 가격에 거래됐다.

처음에 관련 사실을 물었을 때 스튜어트는 처음 매수할 때부터 그 정도 시점에 매도할 계획이었고, 그렇게 합의한 사실도 있다고 주장했다. 그러나 이 주장은 곧바로 논박됐고 불법 거래 사실이 신문에 보도되자 마사스튜어트리빙Martha Stewart Living CEO 자리에서 불명예 퇴진할 수밖에 없었다.

058 | BARONS, TITANS, AND TYCOONS

대자본가, 업계 거물, 대실업가

억제할 수 없는 탐욕으로 미국을 건설한 사람들

오늘날 대형 트레이더의 뿌리는 미국 주식시장이 처음 등장했던 그 시절로 거슬러 올라간다. 당시 투자자가 도박꾼과 다를 바 없이 행동하던 투자시장은 마치 개척시대 서부 상황을 연상시킨다. 모건, 카네기, 록펠러, 밴더빌트 등 지금도 그 명성이 자자한 산업계 거물도 이 시기에 탄생했다.

수십억 달러를 주물렀던 거물 중에는 가난한 집안 출신도 있었고, 부유한 집안 출신도 있었다. 이들의 남다른 통찰력과 선견지명 덕분에 미국 근·현대 산업과 대륙 횡단 교통수단의 근간이 마련됐다. 그러나 이들 중에는 송사에 휘말린 사람도 있고, 범죄를 저지른 사람도 있으며, 서로 반목하며 극심한 적대 관계를 형성한 사람들도 있다. 그럼에도 일반 대중은 너무도 흥미진진한 이들의 성공담을 통해 미국 금융시장이 어떻게 형성됐는지, 또 이들이 금융시장을 어떻게 만들었는지를 알게 됐다.

J.P. 모건

요즘은 J.P. 모건 J.P. Morgan 이라고 하면 투자 은행을 떠올리지만, 존 피어폰트 모건 John Pierpont Morgan 은 월스트리트에서 거론하는 가장 유명한 업계 거물 중 한 명이다. 모건은 철도회사부터 제철소, 에디슨의 전기회사에 이르기까지 수십 개 기업에 투자했다.

원래 유복한 집안에서 이른바 '금수저'로 태어난 피어폰트(모건은 이렇게 불리는 것을 좋아했다)는 당시 은행업에 종사했던 부유한 아버지 덕분에 일찌감치 금융업에 뛰어들었다. 아버지는 뉴욕 은행에 자리를 마련해줬는데 모건은 뛰어난 감각과 재능을 갖춘 금융인으로서 바로 두각을 나타냈다.

은행에서 경력을 쌓으면서 투자에 대한 이해도가 높아졌다. 모건은 그동안 축적한 지식과 기술, 경험을 활용해 미국 금융시장을 거의 평정하다시피 했다. 1873년에 공황이 미국 경제를 강타했을 때도 모건은 전혀 위축되지 않았다. 오히려 재산이 더 불어나면서 금융업계에서 위치가 더욱 공고해졌다. 모건이 했던 가장 유명한 투자는 1901년에 4억

8,000만 달러로 카네기스틸Carnegie Steel을 인수한 일이었다. 모건은 이를 발판으로 U.S.스틸을 설립했고 10년도 지나지 않아 사업 규모가 2배 이상 커졌다.

반독점법과의 투쟁, 의회 조사, 냉혹한 '강도 귀족robber baron(악덕 자본가)'이라는 오명에도 불구하고 모건은 금융 공황기에 미국 정부를 두 차례나 구해냈다. 실제로 1907년 공황기에는 미국 금융계 안정화에 필요한 자금을 투입하겠다고 (그리고 다른 실업인에게도 동참을 권유하겠 다고) 약속했다.

앤드루 카네기

스코틀랜드 던퍼믈린Dunfermline 노동자 계층 집안 출신인 앤드루 카네기Andrew Carnegie는 J.P. 모건 같은 유복한 환경과는 거리가 먼 환 경에서 어린 시절을 보냈다. 그러나 일생 말년 즈음에는 모건과 어깨를 겨루는 대자본가가 되었다. 실제로 이 두 거물은 카네기가 자신의 상징 과도 같은 철강회사를 모건에 매각할 때 만났다.

카네기가 10대에 접어들었을 때 가족이 미국으로 이주해 펜실베이 니아주 앨러게니Allegheny에 있는 작은 마을에 정착했다. 이곳에서 첫 직장을 잡았다. 방적 공장에 취직해 주급 1달러가 조금 넘는 돈을 벌었다. 그러나 워낙 머리가 좋고 동기 수준도 높았던 카네기는 얼마 지나지 않아 사무직으로 승진했다. 그러다가 펜실베이니아 레일로드Pennsylvania Railroad의 임원이었던 토마스 스콧Thomas Scott의 눈에 띄었고, 스콧은 카네기를 자신의 비서로 채용했다.

스콧 밑에서 일하면서 카네기는 자금을 모았다. 그런 다음에 이 돈으로 투자를 시작했다. 실제로 스콧이 카네기에게 애덤스익스프레스컴퍼니Adams Express Company 주식의 매각 정보를 알려줬다. 주식 10주를 사려면 500달러가 필요했는데, 이 돈을 마련하기 위해 어머니 마거릿이 사는 집을 담보로 대출을 받아야 했다. 무리를 해서 이 주식을 매수했고, 배당금 수익은 짭짤했다. 카네기는 배당금을 받으며 힘들이지 않고 돈을 벌었고, 이익금은 바로 재투자해서 더 많은 이익을 냈다. 이처럼 카네기는 미래를 예측해 적절한 투자 대상을 찾아내는 능력이 뛰어났다.

> **황금알**
> 처음으로 배당금을 받아들었을 때 카네기는 이렇게 말했다고 한다. "황금알을 낳는 거위가 여기 있었군!"

철도 사업에 주력하면서도 다른 기업에도 관심을 보였다. 예를 들어 발명가 시어도어 우드러프Theodore Woodruff와 함께 최초로 침대차를 철도에 도입하는 데 중요한 역할을 했다. 카네기는 31세 때 제철소와 유정을 비롯한 몇몇 산업에 투자했다. 그리고 낡은 목재 다리를 튼튼한 철제 다리로 교체하는 작업을 하는 키스톤브리지컴퍼니Keystone Bridge Company에 관심을 보였다. 이런 다양한 투자를 통해 카네기는 남북 전쟁 당시에도 연간 5만 달러를 벌어들였다. 아무나 할 수 없는 대단한 실적이었다.

그 당시 헨리 베서머Henry Bessemer라는 영국인이 철을 강철로 만드는 공정을 개발했다. 철은 강하지만 무른 데 비해 강철은 내구성과 유연성이 좋아서 작업이 훨씬 수월하다. 앤드루 카네기는 베서머가 이런 공정을 개발했다는 사실을 알고 아직 햇병아리 수준에 불과한 철강 산업에 자금을 투입했다. 그리고 피츠버그 외곽에 있는 제강 공장에 투자했다. 카네기는 자신의 지분을 늘렸고 혁신적인 새 공장을 설립하면서 경쟁사와 차별화를 통해 확실히 경쟁 우위를 점하게 됐다. 그리고 1873년에 미국 경제가 침체했을 때 경쟁사 공장을 매수해 현대화하면서 꾸준히 이익을 챙겼다.

카네기 성공 비법의 핵심은 이른바 수직적 결합('수직적 통합'이라고도 함)이라는 개념에 있다. 예를 들어 카네기는 제품 수송에 필요한 철도회사 주식뿐 아니라 강철 제조에 필요한 철광 주식도 대량으로 매수했다. 이런 디딤돌이 하나하나 모여 핵심 사업의 전반적 효율성을 제고하고 비용을 절감하는 토대가 됐다.

존 록펠러

세계 제일의 부자로 알려진 존 록펠러John D. Rockefeller는 경쟁자를 무너뜨려 그 자산을 매수하는 간교한 사업 전략으로 악명이 높았다.

운명의 장난인지 록펠러는 뉴욕 리치포드Richford에 있는 가난한 집안에서 태어났다. 록펠러가 몇몇 업종에 투자한 후 석유 산업 쪽에 관심이 생겼고, 결국 석유업에서 큰 성공을 거뒀다. 전에는 아무도 생각지 못했는데 등유(전구가 발명되기 전임)에 대한 수요가 급증하면서 석유 산업이 급성장했고, 록펠러는 이를 통해 큰 수익을 올렸다.

등유는 원유를 정제하는 과정에서 얻는다. 그런데 당시에는 원유 정제 과정에서 나오는 다양한 물질을 단순히 쓰레기로 취급했다. 하지만 모두가 쓰레기로 보는 이런 물질에서 록펠러는 기회를 봤다. 그래서 원유에서 나오는 몇 가지 부산물을 돈벌이 수단으로 활용했다. 즉, 바세린은 제약회사에 팔았고, 파라핀은 양초 제조사에 팔았다. 그리고 아스팔트 같은 '포장재'를 비롯한 기타 여러 부산물을 취급하는 시장을 창출하기까지 했다.

그런데 고급 등유를 포함해 이런 물질을 미국 전역으로 운송할 필요가 있었다. 당시에는 철도 운송이 주를 이뤘다. 철도업계는 치열한 경쟁 속에 운임 할인 전쟁을 치르고 있었다. 이 상황을 비집고 들어간 록펠러는 교묘한 뒷거래를 통해 철도회사에 리베이트 형태로 자사에만 운임 할인을 해달라는 제의를 했다. 이를 통해 엄청난 자금을 축적한 록펠러는 자사 고객에게 할인된 가격에 제품을 내놓으면서 경쟁사를 압박할 수 있었다.

록펠러는 1870년, 26세에 필생의 사업체인 스탠더드오일Standard Oil을 설립했다. 그리고 이어 다른 석유회사를 사들이면서 스탠더드오일은 대규모 기업 집단으로 변모했다. 이후 정부가 스탠더드오일을 34개 기업으로 분할했으며, 이 가운데 몇몇은 현재까지도 운영 중이다.

그리고 자동차 산업이 새로 부상하면서 가솔린(휘발유) 수요가 증가하고 등유 수요가 급감하자 록펠러는 한시도 주저하지 않고 새로운 환경 변화에 적응해 가솔린 생산에 박차를 가하기 시작했다.

토막 지식
존 록펠러는 미국 역사상 가장 많은 돈을 벌어들인 세계 최초의 억만장자다.

코닐리어스 밴더빌트

세기가 전환하기 직전인 1794년, 가난한 집안에서 태어난 코닐리어스 밴더빌트Cornelius Vanderbilt는 듣도 보도 못한 전례 없는 전략(지금은 낡아빠진 수법이지만)으로 기업과 산업을 무자비하게 인수하여 시장을 장악했다. 악덕 자본가라는 오명을 쓴 밴더빌트는 해운업과 철도업 등 아직 햇병아리 단계지만 미국 경제의 근간이 될 두 가지 핵심 산업을 독점했다.

미국이 대격변기를 겪는 와중에 그리고 신기술이 전체 경제를 이끌던 시기, 즉 산업혁명 시기에 밴더빌트가 등장했다. 밴더빌트는 성장 잠재력이 가장 큰 신산업을 찾아내는 능력이 탁월했다. 그리고 가능성이 보이는 산업을 찾아낸 다음에는 주저하지 않고 그곳에 투자했다.

밴더빌트는 겨우 11세였던 1805년에 학교를 그만두고 연락선을 운영하던 아버지 옆에서 일을 시작했다. 그리고 몇 년 만에 100달러를 주고 범선 한 척을 사서 자신의 고향인 스테튼 섬Staten Island과 맨해튼 사이를 왕복 운항했다. 그리고 1년도 안 돼 투자금을 모두 회수할 수 있었다. 그는 사업을 운영하면서 매우 특별한 전략을 구사했는데, 훗날 이 방식이 밴더빌트를 대표하는 특징이 됐다. 즉, 경쟁사보다 훨씬 싼 가격에 더 나은 서비스를 제공하는 방법이었다. 오래지 않아 경쟁사는 밴더빌트에게 업체를 매각하거나 아니면 폐업하거나 둘 중 하나를 선택할 수밖에 없는 상황이 됐다. 지금은 이런 일이 흔하게 일어나지만, 밴더빌트가 등장하기 전에는 사실상 이런 식으로 경쟁사를 고사시키는 것은 듣도 보도 못한 일이었다.

얼마 후 증기선이 등장했다. 밴더빌트는 증기선 발명 후 10년이 다 돼갈 즈음에 조종법을 배웠다. 1840년대가 되자 밴더빌트는 편하고 빠르고 운임도 싼 증기선을 100여 척이나 운항했다.

해운업이 성공 가도를 달리는 와중에 철도업이 미래 유망 산업이 될 것이라는 생각에 초창기에 철도주에 투자했다. 그러나 영민한 기업인인 밴더빌트는 대륙 횡단 철도가 없으면(당시에는 아직 건설되지 않았음) 이익 실현은 미지수라는 사실을 깨닫고 해운업에 다시 눈을 돌려 처음으로 100만 달러를 벌어들였다. 그리고 1864년에 70세가 된 밴더빌트는 3,000만 달러를 벌어들였고 해운업을 접은 후 철도업에 다시 눈을 돌렸다.

외부인들은 밴더빌트가 철도주를 사들이기만 한 줄 안다. 사실 밴더빌트는 뉴욕센트럴New York Central, 캐나다서던Canada Southern, 미시건센트럴Michigan Central, 미시건서던Michigan Southern 등을 포함해 수많은 철도주를 매수했다. 그러나 밴더빌트는 철도주 매수를 넘어서는 야심 찬 계획을 품고 있었다. 즉, 뉴욕과 시카고를 잇는 철도 노선을 만들고 싶어 했다. 결국 이번에도 '싼 가격에 고품질 서비스'를 제공한다는 밴더빌트 특유의 전략을 구사하면서 경쟁사를 전부 고사시키고 철도업마저 독점해버렸다.

그런데 이리레일로드Erie Railroad를 인수하려 할 때 생각지도 못한 복병을 만났다. 아무도 눈치채지 못하게 조용히 이리레일로드의 주식을 매집하고 있었는데, 오랜 경쟁자이자 숙적인 대니얼 드루Daniel Drew가 끼어든 것이다.

> **토막 지식**
>
> 밴더빌트는 남부군 전함 추격용으로 자신이 보유한 선박 중 가장 큰 선박을 북부군에 빌려준 공로로 의회 훈장을 받았다.

비록 가난하게 태어났지만, 자신의 운명을 개척해 자수성가한 백만 장자가 됐고, 1877년에 세상을 떠날 때는 자산이 무려 1억 500만 달러에 이르렀다.

유명한 투자자

다양한 성공 방식으로
투자계에 이름을 날린 사람들

수 세기에 달하는 금융계 역사를 거치는 동안 크게 이름을 날린 투자 세계의 거물들이 명멸했다. 이들이 엄청난 부를 축적했다는 사실 자체가 사람들을 매료시키지만, 그 사람들의 삶이 훨씬 더 흥미를 자극한다. 유명한 투자자들은 주식시장에서 많은 재산을 축적했지만, 개중에는 그 많은 재산을 끝까지 유지하지 못한 사람도 있다.

극단적인 수전노에서부터 혁신적 투자자에 이르기까지 이런 사람들이 주식시장의 지형과 투자의 성격을 바꿔 놓았다. 이런 전설적 투자자 중에는 백만장자와 억만장자가 있고, 또 극빈자도 있다. 뱅크오브잉글랜드Bank of England(영국 중앙은행)를 거의 파산 지경에 이르게 한 사람이 있었고, '월스트리트의 마녀Witch of Wall Street'로 알려진 여성도 있었다. 이런 전설적 투자자들이 오늘날 주식시장에 지대한 영향을 미쳤다.

워런 버핏

684억 달러. 2016년 5월 현재 전설적인 투자자 워런 버핏의 추정 자산액이다. 이 어마어마한 자산 중 버크셔해서웨이 지분이 가장 큰 비중을 차지한다. 섬유회사로 출발한 이 기업을 버핏이 1962년에 인수했다. 이후 버크셔해서웨이는 은행에서부터 식품, 민간 항공에 이르기까지 다양 업종을 보유한 거대 복합 기업으로 변모했다.

버핏이 처음 투자를 시작한 나이가 겨우 11세였다. 당시 버핏은 시티즈서비스프리퍼드Cities Service Preferred 주식을 6주(3주는 누나에게 줬음) 매수했다. 주식 중개인이었던 아버지 덕분에 어렸을 때부터 금융시장에 관심이 많았던지라 그 어린 나이에 주식에 투자했다는 사실이 그리 놀랍지는 않다.

고향인 네브래스카주는 대공황으로 곤욕을 치렀고, 그런 시대 상황에서 성장한 배경이 버핏 일생에 영향을 미쳤다. 절약하는 습성이 몸에 뱄고 그렇게 모은 돈을 더 불리려 했던 버핏은 13세 때 신문 배달을 시작했다. 그리고 14세에 처음으로 소득 신고를 할 정도로 꽤 많은 돈을 모았다.

버핏은 10대 시절 잡지와 우표를 방문 판매하고, 신문 배달도 하면서 사업가다운 진취적 정신을 계속 유지했다. 그리고 15세에 친구와 함께 사업을 시작해서 2,000달러를 벌었다. 그렇게 투자금과 저축금이 계속 늘어났고 이렇게 모은 돈을 대학 학비에 보탤 수 있었다.

네브래스카 대학을 졸업한 버핏은 하버드대학 경영대학원에 지원했으나 불합격했다. 그러나 새옹지마라는 말처럼 하버드대학에 불학격한 일은 버핏에게 또 다른 기회가 됐다. 버핏은 뉴욕에 있는 컬럼비아대학으로 갔는데 운 좋게도 이곳에서 당대 최고의 투자 대가 가운데 한 명인 벤저민 그레이엄에게 가치투자 원칙을 배우게 되었다. 그러면서 이 원칙의 핵심, 즉 모든 기업은 주가와는 별개로 내재적인 가치를 지닌다는 사실을 오롯이 받아들였다. 이를 기반으로 버핏은 시장에서 형성된 주가보다 내재적 가치가 더 큰 기업, 또 시장에서 저평가된 기업의 주식을 매수한다는 자신만의 투자 전략을 확립했다.

대학 공부를 마치고 나서 얼마 지나지 않아 자신의 투자 철학을 구현할 버핏파트너십Buffett Partnership을 시작했는데, 이곳이 결국 버크셔해서웨이의 성장 기반이 된다. 사실 버핏의 첫 번째 성공 투자 사례가 바로 버크셔해서웨이다. 당시 뉴잉글랜드에 소재한 괜찮은 섬유회사 버크셔해서웨이가 지금은 세계 최대 복합 기업 가운데 하나가 됐다. 오늘날 버크셔해서웨이는 다음과 같은 유명 기업을 포함해 수많은 계열사를 보유한 지주회사다.

- 하인즈Heinz
- 게이코GEICO

- 데어리퀸Dairy Queen

- 시즈캔디즈See's Candies

- 프룻오브더룸Fruit of the Loom

- 팸퍼드셰프Pampered Chef

- 오렌지줄리어스Orange Julius

- 브룩스스포츠Brooks Sports

버크해서웨이는 이들 계열사 외에 이보다 훨씬 더 많은 기업(아메리칸익스프레스컴퍼니American Express Company, 제너럴일렉트릭, 월마트Wal-Mart Stores 같은 대기업 포함)의 지분을 보유하고 있다. 워낙 대단한 투자자라서 닳고 닳은 월스트리트 내부자들마저도 워런 버핏이 다음에 매수할, 혹은 매도할 종목이 무엇인지에 늘 촉각을 곤두세운다.

전 재산 기부

큰 성공을 거둔 투자 대가들이 거의 그렇듯이 버핏은 막대한 재산을 자선 단체에 기부했다. 단계적으로 버크셔해서웨이 지분을 99%까지 내놓겠다고 약속했으며 대부분은 빌&멜린다 게이츠 재단Bill & Melinda Gates Foundation에 기부하기로 했다.

벤저민 그레이엄

재정적 안정에 대한 욕구야말로 벤저민 그레이엄이 거둔 성공의 원동력이었다. 겨우 9세 때 아버지가 돌아가신 후 어려운 가정환경에서 성장한 그레이엄은 오로지 재정적 안정을 목적으로 열심히 일한 덕분에 위대한 투자자 반열에 올랐다.

그레이엄은 1914년에 투자회사 사환으로 들어가면서 월스트리트에 첫발을 내디뎠다. 6년 만에 말단 직원에서 파트너(사원) 지위에까지 올랐고, 얼마 후 독립해서 자신의 투자회사를 설립했다.

1929년 대공황 때문에 고초를 겪었으나 그래도 이 난국을 잘 헤쳐나갔고, 결국에는 손실분을 거의 다 회복했다. 1956년에 회사를 정리할 때까지 고객에게 연평균 17%의 수익률을 안겼다.

명민한 투자 관리자이자 존경받는 금융가인 그레이엄은 다른 사람을 가르치는 일에 많은 시간을 할애했다. 1926년에 모교인 컬럼비아 대학에서 강의를 시작해 이후 30년 동안 이 일을 계속했다. 이 기간에 출간한 『현명한 투자자The Intelligent Investor』는 지금도 모든 투자자의 필독서로 추앙받는다.

그레이엄은 두 가지 핵심 투자 원칙을 수립했으며 본인은 물론이고 수많은 제자가 이 원칙을 고수했다.

1. 기본적 증권 분석

2. 가치투자

그레이엄은 투자에 성공하려면 시장에서 형성된 주가보다 내재가치가 높은 종목에 투자해야 한다는 생각을 했다. 다시 말해 내재가치가 존재하는 종목이라야 투자가치가 있다고 봤다. 증권 분석에 대한 강한 믿음을 바탕으로 재무상태표상의 수치 자료를 비롯해 이익률과 부채 수준, 현금흐름, 기타 주요 지표를 기준으로 기업의 가치를 평가해야 한다고 믿었다.

1976년에 세상을 떠난 그레이엄은 투자자가 매수하려는 모든 주식을 꼼꼼히 분석하는 데 도움이 되는 중요한 원칙을 남겼다.

조지 소로스

조지 소로스는 유명한 헤지펀드 관리자로 잘 알려졌지만, 화폐 약탈자라는 인식 때문에 세간의 지탄을 받기도 하는 인물이다. 하지만 소로스의 행동은 주식시장을 비롯해 전 세계 금융시장에 지대한 영향을 미쳤다. 투기자이기도 한 이 투자 대가는 시장이 움직이는 방향을 예측해 거액을 베팅했다. 이는 막대한 손실과 이익이 걸린 위험한 방식이었지만, 어쨌거나 소로스는 이런 방식으로 가장 부유한 투자자 반열에 올랐다. 그러나 소로스는 처음부터 꽃길만 걸어온 사람은 아니었다.

1930년에 헝가리 부다페스트에서 태어난 소로스는 제2차 세계대전에 대한 공포와 파멸적인 전쟁 여파로 암울한 어린 시절을 보냈다. 17세 때 공산주의 세력을 피해 소비에트가 점령한 헝가리를 떠나 영국으로 갔고, 이곳에서 처음으로 금융계를 접하게 됐다. 1956년에 미국으로 건너와서는 곧바로 투자 은행업에 뛰어들었다.

1973년에 소로스펀드매니지먼트Soros Fund Management라는 헤지펀드를 설립했다. 이 헤지펀드는 이후 유명한 퀀텀펀드Quantum Group of Funds로 발전해 소로스에게 큰 성공을 안겼다. 이 펀드는 매우 공격적인 투기성 투자 방식으로 고수익을 올렸다. 100%가 넘는 수익률(펀드 지분의 2배가 넘는 수익률이라는 의미임)을 기록했던 해가 2년이나 되는 등 거의 30년 동안 연간 30%가 넘는 수익률을 올렸다.

헤지펀드가 정확히 무엇인가?

헤지펀드는 고수익을 노려 공격적이고 위험 수위가 높은 전략을 구사하는 일종의 사적 투자조합이다. 부유한 공인 투자자만 이 펀드에 참여할 수 있으며 투자자에게 공지만 하면 어떤 방식으로든, 그리고 어떤 곳에든 투자가 가능하다.

경이적으로 높은 수익률은 '재귀성reflexivity'이라고 하는 소로스의 기본 투자 철학에서 비롯된 결과다. 재귀성 개념의 기본 논리는 이렇다. 즉, 투자자 행동은 기초 시장 여건에 직접적인 영향을 미치고 이들의 행동이 호황과 불황을 만들어낸다. 소로스는 이런 상황에서 기회를 포착한다.

가장 유명하면서도 세간의 지탄을 가장 많이 받았던 투자 사례가 있었다. 소로스는 이 투자를 통해 단 하루 만에 10억 달러 이익을 내면서 영국중앙은행을 초토화시켰다. 때는 영국 파운드화가 강세를 보였던 1992년 9월이었다. 이때 소로스는 파운드화 약세 쪽에 베팅했다. 그래서 수십억 파운드를 빌려서 독일 마르크화로 환전하기 시작했다. 영국 파운드화 가치가 하락하자 소로스는 자신에게 매우 유리한 환율 조건으로 다시 독일 마르크화를 환전해서 이전에 빌렸던 파운드화를 상환했다. 운명의 날이었던 1992년 9월 16일 당시 마르크화와 파운드화 간의 차액으로 소로스는 10억 달러 이상을 벌었다.

이 사건 이후 전 세계 정부가 소로스에게 겁을 내기 시작했다. 이 무자비한 투기자가 자국 화폐에 눈독을 들이는 순간 중앙은행이 파산할지도 모른다는 공포감에 휩싸였다. 그리고 이런 우려는 현실이 됐다. 1997년에 태국 바트화에 대해 파운드화 때와 비슷한 베팅을 했고, 이번에도 소로스가 승리했다. 그러나 소로스가 했던 베팅이 전부 성공한 것은 아니었다.

이 같은 '화폐 사냥' 외에 소로스는 주식시장에도 거액을 투자했다.

소로스는 기업 쪽에 눈을 돌렸고 정보와 직관력을 바탕으로 빠르게 성장하는 대기업 주식을 선택했다. 이런 투자에서 큰 이익을 낼 때도 있었고, 큰 손실을 낼 때도 있었다. 예를 들어 1987년에 미국 주식시장에 투자했다가 시장이 붕괴하면서 3억 달러 가까운 손실이 발생했다.

> **토막 지식**
> 조지 소로스는 이런 말을 했다. "지금 하는 투자가 재미있고 그 투자 행위를 즐기고 있다면 아마도 큰돈은 못 벌 것이라고 생각한다. 성공에 이르는 투자는 원래 지루한 법이다."

인생 말년에는 정치 활동에 관심을 보였고 오픈소사이어티재단Open Society Foundation을 설립하는 등 자선 및 사회적 활동에도 눈을 돌렸다. 소로스는 이 재단을 통해 전 세계에서 대의를 내세워 활동하는 단체를 재정적으로 지원하고 있다.

월스트리트의 마녀

헤티 그린Hetty Green으로 더 잘 알려진 헨리에타 하울랜드 로빈슨 그린Henrietta Howland Robinson Green은 평생 온갖 추문을 달고 다녔다. 특이한 성격과 검은색 옷을 누더기가 될 때까지 한 벌만 입는 등 유별난 옷차림 때문에 사람들은 그린을 '월스트리트의 마녀'라고 불렀다. 그러나 예리한 투자 감각과 근검절약하는 습관(이 때문에 '헤티 더 호더Hetty the Hoarder(모으기만 하는 헤티)'라는 별명을 얻음) 덕분에 헤티 그린은 세상에서 가장 부유한 여성 중 한 명이 됐다.

1834년에 병약한 상속녀와 냉혹한 사업가 사이에서 태어난 헤티 그린은 어렸을 때부터 이재에 매우 밝았다. 8세 때 이미 예금 계좌를 개설했을 정도였다. 어렸을 때 거의 매일 할아버지(실제로 시각 장애인이었음)에게 신문 경제면을 읽어주면서 투자에 관한 이야기를 많이 나눴다. 덕분에 아버지 회사에서 장부 정리하는 일을 맡았다. 그렇다고 아버지와의 관계가 좋아지지는 않았다. 실제로 어머니가 세상을 떠났을 때 그린에게 상속된 재산에 아버지가 손을 대지 못하게 하는 바람에 아버지가 돌아가실 때까지 기다려야 했다. 1864년에 아버지가 세상을 떠나고 나서야 가족에게 남겨진 500만 달러가 넘는 유산을 처분할 수 있었다.

이로부터 얼마 지나지 않아 역시 부자였던 이모도 세상을 떠났다. 그린은 유산을 또 받을 수 있으리라 기대했다. 그린은 이모가 자신에게 유산을 남겨주겠다는 약속을 했다고 주장했다. 그런데 유언장이 공개되고 보니 그린이 받을 유산은 생각보다 너무 적었다. 나머지는 의사와 집사 그리고 먼 사촌 몇 명에게까지 분배됐다. 헤티 그린은 그 유언장에 이의를 제기했고, 또 다른 유언장을 제시했다. 지루한 법정 다툼이 이어졌고 이 와중에 유언장 위조 논란이 불거졌다. 위조 의혹을 가시화했던 판사는 헤티 그린이 여기에 얼마나 깊은 앙심을 품었는지 잘 몰랐다. 돈의 위력을 발휘할 수 있게 되자마자 그린은 그 막대한 자금력을 동원해 판사를 시카고 지방 법원에서 쫓아내고 말았다. 마침내 헤티 그린은 이모가 남긴 유산 200만 달러 중 60만 달러를 받았다.

그렇게 돈이 많으면서도 여기에 만족하지 않고 월스트리트로 눈을 돌려 위험 수준이 낮은 투자상품을 매집했다. 공황 매도로 시장이 폭락했을 때 그린은 시장에 들어가 최저가로 주식을 매수했다. 공황에 빠진 은행가가 그린을 찾아와 긴급 대출을 요청했다. 이때 상대가 고금리 조건을 수용하기만 하면 두말없이 대출을 해줬다. 그리고 시장이 반등세를 보이면 곧바로 대출금에 대해 이자와 함께 즉시 상환을 요구했고, 저가로 매수한 주식을 매도해 큰 이익을 냈다.

1907년 공황 때도 이런 방식으로 막대한 부를 축적했다. 예민한 직관력에 따라 시장이 고평가된 상태라고 판단한 그린은 보유 주식 대부분을 매도하고 미상환 대출에 대해 상환을 요구했다. 이 판단은 옳았다. 대다수 은행가와 투자자가 대공황으로 허우적대는 시장에서 빠져나오기 위해 고군분투할 때 헤티 그린은 이미 확보해 놓은 유동성 자산으로 느긋한 시간을 보내고 있었다. 공황 사태가 진정되자 그린은 다시 시장에 들어가 저가로 주식을 매수했다. 그리고 신규 대출을 해줄 때

물리적 담보물(토지 등)을 요구했다. 이처럼 그린은 피도 눈물도 없는 탐욕 덩어리로만 보이지만, 공황 때 뉴욕시가 채무 불이행 상태에 빠지지 않도록 최종 대출자 역할을 담당하기도 했다.

헤티 그린을 논할 때 빼놓을 수 없는 또 한 가지 특징이 바로 병적인 검약 습관이다. 그렇게 돈이 많으면서도 작은 아파트에 살았고 이마저도 세금을 아끼겠다며 이곳저곳으로 계속 이사를 다녔다. 돈에 벌벌 떠는 이 구두쇠 습성 때문에 외아들은 다리까지 잃게 했다. 아이가 어렸을 때 다리를 다쳤는데 무료로 치료를 받겠다며 자선 병원으로 아들을 데려갔다. 그런데 제대로 된 치료를 받지 못해 괴사가 일어났고 결국 다리를 절단하게 되었다. 아들은 다리를 잃고 의족 신세를 져야 했다.

그린은 1916년에 세상을 떠나면서 무려 1억 달러를 유산으로 남겼다.

칼 아이칸

적대적 인수의 제왕 칼 아이칸은 레이더망에 포착된 기업의 임원진을 벌벌 떨게 하는 재주가 있었다. 그러나 아이칸도 처음부터 기업 사냥꾼으로 출발하지는 않았다.

칼 아이칸은 뉴욕 퀸즈의 중산층 가정에서 태어났다. 아이칸은 장학금을 받고 프린스턴대학에 들어가 철학을 공부했고, 의학 공부(시체와

씨름해야 하는 일이 너무 싫어서 그만뒀다)도 했다. 1961년에 주식 중개인 일을 시작했다. 처음에는 견습생 수준이었으나 일취월장하며 빠르게 성장했다. 1968년에 아이칸은 NYSE 회원이 됐다. 그리고 1970년대 말에 본격적으로 기업 사냥꾼의 길로 들어섰다.

아이칸이 유명해진 가장 아이러니한 이유가 다름 아니라 SEC로 하여금 새로운 규정, 특히 자료 공시와 관련한 규정을 마련하게 하는 데 일등공신이라는 점이었다. 원조 기업 사냥꾼 가운데 한 명인 아이칸은 적대적 인수를 통해 트랜스월드에어라인Trans World Airlines, TWA을 강탈한 일로 월스트리트에서 악명이 자자해졌다.

토막 지식

'아이칸 리프트Icahn Lift'는 아이칸이 특정 기업의 주식을 사들일 때 주가가 상승하는 현상을 두고 나온 말이다.

금융계의 맹견 아이칸은 표적 기업의 과반수 지분을 확보한 다음에 주가를 끌어올리는 방향으로 경영진을 몰아가는 사람으로 유명하다.

궁극적인 기업 사냥꾼 아이칸은 계속해서 방심한 기업을 인수하고 이들 기업에 대해 막대한 재정적 영향력을 행사하고 있다.

제시 리버모어

비극적으로 생을 마감하기는 했지만, 제시 리버모어Jesse Livermore 는 '가난뱅이에서 거부가 된' 전형적인 인물이었다. 1877년에 매사추 세츠주 사우스액턴South Acton이라는 마을에서 태어난 리버모어는 농 부로 살기 싫어서 10대 초반에 고향을 떠나 보스턴으로 갔다. 그리고 이곳에서 처음으로 주식 거래에 눈을 떴다. 천성적으로 위험 감수도가 높은 리버모어는 모두가 손실을 볼 때도 과감한 공매도를 통해 큰돈을 벌었다. 최전성기였던 1929년에는 자산이 무려 1억 달러에 달했다. 그 이전과 이후에도 몇 차례 큰돈을 벌었다가 또 큰 손실을 내기도 했다. 이렇게 부침을 거듭하다 1940년에 자살로 생을 마감하고 말았다.

그러나 이런 불행한 최후를 맞이하기 전까지 리버모어는 당대 최고 의 투자자 가운데 한 명이었다. 금융과 관련한 배경도 경험도 없었고 관련한 공부도 한 적이 없던 리버모어는 오로지 시장에서 얻은 실전 경 험을 토대로 필요한 모든 지식을 스스로 터득했다. 리버모어는 10대였 을 때 보스턴에 있는 패인웨버Paine Webber의 시세판 서기로 들어가면 서 금융계에 발을 들였다.

리버모어는 바로 주식시장으로 갔고 15세라는 어린 나이에 큰돈을 벌었다. 소문으로는 그 한 해 동안 번 돈이 1,000달러가 넘는다고 했 는데 이는 당시에는 엄청나게 큰 액수였다. 당시 성행하던 군소 중개소는 주식 거래보다는 주가 동향에 주로 초점을 맞췄다. 리버모어는 이와 정반대로 베팅하는 방식으로 거액을 벌어들였다. 워낙 뛰어난 역량으로 성공가도를 달리자 보스턴 중개소는 리버모어의 거래를 금지했다. 이 때문에 리버모어는 보스턴을 떠나 뉴욕에 입성했다.

지금은 마우스 클릭으로 주가 차트와 그래프, 시장 소식 등 상세 정보를 손쉽게 입수할 수 있지만, 수십 년 전에는 상황이 많이 달랐다. 당시 리버모어는 이용 가능한 정보를 최대한 많이 입수하고 손으로 쓰는 장부에 주가와 가격 변동 패턴을 기록하는 데 주안점을 뒀다. 핵심 전략은 가격에 변화가 있는 주식을 팔고 사는 것이다. 일단 관심 종목을 선택한 후에는 가격 변동 상황을 꾸준히 지켜보다가 적절한 시점을 포착해 시장에 들어갔다.

리버모어는 투기적 접근법과 시장 동향에 초점을 맞추는 방식으로 큰돈을 벌기도 하고 또 큰 손실을 내기도 했으며, 이 때문에 전 세계 투자자는 리버모어의 다음 행보를 주시하게 됐다.

토막 지식

1940년에 출간된 리버모어의 책 『주식 매매하는 법How to Trade in Stocks』은 지금도 투자자들의 필독서로 인정받는다.

데이비드 드레먼

캐나다 출신 데이비드 드레먼은 다른 유명한 투자자보다 인지도는 좀 낮을지 몰라도 이 사람이 확립한 '역발상 투자contrarian investing' 전략을 수많은 사람이 따라 하면서 나름의 성공을 거뒀다.

드레먼은 1960년대 말에 큰 손실을 내고 자산이 75%나 줄어든 상황을 지켜보면서 시류에 편승한 투자는 필패한다는 사실을 뼈저리게 느꼈다. 이런 뼈아픈 경험을 바탕으로 투자자 심리라는 렌즈를 통해 완전히 새로운 방식으로 시장을 관찰하기 시작했다. 이런 배경이 '반대로 행동하라'에 초점을 맞추는 역발상 투자 원칙의 기초가 됐다.

기본적으로 드레먼은 주된 시장 추세와 군중 행동에 반대되는 방향으로 투자하기 시작했다. 군중 행동은 주가를 왜곡하고 이 때문에 주식 가격이 잘못 형성된다고 생각했다. 이 차이를 포착한다면 투자 이익을 기대할 수 있다. 실제로 드레먼은 실적이 저조한 주식을 매수하고 이른바 잘나가는 주식을 매도했다. 대세를 따르는 투자자와 달리 주가수익률이 낮은 주식에 초점을 맞춰 시장에서 주목받지 못하는 비인기 종목을 찾아내려고 했다. 그런데 이런 종목이 시간이 지날수록 시장 평균을 웃도는 실적을 냈다. 그리고 1970년대 말이 되자 탄탄한 금융 기반을 마련하면서 초보 투자자의 귀감이 됐다.

토머스 로 프라이스 주니어

당시 통념과는 달리 토머스 로 프라이스 주니어Thomas Rowe Price Jr.는 1929년 시장 붕괴 후 암울한 경제 환경에서 주식시장에 들어가서, 시장 추세와 경기 주기를 바탕으로 주식을 매수하거나 매도할 시점을 포착하는 방식에 의문을 품었다. 대신에 기반이 탄탄해서 미래 전망이 밝은 그런 기업을 찾았다. 이런 원칙 덕분에 프라이스는 '성장 투자의 아버지'라는 칭호를 얻었다.

공황기에 어린 시절을 보내고 1929년 시장 대붕괴 여파로 암울한 시절에 금융계에 발을 내디뎠음에도 프라이스는 주식시장에 정면으로 맞섰다. 그러나 이는 당시 주류와는 전혀 다른 접근법이었다. 프라이스는 기업을 철저히 연구·조사했고 장기 보유할 목적으로 주식을 매수했다. 물론 당시에는 전혀 인기 없는 투자 원칙이었다. 볼티모어에 소재한 맥커빈굿리치Mackubin, Goodrich & Co. 소속이었던 프라이스는 남과 잘 타협하지 않고 고집스럽게 자신의 의지를 고수하는 성향으로 상사와 충돌이 잦았다. 그래서 회사에서는 프라이스가 일하는 부서를 없애려 했고, 결국 그는 회사를 떠났다.

1937년에 훗날 티로프라이스&어소시에이츠T. Rowe Price & Associates의 모체가 된 프라이스어소시에이츠Price Associates를 설립했다. 프라이스는 자신만의 방식을 계속 고수했다. 물론 이 방식은 지금은 너무 당연하게 생각하지만, 프라이스가 도입하기 전에는 존재하지도 않았던 방식이었다. 즉, 프라이스는 회사의 이익보다 고객의 이익을 우선해야 한다고 주장했다. 자신의 투자 철학을 실현하는 차원에서 일반적인 관행에 도전했다. 수수료를 부과하지 않고 고객의 지분에 따라 비용을 부과하는 새로운 기준을 마련했다. 또 한 가지 획기적인 방침으로 고객에게 투자 조언 및 상담 서비스를 제공했다. 이 또한 당시에는 들어본 적도 없는 사례였다.

이와 동시에 장기적 관점에서 볼 때 성장 잠재력이 크다고 판단되는 주식에 초점을 맞춰서 종목 선택 방법론을 계속해서 가다듬었다. 예를 들어 프라이스 회사 소속 분석가는 특정 기업에 투자하기 전에 그곳 사장을 만나 면담을 한다. 혁신적 시스템을 확립한 프라이스는 1950년에 자사 최초의 뮤추얼펀드 '티로프라이스 그로스스톡 펀드T. Rowe Price Growth Stock Fund('티 로 프라이스 성장주 펀드')'를 출시했다.

여전히 성장 중!
'티로프라이스 그로스 스톡 펀드'는 지금도 존재하고 있으며, 66년 전에 출시된 이후로 연평균 약 11%의 수익률을 올리고 있다.

프라이스는 수십 년 동안 투자자가 부를 축적하는 데 큰 도움을 준

후 1960년대에 은퇴했다. 그리고 아직 상호에 자신의 이름이 그대로 남아 있는 그 회사의 본인 지분을 매각했다.

존 템플턴

존 템플턴John Templeton은 테네시주 윈체스터Winchester에서 평범하게 인생을 시작했고, 억만장자로 생을 마감했다. 1912년에 가난한 집안에서 태어난 템플턴은 성공을 향해 열심히 노력했다. 장학생으로 예일 대학에 들어가 경제학 학사 학위를 취득했고 영국 옥스퍼드대학에서 석사 학위를 받았다.

몇 년 후 대공황 중에도 강한 의욕을 드러내며 동업자 몇 사람과 함께 투자회사를 설립했다. 이 회사는 결국 큰 성공을 거뒀고, 총자산 규모가 3억 달러로 증가했다.

저가 매수 전략을 뚝심 있게 밀어붙인 결과 큰 성공을 거둘 수 있었다. 템플턴은 고유한 투자 전략의 일환으로 주가가 주당 1달러 미만인 기업을 찾아 각각 100달러어치씩 매수했다. 이렇게 104개 기업 주식을 매수했는데, 물론 개중에는 파산한 곳도 있었다. 하지만 그 외 대다수가 단 4년 만에 주가가 약 4배로 상승했다. 그리고 이 전략을 고수하면서 아무도 거들떠보지 않는 저가주를 매수했다.

템플턴은 1954년에 첫 번째 뮤추얼펀드(다각화된 대규모 증권 포트폴리오에 투자할 목적으로 다수 투자자가 공동 출자한 투자 기금)인 템플턴 그로스 펀드Templeton Growth Fund를 출시했다. 현역에 있는 동안 템플턴은 세계에서 가장 성공적인 뮤추얼펀드에 속하는 펀드를 몇 개 만들어냈다. 실제로 이 '템플턴 그로스 펀드'는 50여 년 동안 연평균 13.8%라는 경이적인 수익률을 기록했다.

제임스 '주빌리 짐' 피스크

주빌리 짐 피스크Jubilee Jim Fisk는 1972년 1월에 맨해튼에 있는 한 고급 호텔 방에서 살해됐다. 파렴치한 사업가로 지탄받는 피스크는 조시 맨스필드Josie Mansfield라는 여배우와 애정 행각을 벌여 신문 1면을 떠들썩하게 장식했었다. 그런데 맨스필드는 또 다른 사업가 에드워드 스토크스Edward Stokes와도 관계를 맺었다. 피스크의 주장에 따르면 여러 가지로 일이 풀리지 않아 자포자기 상태였던 스토크스가 애인인 맨스필드와 작당해 공갈 협박했다고 한다. 이 일로 결국 피스크는 스토크스가 쏜 총에 맞아 사망했다. 주 민병대와 200명으로 구성된 악단까지 참여하는 등 실제로 거구였던 피스크의 몸집만큼이나 장례식 규모가 어마어마했다.

피스크는 이 불행한 죽음만큼이나 온갖 오욕과 불명예로 가득한 삶을 살았다. 1835년에 버몬트 주 베닝턴Bennington에서 태어났지만, 화려한 도시 생활을 찾아 일찌감치 고향을 떠났다. 초창기에는 웨이터, 외판원, 행상, 밀수업자로부터 시작해 곡예단 공연자까지 온갖 일을 다 했다. 그러다 결국 주식 중개인이 됐고, 이 일을 하면서 세간의 지탄을 가장 많이 받는 '강도 귀족' 제이 굴드와 만났다. 점점 수입이 늘어나자 흥청망청 돈을 쓰기 시작했고, 특히 뉴욕 유흥가에 많은 돈을 뿌리고 다녔다. 피스크는 또 그랜드오페라하우스Grand Opera House와 뉴욕에 있는 또 다른 극장 몇 개를 인수했다.

누가 봐도 한눈에 알아볼 수 있는 육중한 체구와 자전거 손잡이처럼 생긴 콧수염을 한 피스크는 파렴치한 술수를 부리는 사람으로 월스트리트에 이름이 났고 금융 공황과 급격한 주가 변동을 야기한 사기 행각에 깊이 연루돼 있었다. 악명 높은 강도 귀족들과 손잡고 극악무도한 일을 저지르기도 했다. 그러나 이 가운데 가장 밀착돼 있던 동료는 역시 음흉한 악당 제이 굴드였다.

제이슨 '제이' 굴드

제이슨 제이 굴드Jason 'Jay' Gould는 미국에서 미움을 가장 많이 받는 사람으로 낙인이 찍혀도 전혀 신경 쓰지 않는 듯했다. 실제로 굴드는 원한에 가득 찬 이 적의를 즐기면서 자신을 비방하는 사람들을 오히려 경멸했다. 굴드가 월스트리트에 남긴 흔적은 조작과 권리 침해, 뇌물, 공갈, 파업적 파괴 등 온통 부정적인 행위로 가득하다. 너무도 사악한 굴드는 일부러 잘나가던 기업을 파산 직전까지 몰아갔다가 자신의 이익만을 생각해서 그 기업을 다시 살려낸 일을 자랑스럽게 떠벌리고 다녔다.

굴드는 1836년에 뉴욕 북부 지방 벽촌에 있는 한 가난한 집안에서 태어난 병약한 아이였다. 농사 일이 영 체질에 맞지 않았던 굴드는 다른 쪽으로 눈을 돌렸다. 그래서 대장장이, 무두장이, 측량사, 가죽 판매상 등을 두루 거친 후 최종적으로 주식 중개인이 됐다. 이런 다양한 경력을 바탕으로 철도업에 관심을 보였고, 이런 선택은 결국 미국 역사상 가장 추악한 주식시장 전쟁의 발판이 됐다.

1867년에 코닐리어스 밴더빌트와 이리레일로드에 대한 지배권 쟁탈전을 벌일 때 굴드는 온갖 비겁한 술수를 다 동원했다. 밴더빌트가 이리 철도주를 계속 확보하자 굴드(짐 피스크, 대니얼 드루 등과 함께)는 불법으로 500여만 달러 상당의 신주를 발행해 밴더빌트의 지분에 물타기를 시도했다. 당국에 체포될 위기에 처하자 뉴욕을 떠나 뉴저지로 도망갔고, 그곳에서 새로 진지를 구축했다. 밴더빌트는 굴드 일당을 잡으려고 깡패들까지 보냈다는 소문이 있었다. 굴드는 저지시티Jersey City

강변을 따라 대포 세 대를 설치했고, 무장 선원을 태운 소형 함대까지 진수시켰다. 그러다 결국 법의 심판을 받게 됐는데 뉴욕주 의회 의원 몇몇을 뇌물로 포섭해서 법을 바꿔버렸다. 따라서 전에는 불법이었던 '물타기'용 주식 발행이 합법화됐다. 굴드를 법으로 처벌할 수 없게 되자 밴더빌트는 패배를 인정했고, 이리레일로드는 굴드와 피스크 그리고 드루 패거리의 차지가 됐다.

그러나 이리레일로드와 관련한 흥미진진한 이야기는 여기서 끝이 아니다. 먼저 피스크와 굴드가 드루를 이리에서 쫓아냈다. 그리고 얼마 후 피스크는 한때 애인이었던 여배우의 새로운 남자 친구가 쏜 총에 맞아 세상을 떠났다. 이로써 세 사람이 보유했던 이리 주 지분이 전부 굴드 몫이 됐다. 그러나 굴드는 어이없게도 고든-고든 경Lord Gordon-Gordon으로 알려진 사람에게 사기를 당했다. 탐욕 덩어리 굴드는 이리레일로드를 독차지하고 싶었다. 그래서 투자자를 모아 나머지 이리레일로드 주식을 전부 매수하려고 했다. 이때 스코틀랜드 '투자자'라는 고든-고든이 등장해 온갖 거짓말로 굴드를 함정에 빠뜨렸다. 고든-고든은 자신이 귀족 투자자를 많이 끌어올 수 있다고 장담했다. 이 말에 굴드는 이 사람에게 이리 철도주를 100만 달러어치나 안겼다. 그러나 고든-고든은 주식을 받자마자 바로 팔아서 캐나다로 도망갔다.

1879년이 되자 굴드는 이리레일로드 지분을 모두 청산했다. 그리고 서부로 눈을 돌려 유니언퍼시픽Union Pacific을 포함해 성장 중인 다른 철도회사에 투자했다.

동시대를 살았던 성공한 다른 부호와는 달리 굴드는 자선 활동에는 한 푼도 쓰지 않았다. 무자비한 '강도 귀족'이라는 오명이 아깝지 않을 사람이기는 한데 그나마 미국 사회에 긍정적인 영향을 미친 부분도 있다. 즉, 굴드는 웨스턴유니언Western Union을 최고의 전신회사로 만들고 국유 철도망을 건설하는 데 큰 도움이 됐다.

사상 최대 금융 부정 및 사기
최악의 부정과 사기가 월스트리트를 덮치다

SEC가 단속하는 사항 가운데 가장 널리 알려진 문제는 내부자 거래이 지만, 기업이나 직원이 투자자를 속여 넘기는 방법이 이 하나만은 아 니다. SEC는 물론이고 신뢰할 만한 공공 회계법인이 부정과 사기 행각 을 찾아내려 고군분투하지만, 이런 행위를 다 잡아낼 수는 없다. 이런 노력이 있음에도 교묘한 사기 행각으로 주주의 돈을 수백만 달러, 아니 심지어 수십억 달러나 떼먹는 일이 비일비재하다. 기업의 회계 부정사 건이 언론을 장식하지만, 이런 이야기는 흥미는 있을지언정 투자자의 손실을 만회하는 데 아무런 도움이 되지 않는다.

엔론

2001년 시장 폭락 이전까지만 해도 주당 약 90달러에 거래되던 엔론은 미국에서 가장 성공한 최대 기업 중 한 곳이었다. 적어도 사람들은 그렇게 알고 있었다. 그러나 엔론은 정교하고 복잡한 회계 부정 수법을 통해 수억 달러에 달하는 부채를 재무제표에 계상하지 않는 방법으로 주주와 규제 당국을 속였다. 이 때문에 다들 엔론이 매우 안정적인 재무상태를 유지하고 있는 줄로만 알았다.

엔론 경영진은 재무상태표 조작 외에 매출 부분까지 손을 댔다. 이름뿐인 껍데기 회사를 만들어 이익 수치를 부풀리는 데 활용했다. 게다가 감사를 맡았던 유명 회계법인 아서앤더슨Arthur Andersen은 이런 문제를 전혀 보고하지 않았다. 고의가 없었다고 아무리 좋게 해석하더라도 아서앤더슨 측의 무능과 태만을 지적하지 않을 수 없다.

엔론은 2001년 12월에 파산을 선언했다. 이 때문에 직원 수천 명이 일자리를 잃었고, 뒤통수를 맞은 투자자들은 막대한 손실을 떠안았다. 회계 부정 사실이 공개되자 주당 50센트도 안 되는 수준으로 주가가 폭락했다.

고위 간부와 임원 그리고 공인회계사 등 관련자 전원이 형사범으로 기소됐다. 이 중 일부는 징역형을 선고받았고 일부는 사망했으며 또 일부는 불기소 처분을 받았다. 그리고 엔론은 자산가치가 높은 송유관을 포함해 회사 자산을 매각하는 절차를 밟았다. 2006년에 마지막 자산을 매각했다. 그리고 사명을 엔론크레디터스리커버리Enron Creditors Recovery Corporation로 변경했고, 주로 손실을 입은 투자자와 채권자에 대한 보상 작업을 진행했다.

월드컴

엔론 사건에 뒤이어 수십억 달러 규모의 회계 부정사건이 또 터졌다. 잘나가던 통신 기업 월드컴WorldCom이 매우 창의적인 회계 조작으로 이익을 과도하게 부풀렸다.

간단히 말해 월드컴은 일반 비용(사무용품 비용 등)을 자산으로 계상했다. 그런 비용을 바로 차감하지 않고 몇 년간에 걸쳐 분산 처리했다. 실제로 이 기업은 40억 달러 가까운 비용을 자본화했다. 이런 회계 조작으로 실제로는 수십억 달러 손실이 났는데도 10억 달러가 넘는 이익이 발생한 듯 처리했다. 그러나 이 사기 행각이 밝혀지자 월드컴 직원들이 직격탄을 맞았다. 1만 명이 넘는 직원이 일자리를 잃었다. 주주 상황은 이보다 훨씬 심각했다. 고점이었던 주당 60달러에서 20센트 밑으로 주가가 폭락했다.

2002년 7월에 월드컴은 결국 파산 신청을 했다. MCI(파산 당시 회사명은 'MCI 월드컴'이었다) 체제로의 구조조정 계획과 함께 사상 최대 규모의 파산을 선언했다. 파산 진행 절차에 따라 월드컴은 현금과 주식 형태로 SEC에 사기 피해를 당한 투자자에게 분배할 자금 7억 5,000만 달러를 냈다. 월드컴 창업자 겸 CEO 버나드 에버스Bernard Ebbers는 25년형을 선고받고 아직도 복역 중이다. 그리고 MCI는 2006년에 결국 버라이즌Verizon에 인수합병됐다. 월드컴이란 기업의 대장정은 이렇게 결말이 났다.

버나드 매도프

버나드 매도프Bernard Madoff는 미국 주식시장 역사상 단일 사건으로는 최대 규모인 금융 사기로 2008년에 체포됐다. SEC 당국은 물론이고 전문 기관투자자 수천 명을 속인 이 투자 사기 규모가 무려 648억 달러였다. 매도프가 고객인 투자자를 속여 500억 혹은 600억 달러를 가로챘다는 말이 있는데 이는 정확한 수치가 아니다. 투자자는 투자 원금을 손해 봤고 그 총액이 약 200억 달러다. 그 이상의 금액은 애초 존재하지 않았던 액수다.

그러나 매도프가 1960년대에 처음 주식시장에 발을 들였을 때는 주로 시장 조성자로서 장외시장에서 저가주를 취급했다. 초창기에는 거

처음 시작하는 이들을 위한 최소한의 주식시장 이해하기

래량이 매우 적은 이런 주식을 취급하며 매수/매도호가 차이에서 이익을 챙겼다. 자신이 설립한 투자회사가 성장하면서 빅보드NYSE 증권을 거래하기 시작했고, 회사는 잘나갔다. 이즈음에 매도프는 업계 규제 당국자들과 관계를 맺기 시작했고, 여기서부터 흥미로운 일이 시작된다.

신기술에 매료된 매도프는 자동 매매 시스템에 주목했다. 이에 따라 매수인과 매도인을 연결하는 최초의 전산화 프로그램까지 만들면서 거래의 효율성을 크게 향상했다. 실제로 몇몇 업계 내부자는 1980년대 내내 연간 2,500만 달러를 유치할 정도로 매도프의 사업이 성공적이라고 믿었다.

1990년대 초가 되자 매도프는 금융계 유명 인사가 됐고 기술 종목 위주로 거래하는 나스닥에서 3년간 회장직까지 수행했다. 매도프를 믿고 조언을 구하는 사람이 많았고, 거액 투자자가 매도프의 투자 펀드로 몰려들었다. 매도프에 대한 신뢰가 워낙 강했기 때문에 이들은 이상 신호가 뚜렷이 보이는데도 이를 무시했다. 그리고 매도프는 아무 투자자나 다 받지 않았다. 실제로 고객이 될 만한 투자자를 많이 돌려보냈다. 그런데 이런 행동이 오히려 매도프의 펀드를 더욱 매력적이고 차별화된 상품으로 보이게 했다.

너무 좋은 말은 사실일 리가 없고, 너무 많은 이익은 현실성이 없다.
정말 그렇다. 매도프의 투자회사는 고객에게 저위험, 고수익을 약속했
다. 처음부터 실현 불가능한 이런 약속에 현혹된 자체가 문제였다. 그
런데 실제로 투자자는 연간 10%에서 13% 수익을 냈고, 시장이 좋을
때나 나쁠 때나 상관없이 이 수익률이 안정적으로 유지됐다. 매도프는
투자자가 온라인으로 자신의 계좌에 접근하는 일을 허용하지 않았고,
아무런 감시도 받지 않은 채 자신의 거래 포지션을 전부 청산하는 등
모든 작업을 은밀하게 진행했다. 그리고 SEC 관계자와 친밀한 관계를
유지했기 때문에 아무도 매도프의 투자회사를 제대로 들여다보려 하
지 않았다. 그래서 문제가 터졌을 때는 이미 너무 늦어버렸다.

진상이 드러난 후에 보니 매도프는 뛰어난 투자자가 아니라 폰지 사
기꾼이었을 뿐이다. 안정적이었던 고수익도 실제 수익이 아니었다. 신

규 투자자에게 받은 투자금을 이전 투자자에게 돌려주는 식으로 자금을 '돌려막기'하고 있었다. 이 체계가 무너지고 나자 투자자 손에는 아무것도 남지 않았다. 2009년 6월 29일에 사건 당사자인 매도프는 150년 형을 선고받고 투옥됐지만, 모든 것을 잃은 투자자에게는 조금도 위로가 되지 않았다.

7년 후

2016년 5월에 매도프빅팀펀드Madoff Victim Fund(매도프 사기 피해자 구제 펀드) 특별 관리자 리처드 브리든Richard Breeden은 670억 달러가 넘는 청구액에 대한 초기 검토 절차를 드디어 완료했다고 발표했다. 브리든은 2016년 8월 말까지 버나드 매도프의 사기 피해자 2만 5,280명에게 40억 달러 지급을 권고할 계획이라고 밝혔다.

각종 사기 수법

잠깐만요, 순금 시계 50달러에 사지 않을래요?

주식에 대한 거짓 정보 만들기는 너무 쉽다. 노트북이나 스마트폰만 있으면 누구나 가능한 일이다. 마우스 클릭 몇 번으로 복사해서 붙이기만 하면 진짜처럼 보이는 웹사이트와 보도자료를 뚝딱 만들 수 있다. 전화 권유 수법도 흔하고, 이외 다양한 변종 수법이 그 어느 때보다 빠르게 생겨난다. 의심할 줄 모르는 순진한 투자자는 마음먹고 달려드는 사기꾼의 감언이설에 금방 넘어간다. 그러나 이처럼 다양한 불법 거래 수법에 대해 잘 알고 있으면 이런 사기 행각에 걸려들지 않을 수 있다.

보일러 룸

강매強賣 수법의 전형적 사례가 바로 '보일러 룸boiler room(주로 전화 판매에 집중하는 무자격 중개인 영업소-역주)'이다. 싸구려 사무실 하나를 차려 놓고 텔레마케터(전화 판매원)를 잔뜩 고용해 아무 곳에나 전화를 건 다음 특정 주식을 사라고 강요하는 수법이다. 이런 식의 주식 강매는 수수료 수입을 목적으로 하며, 수익률이 1,000%라든가 매출이 급증했다거나 기타 터무니없는 거짓 정보와 과장된 사실을 전해주면서 전에는 들어본 적도 없는 기업의 주식을 적극적으로 홍보한다.

그런데 이렇게 강매하는 주식은 대부분 핑크 시트에서 거래되는 종목으로 SEC에 재무 자료 제출 의무도 없고 별다른 규제도 받지 않는 그런 기업의 주식이다. 자칭 '투자 자문가'라는 이들은 금융이나 증권 전문가 자격이 전혀 없는 사람들이기 때문에 무법천지였던 서부 개척 시대라면 모를까, 요즘 같은 환경에는 적합하지 않다. 이들은 뛰어난 언변과 상대를 위협하는 기술, 감정을 교묘하게 조작하는 솜씨로 사람들을 속여 넘긴다.

펌프 앤드 덤프

파렴치한 중개인은 자신이 보유한 종목이 자산 규모도 미미하고 성공 가능성이 거의 없는데도 과장해서 선전하는 데 능하다. 앞뒤 가리지 않고 본인 이익만 추구하는 이들은 전화나 이메일로 투자자가 될 만한 수많은 사람에게 연락하고, 인터넷 게시판에 구미가 당길 만한 그럴듯한 글을 올린다. 특정 기업의 실제 가치를 부풀리고 '대박 기대주!'라는 태그를 단다.

공격적으로 판매에 나서는 중개인은 이 '펌프 앤드 덤프pump and dump(헐값에 사서 주가를 띄운 다음에 팔아치우기-역주)' 수법으로 수천 명에게 과대 선전을 한다. 아무런 근거도 없이 특정 기업을 터무니없이 띄워주는 식이다. 이들이 선택한 기업은 거의 초소형주로서 이런 종목은 대개 검증 가능한 정보 자체를 찾기 어렵다.

강매 방식으로 투자자를 끌어들여서 해당 주식의 거래량과 유동성을 높여 주가를 끌어올린다. 이 부분이 바로 주가를 쭉 끌어올리는 '펌프' 단계다. 그리고 실제로 주가가 상승하면 주식을 팔아버린다. 이렇게 해서 '덤프' 단계가 완성되는 셈이다. 실제로는 별 가치가 없는 기업인데 이들이 인위적으로 가격을 띄운 다음에 바로 처분해 거액을 챙긴다.

공매도 후 시장 교란

약세장에서는 투자자의 경계심이 고조돼 있기 때문에 '펌프 앤드 덤프' 수법이 잘 통하지 않는다. 이럴 때는 정반대 수법이 먹힌다. 즉, 공매도 후 시장을 교란하는 수법을 활용한다. 부도덕한 트레이더는 순진한 투자자를 이용하기 위해 은밀하게 공매도를 한다.

이 수법 또한 주가 조작과 관련이 있지만, 그 방향성은 정반대다. 즉, 이들은 특정 주식에 대해 과대 선전이 아니라 비방을 한다. 자신들이 공매도 포지션을 취한 해당 주식의 가격을 떨어뜨리려는 목적에서다.

이들은 약세장에서 이미 한껏 위축되어 있는 투자자의 공포와 불안 심리를 이용한다. 이 수법이 통하려면 투자자에게 믿을 만한 사람이라는 인상을 줘야 한다. 그래서 이들은 SEC나 핀라같이 믿을 수 있는 기관과 관련이 있는 척한다. 이메일을 통해 신뢰를 쌓는 방법도 있다. 투자자의 이익을 최우선으로 삼는다고 주장하면서 기업과 결탁한 '거짓말쟁이'로부터 투자자를 보호하려 한다고 호소하며 진정성을 가장한다. 투자자에게 그 기업은 믿을 수 없다느니, 조만간 부정사건이 터진다고 하면서 주식을 빨리 팔아야 한다고 말한다. 집단 소송이 걸려 있다고 겁을 주기도 한다(물론 전혀 사실 무근이다). 어떻게 해서든 주식을 팔게 해서 주가를 바닥까지 떨어뜨리려는 속셈이다.

그래서 이들의 바람대로 주가가 하락하면 냉큼 달려들어서 터무니

없이 낮아진 가격에 주식을 쓸어 담는다. 실제 가치를 반영한 높은 가격에 이들이 공매도했던 그 주식을 헐값에 다시 사서 큰 차익을 남긴다.

풉 앤드 스쿱

펌프 앤드 덤프의 변종 수법으로 '풉 앤드 스쿱poop and scoop(주가를 떨어뜨려서 헐값에 매수한 후 주가를 띄워 매도함-역주)'이 있다. 이는 '펌프 앤드 덤프'와 '공매도 후 시장 교란' 요소가 혼합된 형태다.

다른 사기 수법과 마찬가지로 풉 앤드 스쿱 역시 불법이다. 인터넷의 익명성 덕분에 이 비열한 행위가 쉽게 퍼져나가고, 이를 추적하기도 어렵다.

이 수법은 이렇게 활용한다. 먼저 소수 투자자 집단(단 한 명일 때도 있음)이 특정 기업에 대해 부정적인 거짓 정보를 퍼뜨리고 그 소문 출처를 계속 활성화해 주가를 폭락시킨다. 거짓 정보는 주가에 엄청난 영향을 미치고 결국 주가 폭락과 투매 현상으로 이어진다.

공매도 후 시장 교란 수법과는 달리 이 풉 앤드 스쿱은 공매도를 전제하지 않은 상태에서 주가를 떨어뜨린 다음에 헐값에 그 주식을 쓸어 담는다. 그리고 주가가 반등하면 다시 매도해서 큰 이익을 낸다.

전화를 잘못 건 척하는 수법

펌프 앤드 덤프 계열의 신종 수법으로 '전화를 잘못 건 척하는' 방법이 있다. 일단 다른 사람에게 보낼 메시지를 잘못 보낸 것처럼 음성 메일에 인기 종목에 대한 비밀 정보를 메시지로 남긴다.

아주 교묘하게 잘 만든 메시지여서 이를 접한 사람은 정말 잘못 온 메시지라고 생각한다. 메시지를 남긴 사람은 정말 중요하다는 듯이 비밀 정보를 아주 상세하게 이야기한다. 그런데 그럴 리가 있을까 싶을 정도로 그 메시지에 속아 넘어가는 사람이 꽤 많다. 이 메시지에 속아 실제로 사람들이 매매에 나서면 해당 주식의 거래량이 늘고 주가가 상승한다. 주가가 급등하면 메시지를 남긴 그 '사기꾼'은 주식을 매도해 차익을 챙기고 투자자는 큰 손실을 안게 된다.

폰지 사기

금융계 역사상 최대 규모 사건 가운데 하나인 버나드 매도프 사기 때문에 폰지 사기가 다시 신문 1면을 장식했다.

가장 유명한 폰지 사기는 1920년대에 이탈리아 이민자 출신인 찰스 폰지Charles Ponzi가 저지른 사건이었다. 몇 가지 범죄 행위가 실패로 끝난 이후 폰지는 우연히 일생일대의 기회를 포착했다. 물론 속임수를 통해 이득을 취할 기회 말이다. 어느 날 스페인에서 보낸 편지를 한 통 받았는데, 그 안에는 국제 우표 반신권reply coupon, IRC이 들어 있었다. 반신권 소지자는 다른 국가 우표와 교환할 수 있었다. 국가마다 우푯값이 모두 다르다는 점에서 착안한 폰지는 외국에 있는 사람에게 저가로 IRC를 사서 자신에게 보내달라고 한 다음, 이 IRC를 더 비싼 미국 우표와 바꿔서 팔면 차익이 상당하겠다는 생각을 했다. 폰지는 이렇게 우표를 팔아서 400%가 넘는 이익을 챙겼다고 한다.

그러다가 투자자가 있으면 돈을 더 많이 벌 수 있다는 사실을 깨달았고, 이때부터 본격적인 사기 행각에 시동을 걸게 된다. 폰지는 신규 투자자로부터 받은 자금을 이익금이라면서 이전 투자자에게 지급하는 방법을 썼다. 폰지는 90일 내에 50%에서 100% 수익률을 약속하며 뉴잉글랜드 지역에서 투자자 수천 명을 모집했다. 당시 저축 금리가 연간 5%밖에 안 됐기 때문에 이 정도 수익률은 너무도 매력적이었다. 한때 단 하루 만에 250만 달러를 벌어들였다는 말도 있었다. 그러나 투자자가 투자금을 회수하려 하면서 이 사기 행각이 밝혀졌다.

1920년 8월 12일에 체포(우편 사기 범죄 80여 건을 저지른 혐의로)될 당시 찰스 폰지가 투자자에게 진 빚이 무려 700만 달러였다.

폰지 사기는 신규 투자자에게 받은 돈을 기존 투자자에게 이익금으로 분배하는 형태의 투자 사기다. 평균 수익률을 훨씬 웃도는 수익률을 보장한다고 약속하면서 신규 투자자를 끌어들였다. 표면적으로는 매우 낮은 위험 수준에서 고수익이 가능해 보이는 구조였다. 신규 투자자로부터 투자금이 계속 들어오기 때문에 초기 투자자는 약속했던 수익률을 보장받았다. 따라서 겉으로는 매우 성공적인 투자로 보인다. 그러나 신규 투자자가 줄어들거나 수많은 초기 투자자가 자금을 회수하는 상황이 오면 무너질 수밖에 없는 구조였다.

옮긴이 이은주

이화여자대학교 법학과를 졸업하였으며, 현재 번역 에이전시 엔터스코리아에서 출판기획 및 전문 번역가로 활동하고 있다. 옮긴 책으로는 『모든 주식을 소유하라: 시장과 시간이 검증한 투자의 원칙』 『주식투자하는 법: 월스트리트 트레이딩의 전설, 제시 리버모어』 『피라미딩 전략: 제시 리버모어 매매기법 완벽해설』 『투자의 미래: 와튼 스쿨 제러미 시겔 교수의 시대를 초월하는 통찰』 『어느 투자자의 회상: 추세매매 대가 제시 리버모어 이야기』 등이 있다.

처음 시작하는 이들을 위한
최소한의 주식시장 이해하기

초판 1쇄 발행 2023년 12월 13일

지은이 미셸 케이건
옮긴이 이은주
펴낸이 김선준

책임편집 송병규
편집팀 이희산
마케팅팀 이진규, 권두리, 신동빈
홍보팀 한보라, 이은정, 유채원, 권희, 유준상, 박지훈
디자인 김세민
일러스트 디자인쓰봉
본문 외주 디자인 김미령
경영관리 송현주, 권송이

펴낸곳 페이지2북스 **출판등록** 2019년 4월 25일 제 2019-000129호
주소 서울시 영등포구 여의대로 108 파크원타워1. 28층
전화 070) 4203-7755 **팩스** 070) 4170-4865
이메일 page2books@naver.com
종이 ㈜월드페이퍼 **인쇄·제본** 한영문화사

ISBN 979-11-6985-056-8 04320
     979-11-6985-054-4 04320 (세트)